JE ME SUIS
BIEN AMUSÉ,
MERCI !

Du même auteur

Jusque-là... tout allait bien!
Albin Michel / Canal +, 2005
et «Points», n° P2302

Stéphane Guillon aggrave son cas
Albin Michel / Canal +, 2006
et «Points», n° P2216

On m'a demandé de vous calmer
Stock, 2009
et «Points», n° P2496

On m'a demandé de vous virer
Stock, 2010

STÉPHANE GUILLON

JE ME SUIS BIEN AMUSÉ, MERCI !

ÉDITIONS DU SEUIL
25, bd Romain-Rolland, Paris XIVe

ISBN 978-2-02-105452-1

www.seuil.com

à Muriel, mes ailes, mon étincelle…
la femme de ma vie

Lors du petit déjeuner hebdomadaire de la majorité le 24 juin 2010 à l'Élysée, Gérard Longuet, le patron des sénateurs UMP, a chaudement félicité le chef de l'État : « Nicolas, tu as été formidable… Je te félicite… Tu as bien fait de virer Stéphane Guillon et Didier Porte de France Inter… Il était plus que temps ! » Gênés, les dirigeants de la majorité ne pipent mot. Après un long silence, Sarkozy réplique : « Merci, Gérard, c'est gentil, je te remercie de tes félicitations. Mais, franchement, ce n'est pas moi qui me suis occupé de ça… »

Le Canard enchaîné

« Le tigre qui pleure »

Paris, décembre 2007

« Chérie, tu sais qui m'a appelé ? Le directeur de France Inter ! Au début, j'ai cru à un gag, il a un nom bizarre, pas du tout France Inter, un truc en "gueur", Schlegueur ? Il m'aurait dit qu'il était brasseur en Alsace, je l'aurais cru. Du coup, je suis resté assez froid, il a dû penser que je le snobais.

– C'est Frédéric Schlesinger, l'ancien directeur d'Europe 2 passé à France Inter, qui t'a appelé ! »

Muriel, ma femme, c'est Google, un vrai petit moteur de recherche : hypokhâgne, khâgne, Sciences Po. Mon complexe !

« Et qu'est-ce qu'il te veut ?

– Me voir, il m'a donné rendez-vous.

– À France Inter ?

– Non, on déjeune ensemble. Il m'a demandé si j'aimais la nourriture asiatique. J'ai dit oui… »

De toute façon, même si je n'avais pas aimé, j'aurais dit oui… Le directeur d'Inter qui te demande si tu aimes la nourriture asiatique, la classe !

« Ben raconte-moi alors ! Qu'est-ce que vous vous êtes dit ?

– Il m'a dit bonjour, puis il s'est excusé et m'a mis en attente… J'ai eu droit aux programmes de la station : deux minutes de Stéphane Bern… peut-être le moment le moins agréable… Il a repris la conversation… nouvelles excuses, il a dû s'apercevoir qu'il m'avait mis du Bern !

– Bon, bref?

– Bref, Schlagueur m'a donné rendez-vous lundi prochain chez… Piou. Sa secrétaire me rappelle pour l'heure.

– C'est Schlesinger et t'as rendez-vous chez Thiou, pas Piou ! »

Muriel écrit les deux noms sur un Post-it et le colle avec tendresse sur l'écran de mon ordinateur. En plus du reste, j'oublie tout.

« T'as de la chance, j'ai toujours rêvé d'aller déjeuner là-bas. Attends-toi à croiser Sarko, c'est sa cantine. (Google, je vous dis, elle sait où déjeune le président !) Prends "Le tigre qui pleure", il paraît que c'est à tomber ! »

C'est bien un truc de fille ça, connaître la carte d'un restaurant où elle n'a jamais mis les pieds.

France Inter, ma relation avec cette radio a toujours été compliquée : quinze ans qu'on se tourne autour, « Je t'aime, moi non plus ». Un vrai rapport d'ado : quand j'ai envie d'elle, elle n'a pas envie de moi. Et quand enfin je n'y pense plus, elle m'appelle, l'air de rien : « Allô, c'est France, tu te souviens ? J'aimerais qu'on se revoie, cinq minutes par jour, plutôt le matin, je suis du matin maintenant, 7 h 55… Tu fais ce que tu veux, t'as carte blanche ! » Quelle salope, cette France, cinq minutes par jour ! Et les préliminaires alors ? Les heures de préliminaires ? Lecture de la presse, trouver un sujet, un angle, puis enfin écrire, essayer d'écrire…

« Ça te va, là, le Post-it ? Tu ne veux pas que je t'en mette un deuxième sur le côté pour te faire penser à regarder celui-là ? »

Et pourquoi pas un troisième pour me faire penser à regarder le deuxième…

« Qu'est-ce que tu vas lui répondre s'il te propose une chronique ? Réfléchis, France Inter, c'est un public cultivé, de passionnés. Ce sont des gens très curieux qui sortent énormément, abonnés à *Télérama*. C'est mon père ! Tu vois mon père ! Quarante ans qu'il n'écoute que ça. Tous les matins, il est vissé à son poste, impossible de lui parler, c'est la messe. Il faut bien que tu réfléchisses à tout ce que ça suppose d'investissement et que tu prennes ta décision sereinement… »

Ça y est, Muriel est déjà dans la réflexion et ça m'agace. Mon rendez-vous est dans une semaine, il me reste une bonne centaine d'heures avant de commander mon « Tigre qui pleure » et Muriel l'a déjà dégusté, digéré. Elle a vu Schlesinger, elle est dans la voiture sur la route du retour, elle sait exactement ce qu'il m'a dit, proposé… (Comme d'habitude, elle aura raison !) Et ce serait bien, d'ores et déjà, d'envisager ma nouvelle vie de chroniqueur. Se remettre à écrire tous les jours, oui, c'est un sacerdoce, mais est-ce que le jeu n'en vaut pas la chandelle ? « Hein, mon amour, qu'est-ce que tu vas lui dire ?

– Chérie, je viens à peine de l'avoir au téléphone ! »

Prendre un ton légèrement agacé accompagné d'un regard las en direction du plafond. Un peu salaud, mais très efficace. Nous arrivons alors au chapitre : « Je suis un ours, un taiseux, sept ans que nous sommes ensemble et jamais une discussion. »

À ce moment-là, Muriel quitte la pièce en m'assénant la phrase suivante : « Après tout, fais ce que tu veux, c'est pas mon problème, je suis bien trop conne de m'occuper de toi ! » Rattraper Muriel, s'excuser : « Si, si, ma chérie c'est ton problème, j'adore que tu t'occupes de moi, dis-moi ce qu'il faut que je lui dise à Salinger ?

– Schlesinger ! Salinger c'est *L'Attrape-cœurs*.

– "L'attrape-cœurs", c'est le plat que je dois commander chez Thiou ?

– C'est ça, mon amour, demande un "Attrape-cœurs", très saignant, c'est comme ça que c'est bon ! »

Thiou, restaurant asiatique ultra-chic, haut lieu du sarkozysme. Inutile de chercher un karaoké, il n'y en a pas. C'est dommage, Xavier Bertrand chantant du Carla Bruni au dessert ça aurait de la gueule ! Avec Morano et Pécresse se déhanchant comme sur le clip des Jeunes UMP.

Pas de canard laqué pendant au plafond non plus. Quelques poulets en civil à l'extérieur attendant leur client au volant d'une C6 rutilante. J'arrive en avance, le maître d'hôtel m'interroge du regard, n'entre pas ici qui veut. « J'ai rendez-vous avec monsieur… »

Merde, mon Post-it, j'ai oublié mon Post-it !

« Le directeur de France Inter, monsieur…

– Si vous voulez bien me suivre… »

Ambiance très sélect, tout le monde chuchote… et jamais personne ne fête un anniversaire façon Hippopotamus. Nous arrivons à une petite table, il faut la décoller du mur pour pouvoir s'asseoir, ce n'est pas très grand ici. Ah oui, c'est vrai… c'est le restaurant préféré du chef de l'État.

Ambiance « on déjeune, mais les affaires continuent » : assise à ma droite, Laurence Ferrari attendant elle aussi son rendez-vous. Gros agenda, BlackBerry, Miss Ferrari bosse. Pas du genre à s'extasier sur son « Tigre qui chiale »… Elle y touchera à peine. La vraie classe, on est tellement habitué à l'endroit qu'on ne touche pas à son assiette. Pour les fans de la journaliste vedette de TF1, je précise qu'à l'époque Laurence ne souffrait pas encore de ce mal étrange qui consiste à se déguiser comme son hôte. À mille lieues de la Ferrari voilée interviewant Ahmadinejad, ce jour-là, chez Thiou, Laurence ne portait ni le kimono ni le costume traditionnel chinois du Grand Timonier. Nous échangeons un bref salut de reconnaissance, les gens connus se saluent toujours. « Tu vas bien ? », les gens célèbres se tutoient.

Kissinger arrive enfin ! Il salue Lolo :

« Ah, toi aussi tu viens là ?

– Attends, je ne déjeune qu'ici, TF1 est en face, c'est hyper-pratique.

– Prends “Le tigre qui pleure” !

– Je ne prends jamais rien d'autre, c'est divin.

– Tu sais qu'il livre maintenant.

– Mougeotte va bien ?

– Il t'embrasse.»

J'arrête ici ce dialogue passionnant entre Laurence Ferrari et Beckenbauer. Le directeur de France Inter est là et il me tend la main. «Frédéric Schlesinger !» Ah ! C'est ça, c'est ça ! Prendre dix minutes pour mémoriser son nom.

Schlesinger, la cinquantaine alerte, silhouette impeccable, visage émacié, on devine qu'il s'entretient. Lorsqu'il dirigeait Europe 2, Arthur le charriait régulièrement sur sa passion du golf. L'homme porte beau : costume de bonne facture, chemise ouverte, bottines pointues pour le côté rock, Schlesinger fait de la moto. C'est un ancien pilote, comme Christian Estrosi, son seul point commun avec le ministre de l'Industrie. Peut-être le même coiffeur aussi : brushing savamment travaillé, du Maniatis pures années quatre-vingt.

Schlesinger est sûr de lui, il a ce petit rab de confiance que confère le Viagra aux hommes de son âge. À l'abri désormais de la moindre défaillance, ce nouveau type de quinqua affiche un bel entrain, roule des mécaniques et n'hésite pas à vous confier tous les détails de leurs derniers exploits sexuels : il la faisait trop jouir, il lui a tout appris, elle était devenue folle de lui, totalement accro, il a dû s'en détacher, mettre le holà !

À peine assis, Schlesinger attaque, pas le genre à tourner autour du pot : «J'ai un truc béton à te proposer, tu ne peux pas refuser : la matinale d'Inter. Tu fais trois minutes tous les matins à 7 h 55. Tu parles de tout, de rien, de la pluie, du beau temps, de politique, ce que tu veux ! T'as carte blanche. Une seule obligation : être drôle…»

Arrivée du garçon. «Tu sais ce que tu prends ? […] Deux "Tigres qui pleurent" ! Être drôle c'est tout… La cuisson ? Saignant… Très saignant !»

Être drôle et saignant… Message reçu. Sourire de Schlesinger… qualité des bridges, remarquable… La mutuelle de Radio France doit très bien rembourser, à moins qu'il ait refait tout ça pendant sa période Europe 2 ?

« Tu écoutes la matinale d'Inter ? Tu vois l'ambiance, le ton ? »

Acquiescer, surtout acquiescer avec un air entendu. Il sera toujours temps d'écouter l'émission demain.

« À cette heure-ci, on est à la seconde près, c'est de l'horlogerie suisse. L'exercice est difficile, plusieurs s'y sont cassé les dents, je ne te le cache pas. Tu connais un peu Nicolas, son parcours… Demorand ?

– ???? »

Si seulement Muriel était là, elle me réciterait son CV par cœur. À l'avenir, pour ce genre de rendez-vous, penser à un système d'oreillette avec elle à l'extérieur pour me souffler les réponses : « Bien sûr, tu le connais, tu l'écoutais il y a sept ans lorsqu'il débutait sur France Cul.

– Francecul ?

– France Culture, les initiés disent France Cul ! »

Convaincre Mumu qui rêve d'aller chez Thiou de rester dehors à jouer les souffleuses… Pas évident.

Imperturbable, Schlesinger continue à me faire l'article : France Inter allait être ma chance et je devais absolument la saisir ! J'acquiesce bêtement, j'opine du chef à chacune de ses phrases. Si je continue comme ça, on va me prendre pour le serveur et m'appeler pour une commande. Trouver un truc à dire, n'importe quoi, mais trouver un truc à dire. Si je lui ai semblé absent au téléphone, maintenant c'est sûr, je lui parais débile.

Les « Tigres » arrivent. Sauvé par le gong. Fines tranches de bœuf mariné avec son riz et ses légumes cuits façon wok. Les gonzesses en sont folles, les garçons doivent prévoir d'aller déjeuner après.

S'ensuit une longue discussion : la proposition de Schlesinger me tente, mais pas tous les jours. Je lui explique qu'à l'époque où je brossais le portrait des invités à Canal Plus, je travaillais également au *Fou du roi*. Il m'arrivait d'écrire jusqu'à dix chroniques par semaine. Sans compter les invités qui se décommandaient à la dernière minute, il fallait alors tout jeter et recommencer dans l'urgence. Aucun dimanche, levé aux aurores, le sentiment d'être une machine à écrire, une usine à gags. Laurence Ferrari s'en va, laissant son tigre intact, la classe absolue. Peut-être qu'avec un coup de micro-ondes, on pourrait le resservir à un autre client ?

Schlesinger a écouté avec intérêt mon plaidoyer sur la pénibilité extrême du métier de chroniqueur et je sens, comme dirait Chirac, que ça lui en touche une sans faire bouger l'autre Il suit son idée : « La matinale d'Inter c'est quelque chose d'énorme, un million cinq cent mille auditeurs tous les matins ! Tu ne peux pas t'en rendre compte, mais cela va bouleverser ta carrière à un point que tu ne soupçonnes pas. En termes d'aura, d'image, de notoriété, c'est un tremplin formidable ! »

L'homme est très persuasif : depuis le départ de Guy Carlier pour RTL à la fin de la saison dernière, il cherche activement un autre humoriste. En vérité, Guy a été remercié par France Inter en toute discrétion. Si Jean-Paul Cluzel, à l'époque président de Radio France, aimait se mettre en boîte, rire de lui-même, en posant par exemple en tenue de catcheur, masqué, tatoué et entièrement gainé de cuir pour le calendrier d'Act Up, en revanche il ne supportait pas certaines des allusions de Guy sur sa vie privée. Personne d'autre que lui n'avait le droit de s'en amuser. Les présidents de Radio France ont toujours été soupe au lait. *Vilipendez les autres tant que vous voulez : vedettes, politiques, directeurs de grands médias, nous sommes dans la tradition d'Inter, l'ADN de la station. Mais rien sur moi. Pas un mot sur ma personne, je ne le supporterais pas !* Arrivé en fin de saison, Guy avait demandé une augmentation toute symbolique de 50 euros par chronique et se l'était vu refuser. Officiellement par Schlesinger, officieusement par Cluzel qui souhaitait son départ et avait mis son veto. Blessé par ce refus, ne se sentant plus suffisamment désiré et aimé par la station qui l'avait fait connaître, Guy avait décidé de partir. Un divorce prononcé « à l'amiable ». Pas une ligne dans les journaux. À l'époque, on savait virer à Inter, il y avait un vrai savoir-faire, rien à voir avec aujourd'hui.

On en est maintenant au sorbet à la mangue : light lui aussi, très light. S'acheter impérativement un sandwich en sortant. Si ça se trouve, Carlier est parti d'Inter uniquement pour ne plus être obligé de déjeuner chez Thiou.

Schlesinger me dit qu'il va étudier une formule où je ne viendrais pas tous les jours, une sorte d'alternance avec d'autres humoristes. Il va réfléchir, il est important de créer une synergie, un vrai rendez-vous, afin de fidéliser l'auditeur.

En partant, je lui confie que ce n'est pas la première fois que l'on me propose de faire un billet dans la matinale d'Inter. En 2004, mes portraits sur Canal Plus commençaient à faire du bruit : Benjamin Castaldi avait voulu me casser la figure, Sylvie Vartan, qui venait de publier ses Mémoires, avait très moyennement goûté ma fiche de lecture et enfin JoeyStarr fut à deux doigts de se lever lorsque je lui avais demandé, le plus ingénument du monde, s'il se sentait mieux depuis son opération de la prostate. Bref, j'étais déjà doté d'une belle petite réputation de langue de pute, lorsqu'un cow-boy nonchalant et sympathique, très fan de « ma prose », m'avait proposé de travailler sur France Inter, il était alors directeur de la station… Un certain Jean-Luc Hees.

Très vite, Schlesinger trouve une solution : j'interviendrai les lundi et mardi ; Vincent Rocca, le mercredi ; Didier Porte, le jeudi ; et enfin Philippe Val, le vendredi. Oui, durant deux longues années, Val fera rire à 7 h 55, au beau milieu d'infos graves et dramatiques. On pensait tous qu'il était heureux, qu'il s'éclatait, qu'il prenait son pied… En vérité, Philippe souffrait en silence et, chaque vendredi, il se faisait violence. On ne l'a compris que plus tard, trop tard… En juin 2010, devenu directeur de la station, il confessera enfin son mal-être dans une interview bouleversante au magazine *Télé Loisirs*, en déclarant : « Dans une tranche vouée à l'info, il n'est pas utile de sortir son nez de clown, c'est déplacé ! » On s'en est tous voulu. Personne n'avait rien vu… À *Charlie Hebdo* que Val a dirigé pendant des années, la consternation aussi était totale. Qui aurait pu soupçonner que la moindre caricature de Scharb ou de Luz plongeait Philippe dans un désarroi profond ? Un tigre qui pleure… j'allais découvrir, encore plus improbable, un humoriste qui ne veut plus faire rire…

«Guillon ? Connais pas ! »

Ça y est, j'arrive sur France Inter ! Ce 21 janvier 2008, date de mon premier papier, intitulé de façon très originale « Premier papier ! », tout le monde a le sourire. Frédéric Schlesinger, un sourire impeccable, franc, massif ! Grâce à la mutuelle de Radio France, je vous le rappelle, mais aussi parce qu'il réalise son souhait, réintroduire de l'humour dans la matinale.

Jean-Paul Cluzel : un sourire de soulagement. Lui aussi est satisfait. Quelques mois auparavant, il avait chargé Schlesinger de trouver « un successeur » à Guy Carlier. Songeant déjà à briguer un nouveau mandat à la tête de la Maison ronde, Cluzel souhaitait un humoriste beaucoup plus consensuel, bon enfant, gentiment impertinent, surtout pas politique, pas politique du tout, ce serait l'idéal : « Un humoriste faisant du visuel... Un magicien, un magicien, ça, ce serait génial ! Ah, merde, c'est vrai, c'est de la radio, quel dommage ! »

Jean-Luc Hees aussi doit sourire, un sourire mélancolique.

Entre-temps, il s'est fait lourder de la direction d'Inter par Cluzel. Une vilaine prise de catch par-derrière. En compensation, on lui a filé une émission culturelle sur Radio Classique. Cinq fois par semaine, pendant deux heures, Jean-Luc converse de sa belle voix nonchalante avec des invités prestigieux. Comble du bonheur, les studios se trouvent square Henri-Bergson dans le VIIIe, à deux pas de La Maison du

Whisky, même plus besoin de se rendre à Radio France pour pointer, un vrai placard doré ! Sur la touche, attendant patiemment l'âge de la retraite, entre un tour de square et deux relents d'un pur malt écossais, Jean-Luc a certai nement souri. Malgré son éviction, ses idées ont toujours la cote. Moi aussi je souriais, oui, j'étais heureux et fier d'être à nouveau sur France Inter, comme chaque fois d'ailleurs que cette grande maison a pensé à moi. Un sourire intériorisé bien sûr, « Le Guillon » extériorise rarement, Muriel peut en témoigner : « Si, si ! Actuellement Stéphane est heureux, ça ne se voit pas du tout, mais je peux vous dire qu'il est au comble du bonheur ! »

En réalité, les intérêts de Schlesinger et du président Cluzel sont diamétralement opposés. Si l'un aspire au plus grand calme à quelques mois de la fin de son mandat, l'autre cherche au contraire quelque chose qui tape fort. Schlesinger veut concurrencer Canteloup et Gerra qui font un véritablement carton sur leurs radio respectives, il souhaite aussi rajeunir l'audience de la station, attirer de nouveaux auditeurs.

Pour ça, il lui faut quelqu'un « qui envoie ». J'étais visiblement celui qui convenait, le profil idéal… « Ta chance, me dira-t-il un jour, c'est que Cluzel ne te connaissait pas du tout, il ne connaissait même pas ton nom. Quand je lui ai parlé de toi, il a dit : "Banco, je vous fais confiance, c'est votre domaine !" » Des semaines plus tard, quand mes premiers papiers commenceront à faire des vagues, Cluzel se renseignera sur mon compte.

Je l'imagine un soir d'hiver dans son bureau entièrement capitonné (pour amortir les prises de catch, c'est mieux), écoutant le rapport de son secrétaire particulier, un type un peu coincé du cul, très Radio France époque Pompidou :

« C'est un garçon totalement incontrôlable, Monsieur le Président : acteur raté, il s'est fait connaître en détruisant des vedettes sur la chaîne Canal Plus, notamment l'immense

Sylvie Vartan que j'adore. Il ne respecte rien ! C'est méchant, gratuit et rarement drôle, pas du tout "service public". Je crains qu'en l'engageant, M. Schlesinger ait avant tout cherché à faire du buzz...

– Du quoi ?

– Du buzz, Monsieur le Président, c'est un terme anglo-saxon signifiant du bruit !

– Resservez-moi un peu de thé vert, Jacques, je vais parler à ce crétin de Schlesinger ! »

Le président Cluzel carbure au thé vert...

Premiers papiers

4 heures du matin, quelle idée d'arriver si tôt ? Schlesinger m'avait dit que c'était important de prendre le pouls de la rédaction, de sentir l'ambiance, l'atmosphère d'une radio au travail. En guise d'ambiance : rien, pas grand-chose, un open space quasi désert, un homme de ménage, pardon, un technicien de surface, vidant les poubelles de la veille et passant un coup de chiffon sur les tables, plus un ou deux journalistes devisant des faits du jour : « François, tout ce qui est agriculture, c'est François ! » On se passe un article, une tasse de café, chaque geste est immuable…

4 h 05… Accrochée au mur, une horloge digitale noir et rouge fonctionne tel un compte à rebours de la Nasa.

Chaque journaliste la surveille du coin de l'œil pour ne pas rater son intervention, le véritable chef d'orchestre c'est elle. Soixante petits points rouges s'allument les uns après les autres et quand tout est rempli, ça fait une minute, puis tout s'éteint et on recommence. Une vraie guirlande de Noël ! Si mes calculs sont bons, l'opération va se répéter 240 fois avant mon passage à l'antenne… une éternité. Si vous trouvez que le temps passe trop vite, que vos enfants sont déjà grands, que c'est incroyable comme l'été a filé à une vitesse cette année… Allez à France Inter à 4 heures du mat et matez l'horloge jusqu'à 7 h 55.

Pourquoi suis-je venu si tôt ? Carlier arrivait aux aurores et écrivait son papier sur place après avoir parcouru la presse du jour. Une véritable aisance. Je l'ai même vu au *Fou du roi* terminer d'écrire sa chronique alors même que l'émission avait déjà commencé. J'en suis personnellement incapable, je suis un laborieux, mon papier est écrit la veille, je m'endors papier écrit !

On m'avait prévenu qu'à Inter l'auditeur type est un être impliqué, hyper-pointilleux, presque maniaque : une faute de français, de liaison, une approximation sur une date ou sur une citation et tout de suite l'impétrant se trouve inondé de mails, le plus souvent courtois, mais fermes : « Monsieur, une nouvelle fois, je me permets de vous faire remarquer que si l'on amène une personne, on apporte une chose et non pas l'inverse ! Vous aviez déjà commis cette erreur dans votre chronique du 13 décembre dernier. À l'époque, je vous avais écrit, peine perdue. Dois-je vous rappeler, monsieur, que vous intervenez sur une radio de service public. De plus, cette faute grossière s'étant passée un mercredi, de nombreux écoliers l'ont certainement entendue… Et donc votre responsabilité… » Deux pages ! Sur France Inter, on ne plaisante pas avec la langue de Molière. J'avais décidé, pour cette première chronique, de mater une bonne fois pour toutes cet auditeur casse-couilles, totalement névrosé, abonné à vie à *Télérama*. Lui montrer qu'il ne m'impressionnait pas du tout… Un bon coup de dent sur l'oreille, comme on fait avec un jeune chiot pour lui signifier qui est le patron !

Une première chronique, donc, écrite sous une forme de mise en garde, de provocation, le tout bourré de fautes de français, sans effectuer la moindre liaison. Un dépucelage plutôt réussi qui amusa la rédaction. Si cet essai est passé comme une lettre à la Poste (l'auditeur n'étant pas né de la dernière pluie), le suivant allait produire son petit effet… Bien malgré moi !

Ce jour-là, Fadela Amara est l'invitée politique de la matinale, je démarre ainsi : « Aujourd'hui, Nicolas, vous recevez Fadela Amara, la secrétaire d'État au logement, ex-présidente de Ni putes Ni soumises. Une visite qui amuse tous ceux qui vous connaissent, car quitte à recevoir quelqu'un, vous auriez préféré une pute soumise ! »

L'effet fut dévastateur, un tsunami de mails outrés.

Les plus modérés appelaient à ma démission :

« Comment France Inter peut-elle tolérer sur ces ondes un personnage aussi ordurier et misogyne que M. Guillon ? », « Je ne paye pas ma redevance pour entendre de telles grossièretés ! », « L'humour, ce n'est pas l'insulte, M. Guillon devrait dès demain présenter ses excuses à Fadela Amara et à l'ensemble des femmes ! »

Cela pour les mails modérés, les autres, les plus relevés dirons-nous, traitaient ma mère de pute, j'étais forcément le fruit d'une union tarifée pour écrire de telles horreurs. J'avais une toute petite bite, j'étais impuissant et c'était la grande misère de ma vie sexuelle qui me poussait à injurier Mme Amara, cette sainte ! Du côté de Fadela Amara, rien, pas une plainte à la direction d'Inter, ni d'elle ni de son cabinet. La secrétaire d'État chargée de la politique de la ville a de l'humour. Deux ans plus tard, elle demandait à venir voir mon spectacle au théâtre Dejazet. Très respectueux des institutions, mon équipe et moi-même lui avions réservé une loge privée afin de l'accueillir avec ses deux officiers de sécurité. La représentation fut totalement surréaliste, Mme Amara ponctuant chaque saloperie que je balançais sur ses petits camarades du gouvernement par un rire énorme et tonitruant ! Très vite, le spectacle ne fut plus sur scène, mais dans la salle, le public guettant avec gourmandise chacune de ses réactions. Quand, à la fin du show, elle descendit en loge pour me saluer, je lui dis qu'elle serait certainement le premier et le dernier membre du gouvernement Sarkozy à venir m'applaudir au théâtre.

Ce deuxième papier eut en tout cas le mérite de me faire connaître auprès de mes collègues de la matinale. Ce n'est jamais facile de s'intégrer dans une équipe soudée. Ma petite saillie sur la secrétaire d'État à la politique de la ville fut comme une carte de visite, ça remplaçait un pot de bienvenue, un discours ou toutes ces fadaises.

Côté direction, on apprécia modérément : Schlesinger me dit qu'il préférait de loin ma première chronique, plus subtile, plus maline, plus Inter… À bon entendeur…

Cette prise de contact est révélatrice de mon histoire à France Inter. J'avais d'abord voulu provoquer, susciter une réaction de la part de l'auditeur et, au final, rien, pas grand-chose : un papier qui passe bien, qui divertit. Le lendemain, je pensais écrire une chronique beaucoup plus classique, qui ne provoquerait aucun remous particulier et ce fut un déferlement. On m'a souvent reproché de vouloir faire du buzz, du buzz pour le buzz. Je ne nie pas un côté sale gosse, je pense qu'il est inhérent au métier d'humoriste, j'adore allumer un pétard puis assister avec gourmandise au bordel que j'ai déclenché. Cependant, le buzz n'est pas quelque chose qui se planifie. La plupart du temps, les réactions suscitées par mes chroniques m'ont totalement échappé, surpris et le plus souvent dépassé.

Il n'y a pas que Carlier qui écrit ses chroniques au dernier moment, il y a aussi Jean-Marc Sylvestre. À 6 heures du matin, dans l'open space désert, penché comme un collégien sur sa feuille de papier, M. Sylvestre s'applique d'une écriture soigneuse, tracée au crayon à papier, pratiquement sans aucune rature… quelle veine ! Je repense aux quarante feuillets que j'ai dû noircir pour n'en garder qu'un seul. C'est mon secret, comme je ne suis pas doué, je noircis. Pour le développement durable, je suis une véritable catastrophe : l'humoriste le moins écolo de France.

Jean-Marc Sylvestre travaille, je lui dis bonjour : pas de réponse. Très concentré, Jean-Marc… Demain, j'essaierai plus fort. « Bonjour, Jean-Marc !! » Léger grognement. À force de persévérance, en essayant différentes intonations, différentes formules, en plaçant par exemple le « Jean-Marc » avant « le bonjour », JMS a fini par me répondre. Parfois, les jours fastes, nous échangions quelques mots, un « Ça va ? » ou, si vraiment nous étions en verve, un : « Ça caille ce matin, dis donc ! »

Un beau jour, Jean-Marc a quitté la station. Sa place était vide. J'ai continué un temps à lui dire bonjour… Pas de réponse, ça me rappelait nos premiers contacts.

Pourquoi raconter cette histoire de Jean-Marc Sylvestre ? On s'en fout un peu. Deux personnes s'ignorant dans une entreprise, c'est monnaie courante. Pourtant je la trouve assez symbolique. Dans une matinale façonnée d'infos sérieuses, de rubriques politiques, sociales, économiques, d'invités prestigieux, l'humoriste et « son nez rouge » ne sont pas forcément les bienvenus. Il y a un petit côté éléphant dans un magasin de porcelaine. Disons que nous sommes tolérés. Ça me fait penser à la cérémonie des Molières quand arrive le moment de récompenser le meilleur one man show, baptisé d'ailleurs : « spectacle seul », ça fait plus classe, moins vulgaire. On remarque alors ce léger flottement dans l'assistance qui détourne le visage, regarde le plafond et se dandine sur une fesse : « Ah, c'est le moment du comique ! »

Au début, l'ambiance à France Inter c'était ça : tous les jours, j'avais le sentiment de venir chercher un Molière. On m'aimait bien, je faisais rire, je divertissais, mais il y avait toujours cette petite barrière infranchissable, d'un côté les journalistes sérieux, légitimes, l'âme de la station, et nous, les comiques de 7 h 55.

Une fois renvoyé d'Inter, à quelques rares exceptions, certains silences, l'absence de mots ou de messages de la part de gens que j'avais côtoyés au quotidien pendant presque trois ans m'a attristé sans pour autant m'étonner. Un jour, alors que j'évoquais avec Schlesinger cet ostracisme, il m'a dit : « N'oublie pas que vous, les humoristes, êtes de passage sur cette station, vous y restez quelques années et repartez. Les journalistes, eux, font carrière ici. Ils arrivent dans la maison à 20 ans et ils y restent jusqu'à l'âge de la retraite. Cette différence est essentielle et explique bien des comportements.

Les Jeux paralympiques

C'est la rentrée à France Inter, d'immenses affiches de moi esquissant un bras d'honneur fleurissent dans tout Paris. Debout sur une jambe, tel un flamant rose, le sourcil relevé, l'œil narquois, je balance le bras, geste parfait, sans équivoque. Pour ceux qui n'auraient pas totalement saisi la portée du message, un lettrage blanc sur fond gris enfonce un peu plus le clou: « La différence, c'est l'insolence ! »

France Inter m'assume, France Inter m'aime, France Inter est fière de moi. On me voit partout : dans la rue en 4 par 3, sur les culs de bus et dans les journaux : quotidiens, hebdomadaires, mensuels. Je serai affiché durant toute la saison, au cours de plusieurs campagnes publicitaires. J'aurai même l'honneur de la bâche : sur toute la façade de la Maison de la radio, un immense bras d'honneur de 12 mètres sur 6. Terrifiant pour l'ego !

Bien sûr, cette magnifique campagne faisait partie du deal. Entre « Le tigre qui pleure » et le sorbet à la mangue, Schlesinger avait évoqué mon salaire : 350 euros brut par chronique, une somme modeste au regard des tarifs pratiqués sur les radios privées. Du coup, il me promettait de communiquer le plus possible sur moi : affichages, spots de pub, France Inter sera systématiquement partenaire de mes spectacles, de mes tournées et de mes livres.

« Ça te va ? me demandait-il. Ça me va, oui, formidable ! » Schlesinger a largement tenu sa promesse. En septembre

2008, la radio est fière de m'avoir et le clame partout. Entre-temps, j'ai gagné le mercredi. Désormais, j'interviens trois matins par semaine. Entre France et moi, c'est reparti comme en quarante. C'est l'amour fou, absolu ! Et quand on m'aime, je donne sans compter, c'est ma nature ! France Inter revendique mon insolence ? Je vais tout tenter pour lui faire plaisir.

Ma chronique sur « Les Jeux paralympiques » sera mon premier gros buzz... (Quand j'utilise ce mot, j'ai l'impression d'être chroniqueur chez Morandini.) Bien sûr, je savais que « les handicapés » sont un sujet ultra-sensible. En 1999, Patrick Timsit en avait fait les frais. Le père d'un enfant trisomique l'avait traîné en justice parce qu'il avait déclaré : « Les mongoliens, c'est comme les crevettes roses, tout est bon sauf la tête. » En vérité, cette phrase est extraite d'un sketch mettant en scène un chirurgien ignoble qui disait : « Les mongoliens, ce serait une bonne réserve d'organes pour la société, on pourrait puiser des cœurs, des poumons, des foies, car, chez le mongolien, c'est comme chez les crevettes roses, tout est bon sauf la tête. » Ce n'était pas Patrick Timsit qui donnait son avis sur les trisomiques, mais le personnage d'un sketch.

Sur plusieurs de mes chroniques, je serai victime de la même confusion. S'il m'arrivait de faire une imitation ou de camper un personnage, cela devenait très souvent : « Stéphane Guillon a dit que..., Stéphane Guillon pense que... »

L'exemple le plus probant est mon sketch sur Martine Aubry. Cette dernière venait d'être élue Premier secrétaire du Parti socialiste. Comme souvent chez eux, la campagne avait été violente. *L'Express* avait ainsi publié tout un article sur le sujet, citant au passage un florilège d'insultes bien senties. Les critiques s'étaient principalement concentrés sur Mme Aubry, nous étions alors dans le « tout sauf Martine ». Mon papier campait une réunion rue de Solferino, au cours de laquelle les principaux leaders du PS, attendant Martine Aubry, la dézinguaient allégrement. Je faisais dire à Laurent Fabius qui menait la fronde : « Chers amis, je vous rappelle le thème de la réunion de ce matin : museler Martine Aubry ! Elle vient d'être élue Premier secrétaire, si on la laisse faire, le petit pot à tabac, elle va prendre la grosse tête ! »

Par la suite, j'aurai beau expliquer des dizaines de fois lors d'interviews le principe du sketch, sa construction, sa genèse, je reste à vie le type ayant traité Mme Aubry de « petit pot à tabac ». Je pense qu'on écrira en épitaphe sur ma tombe : « 1963-2063[1]. Humoriste français ayant traité Mme Aubry de *petit pot à tabac.* »

Bon, revenons à nos crevettes. Parfaitement conscient que le handicap est un sujet sensible, je ne m'attendais cependant pas à un tel ramdam… (Là, j'ai l'impression d'être chroniqueur chez Michel Drucker.) Par le passé, j'avais eu l'occasion de tester dans mon spectacle des « blagues » sur les handicapés et ça s'était plutôt bien passé. Qui se plaint ? Pour moi, c'est un éternel sujet d'étonnement : qui se plaint ? Faites un sketch sur le cancer et vous aurez tout de suite trois gaillards en pleine santé pour vous dire que : « Se moquer de la maladie et de la souffrance des autres, c'est une honte et qu'heureusement pour vous, vous n'avez pas un parent malade, car vous comprendriez à quel point vous êtes cruel, sans cœur et sans pitié ! »

L'humoriste ayant un cœur (malgré tout !), vous culpabiliserez un temps, vous vous demanderez si vous n'y êtes pas allé un peu fort ? Vous culpabiliserez jusqu'au jour où une personne, bien moins fringante que nos trois crétins body-buildés, se présentera dans votre loge. Elle est très maigre, quelle idée de manger si peu ? Elle porte une perruque, quelle idée aussi, alors que des garçons comme Zidane ont relancé la mode de la boule à zéro ? Bien que très fatiguée, cette dame

1. Je pars du principe que je vivrai centenaire, ça m'arrange !

a attendu patiemment son tour, préférant être seule pour vous parler. Elle vous dit que votre sketch lui a fait un bien fou, qu'elle l'a entendu à la radio alors qu'elle était encore à l'hôpital, que c'est sa première sortie depuis des mois… Vous la regarderez avec attention et là, l'effort particulier qu'elle aura déployé pour s'habiller, se maquiller, vous honorer, vous touchera et vous fera comprendre que vous êtes dans le vrai. Que les quelques éditorialistes qui, à longueur d'année, vous balancent votre méchanceté au visage, n'ayant pas d'autres arguments à vous objecter, se trompent.

À peine avais-je terminé ma chronique sur les Jeux paralympiques de Pékin, que le standard téléphonique d'Inter explosait. Je pense même que les premiers appels arrivèrent durant ma chronique. L'impact durera plusieurs semaines.

À cette occasion, j'ai fait la connaissance de la personne responsable des mails… Une petite voix noyée sous le flot du courrier électronique, elle semblait toujours perdue comme si tous ces gens s'adressaient à elle personnellement. Il lui faudrait dix longues années pour leur répondre à tous et elle préfère m'appeler à l'aide : « Stéphane, qu'est-ce que je fais de tout ça, je vous les retourne ? Je vous les garde pour plus tard, voulez-vous que je vous fasse une sélection ? En tout cas, je vous le dis, je ne sais pas si ça vous intéresse, mais les mails des personnes handicapés vous sont tous très favorables. Il y a même une mère qui demande si vos textes ont été édités en braille pour les offrir à son fils non voyant qui vous adore !!! On peut peut-être répondre juste à cette dame ?

– Bien sûr, Élisabeth, répondez en braille directement à son fils, ce sera plus chaleureux !

– Je ne sais pas si je peux trouver quelqu'un qui maîtrise le braille à la rédaction.

– Je plaisante, Élisabeth, je plaisante ! »

Je pris connaissance des milliers de mails envoyés à Élisabeth, essentiellement pour la soulager, car la dépression pointait, l'arrêt maladie n'était plus très loin. Après un rapide examen, je constatai qu'Élisabeth n'avait rien exagéré : la grande majorité des personnes handicapées m'était favorable.

Tout allait donc pour le mieux. Nous étions le 9 septembre, la saison commençait, j'avais mis un petit peu de bordel, énervé la frange d'auditeurs bien-pensants (les ayatollahs de la liaison). Bref, j'avais réussi ma rentrée… Croyais-je. France Inter est une maison pleine d'imprévus, de surprises. Rien n'est jamais vraiment simple, d'une seule couleur. Un auditeur lourdement handicapé que nous appellerons « André », pour ne pas être emmerdé, protesta vigoureusement. Lettre à la direction d'Inter, à la présidence de Radio France, lettre au ministère de la Santé, menaces de procès. André, révolté par mon sketch, fit un foin incroyable, réclamant tout et n'importe quoi : des excuses publiques, ma démission, l'obligation pour moi de rouler en fauteuil roulant pendant six mois afin que je me rende bien compte de ce que j'avais fait ! Quelques semaines plus tard, pour calmer André, France Inter, bonne fille, organisa un *Téléphone sonne* sur le handicap. Mais comme André, entretemps, avait juré de plus jamais écouter la station… a-t-il seulement entendu cette émission ?

En tout cas, l'histoire fuita dans la presse, un classique dans une maison aussi vaste que Radio France, plus de cinq mille salariés, une véritable ruche.

C'est là qu'intervient pour la première fois un personnage très particulier, un certain Emmanuel Berretta, journaliste médias au *Point*. Durant mes deux années et demie à France Inter, le Petit Calibre, comme je l'avais surnommé affectueusement, développera une passion fusionnelle à mon égard, une véritable adoration.

Le Petit Calibre

Le journaliste médias, mode d'emploi. Hormis certaines exceptions comme Raphaël Garrigos, Isabelle Roberts, Renaud Revel, Carlos Gomez ou encore Daniel Psenny… qui, à travers le prisme des médias, dessinent une cartographie de la société et des différents pouvoirs qui la régissent, le journaliste médias est une race à part. D'un côté, vous avez les grands sujets : l'économie, la politique, l'international… de l'autre, l'horoscope, les petites annonces, les chiens écrasés, puis, tout au bout du bout du couloir, ceux qui réfléchissent au nouvel habillage de la nouvelle émission de divertissement de TF1. Il est vrai que l'exercice n'est pas toujours exaltant : interviewer Cauet pour connaître les secrets de la nouvelle formule de *Tournez manège* ne fait rêver personne… et probablement pas Emmanuel Berretta !

Ainsi, faisant fi des sarcasmes de ses collègues du *Point* : « Tu interviewes toujours Lagaf' à 13 heures, je peux t'accompagner, c'est mon idole ? », le Petit Calibre rumine sa haine. Peu importe le job pourri qu'on lui avait donné, il réussirait, il deviendrait l'Albert Londres de *La Ferme Célébrités* et de *Questions pour un champion*. Dès lors, tous les moyens sont bons : intrigues, petites bassesses et grande malhonnêteté. Sa seule force réside dans le fait qu'il travaille au *Point*, le journal a du pouvoir, il le sait et en abuse. Aujourd'hui, beaucoup de producteurs télé et de vedettes du petit écran entretiennent avec lui un rapport bizarre, mélange malsain de crainte et de fayotage, se figurant qu'en lui donnant des infos, il les épargnera. Mauvais calcul. J'ai vu des gens brillants, d'une intelligence supérieure, continuer à répondre à ses demandes d'interviews alors qu'ils venaient de se faire étriller. Le Petit Calibre reste malgré tout d'un naturel prudent. Courageux, mais pas téméraire. Dépendant des infos qu'on lui donne, il ne se froisse jamais avec les plus hauts placés. Toujours du côté du manche, il tutoie les dirigeants des grandes chaînes, les flatte et sait exactement écrire ce qu'ils auront envie de lire. Mieux qu'un dictaphone : le Berretta ! Dévoué corps et âme, le doigt sur la couture du pantalon, toujours prêt à servir. Un scoop à faire passer, un compte à régler, une médisance sur la concurrence : « Allô, Berretta ! » Sorte de Pizza 30 de la saloperie.

Sans surprise, Berretta écrira à sa sauce l'histoire d'André, notre auditeur handicapé. Sous sa plume, André n'était plus un cas isolé, mais symbolisait à lui tout seul l'immense colère des handicapés. Porte-parole de ce mécontentement, ce fidèle auditeur, poliomyélite depuis l'âge de 2 ans, exigeait des excuses publiques de ma part et de celle de Nicolas Demorand, coupable selon lui « d'avoir ri grassement sur mon sketch ». André était prêt à aller jusqu'au bout, se qualifiant lui-même de « Rottweiler qui ne lâchera rien ! ». Un Rottweiler poliomyélitique, avouez que ce n'est pas courant.

On pourrait alors imaginer M. Berretta serein, après s'être ainsi défoulé. Mais pourquoi s'arrêter en si bon chemin. Le Petit Calibre n'est jamais repu, avec lui la saloperie est toujours enveloppée, enrubannée. À la fin de son article, M. Berretta va révéler aux lecteurs du *Point* mon salaire à Canal Plus tout en laissant croire qu'il s'agit de mon salaire à France Inter.

En lisant ces quelques lignes rapidement, la confusion est parfaite, l'illusion totale, David Copperfield peut aller se rhabiller ! : « Le slogan de France Inter ? "Écoutez la différence". Justement, le handicap en est une. Mais Stéphane Guillon a l'habitude de jouer avec le feu. Dans *Salut les Terriens*, il se moque régulièrement des bébés congelés, ou des "bébés qu'on passe au micro-ondes", comme ce samedi 13 septembre. Guillon veut faire de l'humour noir avec le risque de tomber dans le mauvais goût. La frontière est ténue. Les risques importants. D'où le montant copieux de ses émoluments : 10 000 euros par émission. » Cette petite filouterie (qui plus est inexacte) réussit parfaitement. Les jours suivants, des centaines de mails scandalisés inondèrent la station : Comment pouvait-on, avec l'argent du service public, rémunérer une fortune quelqu'un qui balançait des horreurs sur les handicapés ?

Ma chronique sur « Les Jeux paralympiques » reste malgré tout un excellent souvenir : 500 000 connexions internet, les honneurs du « Zapping », des articles à la pelle et, cerise sur le gâteau, Paul Amar qui consacre une émission entière à l'événement sous le titre follement original : « Peut-on rire de tout ? » Rappelons aussi qu'en septembre 2008, malgré la présence à Pékin des plus grands athlètes handicapés du moment : sourds, aveugles, amputés… aucun média ne s'intéressait au déroulé des épreuves. Les compétitions de water-polo pour paraplégiques, de tir à l'arc pour non-voyants, de natation « désynchronisée »… se déroulaient dans l'indifférence générale. Grâce à une petite chronique radiophonique de quatre minutes, la France allait enfin se passionner pour cette compétition. N'est-ce pas la mission du service public, sa grandeur ?

Je bénéficiai également de soutiens très émouvants. L'écrivain Jean-Louis Fournier, père de deux enfants handicapés cérébraux, prit immédiatement ma défense. Auteur du livre *Où on va papa ?*, Fournier plaide pour l'importance du rire face au handicap et souligne sa fonction thérapeutique. Sa théorie est simple : depuis leur naissance, les enfants handicapés voient des visages consternés, à commencer par celui de leurs parents, penchés au-dessus du berceau. Très vite, la plupart ne supportent plus ces regards, mélange de pitié et de compassion. Être chambrés comme n'importe qui leur donne l'impression d'être normaux et leur fait un bien fou.

J'ai rencontré aussi deux champions paralympiques de tennis en fauteuil roulant. Je les ai vus jouer, c'est impressionnant ! À moins d'être hyper bien classé, ou de dégonfler en loucedé les roues de leur fauteuil, ils vous mettent une taule magistrale. Ils m'ont dit qu'à Pékin ma chronique avait fait un carton, tous les athlètes la téléchargeaient. Seul bémol, on m'avait trouvé « trop gentil, trop soft !... « Là-bas, ajoutèrent-ils, c'est la cour des miracles, pendant dix jours, on ne croise que des handicapés, ce qui est très vite oppressant. Du coup, on se charrie entre nous, on s'envoie des vannes, c'est très noir, dix fois plus que tout ce que tu écris ! »

Ce jour-là, assis dans leur fauteuil, l'air de ne pas y toucher, ils m'ont mis une branlée en humour noir.

Aujourd'hui, grâce à cette chronique, je suis devenu très populaire chez les handicapés, un vrai Beatles ! Ils viennent de plus en plus nombreux à mon spectacle. Parfois, je compte jusqu'à deux rangées de fauteuils, j'ai l'impression de jouer à Lourdes ! J'attends avec impatience le miracle, le gars qui arrivera en chaise roulante et repartira sur ses deux pieds.

Seul bémol, ils sont très sympas mais bruyants, entre ceux qu'on déplace et ceux qu'on ventile, ça couine, ça siffle : une horreur. Et petite déception : les *standing ovations*... ils n'y participent jamais. Cette façon de rester avachi, alors que toute la salle s'est levée... c'est très désobligeant !

Quoi qu'il en soit, ma chronique sur les Jeux paralympiques amorce un léger changement dans mes rapports avec France Inter. Je n'étais pas encore sous surveillance, mais en observation. La direction semblait tomber des nues, comme si elle découvrait qu'un simple billet d'humour pouvait provoquer un énorme bordel. Grâce au Petit Calibre, je venais aussi de faire la connaissance d'une certaine pratique du journalisme, dont le rôle n'est pas forcément d'informer.

Visite de DSK à France Inter

17 février 2009

Je dois avouer que ce n'est pas moi qui ai trouvé l'angle du papier sur DSK. Mais, par pure camaraderie, je ne dirai pas qui c'est car, à l'heure où j'écris ces lignes, cette personne occupe toujours un poste important à Inter et, vu le climat actuel, je ne voudrais pas qu'il lui arrive des bricoles.

Si je le faisais, cette personne serait convoquée un lundi dans le bureau de Philippe Val, il lui dirait que « tout va bien, que son travail est vraiment remarquable et qu'il songe à lui donner très vite d'autres responsabilités ! ».

Puis deux jours plus tard, le mercredi, cette même personne recevrait chez elle un courrier recommandé signé Val, l'informant « qu'une nouvelle ligne éditoriale se mettant en place, sa collaboration à France Inter s'arrête, mais que cela ne remet absolument pas en cause ses grandes qualités professionnelles ». Val licencie comme le chat s'amuse avec la souris.

Non, je ne balancerai pas cette personne. Au contraire, je profite de cette page pour la remercier chaleureusement. Grâce à elle et à son idée de chronique, j'ai pu acquérir une réputation de langue de pute quasi internationale !

En réalité, il s'agissait d'une boutade lancée en l'air, une fanfaronnade entre potes. Je pense aussi que personne au sein de la rédaction n'aurait pu imaginer un seul instant que mon cerveau malade s'en emparerait pour en faire un sketch.

Je me souviens de tout précisément. C'était un matin pluvieux de février, il faisait encore nuit. Le technicien de surface nettoyait les tables et Jean-Marc Sylvestre m'avait grogné un « B'jour » laconique. Ambiance habituelle, RAS. Je venais de lire ma chronique au micro, poussais la lourde porte insonorisée du studio et m'apprêtais à dire au revoir aux techniciens du bocal, quand une voix me dit : « Stéphane, demain c'est Dominique Strauss-Kahn ! T'as qu'à faire un truc du genre : attention les filles, DSK arrive, toutes aux abris ! On te met une sirène, style incendie, ça peut être rigolo ! »

Il faut dire qu'à l'époque, personne ne se méfiait, j'étais l'humoriste du lundi, mardi, mercredi. Hormis mon papier sur les Jeux paralympiques, il n'y avait pas eu d'autres incidents et, chaque matin, on me donnait le nom de l'invité politique du lendemain. Après l'épisode DSK, bizarrement, les choses ont changé. Pour les invités dits « sensibles » : ministres du gouvernement, personnalités prestigieuses, ténors de grands partis, j'avais de plus en plus de mal à obtenir leur nom à l'avance. Lorsque j'interrogeais la rédaction, les réponses oscillaient entre : « On ne sait pas encore », « Rien n'est confirmé », « On hésite entre deux noms ». Je ne pouvais m'en prendre qu'à moi-même : m'étant répandu bêtement dans la presse qu'il me fallait une journée entière pour écrire une chronique, il suffisait de me communiquer l'invité le plus tard possible et j'étais cuit ! En revanche, pour les invités totalement improbables ou inconnus au bataillon, là, rien n'avait changé, j'avais les noms immédiatement, parfois avec trois jours d'avance, comme si on avait voulu « compenser » les autres retards : « Stéphane, mercredi prochain, je peux déjà te dire que nous avons l'ambassadeur du Québec dans le cadre de notre thématique sur la francophonie ! » Parfois, en écoutant les journalistes converser dans les couloirs, j'arrivais à choper le nom de l'invité du lendemain. Il y avait alors un léger moment de gêne, un ange passait, comme si je les avais surpris en flag. Ça donnait à peu près le dialogue suivant :

« Ah, bon, c'est Hortefeux demain !
– On te l'avait pas dit ?
– Bah, non, Hortefeux, t'imagines, ça s'oublie pas !
– Regarde sur ton portable, j'ai envoyé un sms à tout le monde, tu dois l'avoir.
– Non, j'ai rien eu. C'est comme Besson, y a trois semaines, j'avais rien eu ! »

Bizarre ce portable qui zappait systématiquement les noms des ministres du gouvernement.

D'ailleurs, jamais je n'aurais imaginé le cataclysme que provoquerait mon papier sur le directeur du Fonds monétaire international, « La braguette la plus rapide du PS ! » Pour moi, ce sketch n'était qu'une blague de potache. Je me souviens qu'avec Muriel, alors que nous travaillions à sélectionner mes meilleurs papiers pour leur publication, avec le recul, nous avions été surpris par le côté un peu bateau et cour d'école de cette chronique. Bref, ce matin du 17 février 2009, je suis parti à la radio comme n'importe quel autre jour. Seul fait marquant : m'être fait du café sans avoir pris soin de vider le Thermos de la veille, ce qui avait provoqué un débordement. Plus tard, je me dirai que cette inondation caféinée était prémonitoire : aujourd'hui rien n'allait se passer normalement, le filtre ne fonctionnerait pas.

Le déroulement de mon passage se passe bien. Comme chaque fois, les techniciens de Radio France font un travail magnifique : deux, trois indications rapidement données et les sons d'ambiance tombent parfaitement sur le texte, du cousu main. Dans le studio, tout le monde rit de bon cœur, même Agnès Bonfillon que j'avais épinglée au passage en prétendant qu'elle ne risquait rien avec DSK, protégée par son côté vieille fille. À la fin du sketch, alors que les rires s'estompent, je sens poindre une légère tension. Finie la rigolade, dans quelques minutes, mes petits camarades vont devoir interviewer DSK sur la crise économique. Éric Delvaux (qui ce jour-là remplace exceptionnellement Nicolas Demorand), Thomas Legrand, tout le monde est fébrile. Cinq minutes que je plaisante allégrement sur les bourses du directeur du Fonds monétaire international et maintenant il va falloir le questionner sur les fluctuations des cours. Moi, je pars, je quitte le studio sans traîner. Mes détracteurs me l'ont souvent reproché. « Guillon prend la tangente, il n'affronte pas ses victimes ! » D'abord, je terminais mon papier vers 8 heures, l'invité se pointant rarement avant 8 h 15, je me voyais mal poireauter un quart d'heure uniquement pour lui serrer la pince. Et pour lui dire quoi ? « Bonjour, Stéphane Guillon, humoriste, je viens de faire un sketch sur votre côté priapique, obsédé sexuel notoire, voulez-vous qu'on en discute, ou préférez-vous me casser la figure tout de suite ? »

Sur ma supposée lâcheté, je rappellerai que pendant trois ans, j'ai brossé des portraits à Canal Plus, assis face à l'invité. Et entre un Castaldi fulminant, désirant m'emplâtrer ou un Enrico Macias bouleversé, souhaitant m'embrasser, je ne sais toujours pas ce qui m'a le plus effrayé ?

Je dois avouer que je me délectais de ces moments suspendus où j'abandonnais mes camarades à un réel désarroi : « Oui, je sais, j'ai un peu mis le feu… à vous de jouer ! »

Sur la route du retour, comme souvent quand le sketch s'est bien passé, je rigole tout seul. J'écoute le journal de Fabrice Drouelle, la voix est grave, sérieuse… si les gens savaient qu'il est arrivé ce matin habillé en steward d'Air France ! Drouelle, caché derrière son micro, multiplie les effets de mode. Depuis quelques semaines, je l'ai surnommé Mme de Fontenay, clin d'œil aux chapeaux extravagants qu'il met. Il faut le voir coiffé d'une casquette Mao ou d'un bandana à fleurs annoncer un tremblement de terre en Haïti.

Coup de klaxon d'un automobiliste, je sursaute, je m'apprête à gueuler… Je me ravise, le gars est hilare, pouce tendu, visiblement mon sketch lui a plu. C'est maintenant la chronique de Bernard Guetta. Il fait tellement bien les liaisons que parfois j'oublie le sujet qu'il traite. Chez lui, la liaison est une gourmandise, une véritable addiction. Je me demande parfois s'il ne travestit pas légèrement la réalité pour le plaisir de lier deux mots ensemble, s'il ne rajoute pas par exemple quelques morts à une info parce que la liaison est plus belle avec dix qu'avec cinq.

Fin du papier, Éric Delvaux reprend la parole. J'aime bien ce moment où je rentre à la maison, j'ai fini l'essentiel de ma journée quand les autres commencent la leur. Je ne suis pas encore dans l'angoisse du papier du lendemain, pas encore… Jingle, c'est au tour de l'invité. Delvaux pose une première question, elle porte évidemment sur la crise financière et ses conséquences… Un temps… Silence… Respiration… DSK a l'air bougon. Rien d'étonnant, il l'est souvent. C'est son style, sa marque de fabrique. Comment pourrait-il faire des sauts de cabri alors que l'économie mondiale va si mal ? Mais quand même, dans ce temps, ce silence, cette respiration, je pressens quelque chose d'anormal… « Je vais vous parler de la crise, mais avant, je voudrais vous dire que j'ai assez peu apprécié les commentaires de votre humoriste… » Il parle de mon sketch, c'est pas vrai, il parle de mon sketch !!! « Les hommes politiques ou les responsables d'action publique comme moi ont le droit, et même le devoir sans doute, d'être critiqués par les humoristes. Mais l'humour, ce n'est pas drôle quand c'est principalement de la méchanceté. » Delvaux tente une relance… DSK, en grand professionnel le coupe… « Maintenant, je vais vous parler de la crise… »

Ça y est, c'est fini. Je ne le sais pas encore, mais ces quelques phrases prononcées sur un ton glacial, l'œil sombre, le sourcil relevé, vont tout changer pour moi. Je suis arrivé à la maison heureux comme un gamin qui a réussi un mauvais coup ! Strauss-Kahn avait réagi à mon papier, sacré fait d'armes. J'étais assez fier, content de moi, mais aussi estomaqué et incrédule. Je m'empresse de relater à Muriel la réaction de

DSK et je me souviens lui avoir demandé si elle pensait qu'un média allait en parler. On se marre tous les deux comme des gosses espiègles sans toutefois soupçonner une seule seconde l'onde de choc que provoquerait ce papier.

Pendant ce temps-là, à France Inter, tout le monde est dans ses petits souliers, notamment Schlesinger à qui incombe la lourde tâche de calmer DSK. Une mission très compliquée. Il faut dire que l'accueil a été rude. Après une nuit passée dans un avion en provenance de Washington, DSK est arrivé à la station directement de l'aéroport. Il a donc entendu ma chronique dans sa voiture. On imagine l'ambiance à l'intérieur du véhicule. Le jet lag, la fatigue... Le directeur du FMI assis en compagnie de son secrétaire et demandant à son chauffeur de lui mettre la radio, histoire de connaître les dernières nouvelles. On a appris depuis qu'Anne Sinclair se trouvait aussi dans la voiture. Ce qui n'a pas dû arranger les choses... Vous venez parler économie, Inter est le premier média à vous accueillir. Une exclusivité âprement négociée. Vous avez fini par donner votre accord, c'est le service public : belle image, très classe pour effectuer un come back après plusieurs mois d'absence... Et voilà qu'un petit con, un humoriste de second plan, même pas une star de l'humour, se permet de vous ridiculiser (d'ironiser sur vos problèmes de braguette) dix minutes avant votre passage à l'antenne.

Pour ma part, j'ai le souvenir d'un début de journée relativement calme. À mille lieues du tsunami médiatique qui se mettait en place, je cherchais un sujet pour le lendemain. Comme d'habitude, l'angoisse de la page blanche monte doucement. En général, jusqu'au début de l'après-midi, je parviens à la canaliser, je sais qu'il me reste du temps : lecture de la presse, recherches internet, discussions avec Muriel. Mais, passé 16 heures, si je n'ai rien trouvé, l'angoisse me submerge, me paralyse. Plusieurs variantes. Je peux me mettre à noircir des feuilles sans avoir de sujet. Je fais des lignes pour faire des lignes. Je m'énerve tout seul, je suis capable dans ces instants de devenir très con, totalement buté. Je me dis : « Eh bien tant pis, je vais écrire de la merde et demain tout le monde verra que j'ai écrit de la merde, la faute à l'actu, il n'y a rien, aucun sujet valable ! » Je peux aussi m'en prendre à quelqu'un, à Muriel par exemple, un grand classique. Je décide de lui lire la page que je viens de « torcher » en trente secondes chrono, façon écriture automatique. Pour elle, aucune issue : si elle me dit que c'est de la merde, ça m'énerve. Si elle me dit que ce n'est pas si mal, qu'il y a peut-être quelque chose à exploiter, ça m'énerve encore plus. Quand Muriel n'est pas là (avec le temps, elle apprendra à esquiver ce type de psychodrame d'auteur capricieux), je peux m'en prendre à quelqu'un de la rédaction d'Inter. J'appelle et je menace de ne pas venir le lendemain, de tout plaquer. Sur le thème : « C'est vraiment un travail impossible, je suis à bout, j'ai le sentiment d'être une machine à écrire, une usine à gags ! » Je suis vraiment très fort pour faire culpabiliser. À l'autre bout du fil, Jonathan, rédacteur en chef de la matinale qui connaît parfaitement ce genre de crise, effectue alors un boulot remarquable, entre l'urgentiste et le psychologue.

Je ne sais plus à quel moment tout s'est emballé. Le portable n'arrêtait pas de sonner. Un modèle très con qui, en cas de message, bipe toutes les trente secondes. Le supplice de la goutte d'eau. Un portable plus chiant qu'un réveil, il faut le faire. Je me souviens du nombre impressionnant de messages : 42 ! Sauf événement exceptionnel : naissance ou deuil... Entendre à 11 heures du matin « Vous avez 42 nouveaux messages ! » n'est pas usuel.

Au début, je le reconnais, c'est assez grisant de se trouver au centre du jeu médiatique, sous le feu des projecteurs. D'autant que les premiers articles sont plutôt favorables et le ton amusé. Vous avez joué un drôle de tour à un homme politique de premier plan, censé maîtriser ses nerfs. Vous étiez dans votre rôle d'humoriste, de mouche du coche (comme dirait *Télérama*). Bref, vous avez fait votre boulot et tout le monde applaudit.

Dans l'euphorie du moment, vous ne pensez pas à l'éventualité d'un retour de manivelle. Vous n'imaginez pas qu'il puisse y avoir des gens que votre sketch n'a pas du tout fait rire, des soutiens, des intimes de la personne que vous avez moqué et qui peuvent se manifester. Sans parler de tous ceux que vous avez vilipendés par le passé, qui n'avaient rien dit sur le moment et qui vont sauter sur l'occasion pour vous rendre la monnaie de votre pièce. Pour comprendre, par exemple, l'énergie déployée par Frédéric Mitterrand lors de ma passe d'armes avec Éric Besson, ses déclarations enflammées sur la médiocrité de mon travail, il suffit de se référer aux chroniques que j'avais écrites quelques mois plus tôt sur ses escapades en Thaïlande avec « des boxeurs thaïlandais de plus de 40 ans ».

À l'heure du déjeuner, la machine médiatique s'était emballée, je croulais sous les invitations et les demandes d'interviews en tout genre. La route qui s'ouvre est dangereuse : en faire trop au risque de lasser, donner l'impression d'exploiter « un fonds de commerce ». Au début, on intéresse, mais très vite on peut agacer.

Le piège étant l'explication, la justification, ou pire : penser qu'on a une mission, un message à délivrer ! Dans ces moments-là, tout est fait pour vous pousser à quitter votre métier d'amuseur et toute la difficulté consiste à rester un amuseur. Quand Éric Besson déclare que je suis un lâche et me propose un débat, il faut évidemment ne pas accepter, ne rien répondre, ou alors répondre ce qu'a répondu Anne Roumanoff : « Et pourquoi pas un Grenelle du rire ? » Bref, à midi trente, je choisirai de répondre à Bruce Toussaint sur Canal Plus. L'émission étant en direct cela m'autoriserait quelques facéties supplémentaires.

J'étais dans mon bureau au téléphone et Muriel regardait la télé dans la pièce d'à côté. Ce fut un moment plein de gaieté et d'excitation, un moment comme il en existe peu dans une vie d'artiste et nous étions décidés à en profiter pleinement. C'est ce que nous avons fait et tant mieux ! Globalement, même dans les moments très durs, nous n'avons jamais cessé de nous amuser.

Bruce Toussaint m'apprend que Schlesinger a présenté ses excuses à DSK. Cela me surprend et ne me fait pas spécialement plaisir. Même si Schlesinger m'a souvent défendu, j'ai l'impression désagréable d'être lâché par ma direction. Ce type d'excuses me surprendra toujours. On ne peut pas d'un côté revendiquer la différence, l'impertinence et, d'un autre, présenter des excuses. Évidemment à la télé, je ne montre aucun désappointement, je dis à Bruce Toussaint que j'ignorais les excuses de ma direction... « Ça vous surprend ? » ajoute-t-il en bon intervieweur malin. « Ça me surprend d'autant plus que Frédéric Schlesinger vient de m'envoyer une caisse de champagne accompagnée d'un mot : "Vas-y, continue !" C'est une très grande marque ! » Rire général, la nouvelle amuse tout le monde, Bruce me remercie, fin de l'interview. Aussi étonnant que cela puisse paraître, cette boutade sur le champagne sera prise au sérieux par plusieurs médias et par une frange d'auditeurs intégristes (les ayatollahs de la liaison) :

« Monsieur, comment peut-on, en pleine crise financière, se servir de l'argent du service public pour offrir une caisse de champagne à un humoriste grossier, malotru, dont les plaisanteries grasses ont sali l'honneur de M. Strauss-Kahn ? » En début d'après-midi, j'ai enfin Frédéric Schlesinger au téléphone. Je m'attends à me faire engueuler, mais il est plutôt cool, serein. Il n'est pas vraiment fan de ma chronique sur DSK... « Tu en as fait de meilleures », me dit-il. C'est sa grande phrase ! Durant l'année et demie où nous travaillerons ensemble, chaque fois qu'une de mes chroniques lui déplaira, le heurtera, il me dira simplement : « Tu en as fait de meilleures ! » Schlesinger n'est jamais intervenu dans mon travail, à une exception près. Ce jour-là, après quelques commentaires d'usage sur l'ambiance de la matinale, il m'apprend que notre invité du lendemain est Martine Aubry.

« Tu sais que notre invité de demain est Martine Aubry ?... [Mon dieu, avec toute cette histoire, j'ai oublié que j'ai un papier à écrire !] – Non, on ne m'a rien dit.

– Elle vient d'être confirmée. Écoute, je ne t'ai jamais rien demandé, ta liberté de ton est totale, mais si tu pouvais éviter de traiter Mme Aubry de petit pot à tabac, comme tu l'as fait la dernière fois, ça m'arrangerait beaucoup. Ce serait bien de calmer le jeu... juste pour quelque temps... »

Avec le recul, j'aurais dû l'écouter. La conversation était amicale, il n'y avait pas d'interdit, aucune menace. Ce n'était pas : « Si tu dis ça, il t'arrivera ça ! », c'était le conseil d'un directeur empreint d'une certaine expérience à son chroniqueur. À ma décharge, il était tard, la journée avait été éprouvante. En me demandant de ne pas faire quelque chose, Schlesinger me donnait, bien malgré lui, un excellent sujet de chronique.

Rien sur le physique de Martine ! [extraits]

« Après l'incident d'hier, ça ne va pas être facile de faire un papier ce matin. Vous l'avez peut-être entendue, la colère froide de DSK suite à ma chronique. Ça arrive... on se lève pour apporter un peu de bonheur à l'invité, le faire rire et quand ça ne marche pas la déception est terrible ! En plus, pour ne rien arranger, j'ai reçu un coup de téléphone de la direction d'Inter me demandant, vu le contexte ambiant, de lever le pied et d'essayer de ne pas plaisanter sur le physique de Martine Aubry, notre invitée d'aujourd'hui. J'ai été très surpris, d'autant que je ne voulais pas faire "Martine", je voulais faire "la Guadeloupe" ! Mais, du coup, ça m'a interpellé cette mise en garde, je me suis dit : "Tiens, qu'est-ce qui se passe ? Est-ce que la direction d'Inter a un problème avec le physique de Martine ?" Nous, les humoristes, on ne pense pas forcément à mal, mais il suffit que quelqu'un nous y pousse, et c'est fichu ! En plus, j'ai une liberté de ton totale sur cette antenne, totale ! Je m'étais dit : si un jour il y a une mise en garde, ce sera sur un truc important : les renseignements généraux, la présidence...

Mais pas sur la plastique de Martine... ! À moins qu'elle soit classée secret défense, qu'il y ait des zones protégées ?

Pour être tout à fait honnête, il paraît que le fait de l'avoir appelée "petit pot à tabac" dans une de mes chroniques l'a blessée. Là, y a maldonne : mon père possédait une très belle collection de pots à tabac : des modèles en faïence, en barbotine, Napoléon, fin XVIIIe ! Chez les Guillon, petit pot à tabac, c'est vraiment une marque d'affection. Je l'aurais qualifiée de fût à bière, de barrique à pinard, de lessiveuse, je comprendrais qu'elle fasse la tête. [...] Faut que la direction d'Inter se détende par rapport au physique de Martine. Sinon, ça va bêtement attirer l'attention. En plus, c'est son année, c'est l'année du buffle, tout ce qu'elle va porter sera hypra-tendance, qu'elle en profite ! »

Je venais de commettre ma première erreur. Schlesinger n'apprécia pas du tout ! Il ne me dit rien, pas un mot. J'apprendrai plus tard que l'hypothèse de mon renvoi avait été envisagée pour la première fois dans les hautes sphères de Radio France. En réalité, je n'avais pas réalisé que la donne avait changé. Je n'étais plus l'amuseur des débuts de semaine, j'étais le type qui avait fait sortir de ses gonds le directeur du FMI. Ma chronique sur DSK sonne définitivement la fin de la récré. Ce qu'on pouvait encore me pardonner avant ce fameux 17 février 2009 n'est plus de mise ! La belle époque, l'insouciance, les pieds de nez, les mauvais jeux de mots, les coussins péteurs qu'on mettait sur le siège de l'invité : c'est FINI ! J'écris désormais sous microscope, la moindre faute de goût, le plus petit écart de langage est dénoncé, exploité, sorti de son contexte, voire déformé. Berretta est sur le pied de guerre. On murmure que le Petit Calibre a installé une alarme « Stéphane Guillon » sur Google, dès que mon nom apparaît sur le Net, de jour comme de nuit, il est averti !

Contrairement au « petit pot à tabac » du 19 novembre 2008, prononcé dans l'indifférence générale, celui du 18 février 2009 va connaître une résonance inouïe. Cette faute, je vais la déguster à la petite cuillère. À chaque incident, à chaque scandale, à chaque protestation d'invité, on me la ressert. Je suis devenu : « Guillon celui qui attaque les gens sur leur physique ! »

Dès lors, toute tentative d'explication, de justification est inutile. Répéter des dizaines de fois à des journalistes que la phrase est extraite de son contexte, qu'il s'agit d'un sketch, que ce n'est pas moi, mais un personnage qui la prononce ne sert à rien. Vous êtes définitivement coupable.

Dans les semaines qui suivirent mon billet sur DSK et ma sortie sur Martine Aubry, les premières critiques commencèrent à pleuvoir. Dans son édito du 12 mars 2009, intitulé « Le temps de la dérision », Claude Imbert me qualifie de « comique de fosse d'aisance » et d'« acharné du pilori ». Raphaël Enthoven, de « clown censeur ». « L'Amérique, écrit-il, avait le procureur Kenneth Starr, au temps de l'affaire Clinton-Lewinsky. La France a désormais Stéphane Guillon. » Le plus virulent d'entre tous étant mon confrère Ivan Levaï. Je dis « confrère », car M. Levaï anime chaque week-end la revue de presse de France Inter. C'est donc en confrère qu'il déclara le dimanche 8 mars 2009 être « prêt à aller pisser, ou chier sur ma tombe ».

À l'époque, Jean-Luc Hees n'étant pas encore président, on pouvait menacer de déféquer sur la tombe d'un camarade sans être inquiété. L'année d'après, Didier Porte se fera virer pour avoir fait dire à un Dominique de Villepin atteint du syndrome Gilles de la Tourette : « J'encule Nicolas Sarkozy ! » Les temps changent. Je tente alors d'analyser froidement la situation. Après tout, ces critiques sont peut-être méritées ? J'ai peut-être été trop loin ? Et puis, soyons beau joueur, un humoriste passant son temps à étriller ses contemporains doit s'attendre, un jour ou l'autre, à un retour de bâton. Pourtant, il faut s'efforcer de décrypter les raisons véritables, profondes, intimes d'une critique. Quand Raphaël Enthoven, à propos de mon sketch sur DSK, parle de « retour de la morale », quand il écrit qu'« en ironisant sur la braguette de DSK, je ne parle pas en homme libre, mais en censeur » et que « ma chronique relève du jugement de valeur sur un adultère », la première réaction, celle qui vient naturellement à l'esprit, est de se dire que le jeune philosophe a pété un câble, ou qu'il prend des substances illicites. Enthoven ne peut ignorer que DSK a fait l'objet d'une enquête pour favoritisme au sein du FMI suite à son aventure avec la jeune Piroska Nagy. Dès lors, nous sommes plus dans la sphère privée, mais dans la sphère publique. Enthoven ne peut pas sérieusement oser la comparaison avec le procureur Kenneth Starr sous prétexte que j'ai écrit un sketch sur le thème : « DSK arrive, les filles, toutes aux abris ! » Non, il y a forcément autre chose. Notre ami doit bénéficier de circonstances atténuantes, trouvons lesquelles, faisons preuve de charité. Raphaël Enthoven, ex de Carla Bruni, n'a certainement pas apprécié mes chroniques sur la première dame de France et il n'a pas dû goûter non plus celles faites sur le chef de l'État. Le président n'aime pas mon travail, Enthoven le sait, tout cela a pu jouer. Le philosophe a un grand sens de la famille. En 1997, lors d'un séjour à Marrakech, apercevant son père au bras de Carla Bruni, il décide de se sacrifier. Il fait chaud, la belle est connue pour son tempérament de feu, laisser papa déjà âgé s'en occuper tout seul est beaucoup trop risqué. N'écoutant que son cœur, Raphaël délaisse sa propre femme, la jeune Justine Lévy, et part avec la belle Italienne. Un geste que peu de fils feraient pour leur père. Pour toutes ces raisons, sens de la famille, de la morale, je comprends que ma chronique sur la braguette de DSK l'ait heurté.

Dans le cas d'Ivan Levaï, la raison familiale ne tient pas. Sinon, il n'aurait pu qu'être enchanté par mon papier. Imaginez : vous avez été marié à Anne Sinclair, vous l'avez aimée durant des années, un jour vous vous séparez, mais restez en excellents termes. Malheureusement, l'homme avec qui elle refait sa vie la fait cocue, la ridiculise aux yeux de l'opinion publique. Son premier réflexe aurait dû être de me remercier. J'avais ridiculisé le mari volage, vengé la belle, ça méritait bien quelque chose : une boîte de chocolats, un bouquet de fleurs... Tout, sauf vouloir aller faire caca sur ma sépulture. Alors serait-ce la réminiscence d'un léger fond d'aigreur ? En effet, quelques années auparavant, Ivan Levaï régnait sur France Inter. Chaque matin, la France qui travaille, la France « qui compte », petit-déjeunait au rythme de sa voix. Et puis un jour, l'usure venant, l'auditeur se lassant, M. Levaï a dû passer la main, accepter que d'autres voix, plus jeunes, plus modernes, réveillent le pays. En compensation, on lui proposa d'animer les week-ends, ainsi ses anciens auditeurs, la plupart en maison de retraite, pourraient continuer à l'entendre ! Depuis, vivant cette mutation comme une punition, chaque week-end Ivan Levaï panse sa peine en menaçant d'aller déféquer sur la future tombe de ses camarades.

Dans un article du supplément télé du *Monde*, le journaliste Thomas Legrand qualifiait le quart d'heure précédant le journal de 8 heures de « quart d'heure de la mort ». Il est vrai qu'entre l'édito de Thomas, la pastille de Caroline Cartier et ma chronique, l'ensemble pouvait paraître corsé. En ce qui me concerne, le mois de février 2009 sera bien le « mois de la mort ». Cette période marque un tournant définitif dans mes rapports avec France Inter.

Après ma chronique du 17 février sur DSK et celle du 18 sur Martine Aubry, « le petit pot à tabac », il y aura aussi celle du mardi 24 février, une réponse longue et violente à Jean-Michel Aphatie. La veille, le journaliste vedette de RTL m'avait consacré une diatribe sur son blog.

Extraits: «La particularité de Stéphane Guillon, c'est qu'avant d'être drôle, il est méchant. Ou plutôt que son humour repose sur la méchanceté. Ses textes ne sont pas spirituels. Il ne joue pas avec les mots, ne les mélange pas, ne les triture pas. Il n'est pas non plus dans le non-sens, ou l'ironie. Non, il est tout simplement méchant. Chez lui, les mots sont des balles, il est direct et carré, il veut faire mal et il fait mal, c'est son boulot, c'est son emploi, il le remplit [...] Et en salarié modèle qu'il semble être, ce matin-là, comme les autres matins, Stéphane Guillon a été aussi loin qu'il le pouvait, violent de la première à la dernière ligne, misogyne à plusieurs passages, donc, d'une certaine façon, correct avec son employeur puisque celui-ci lui a concédé un peu de temps d'antenne pour accomplir sa besogne.»

Contrairement à ce que M. Aphathie écrit sur son blog, je ne pense pas être quelqu'un dont la nature profonde soit la méchanceté. Je ne me suis jamais réveillé un matin avec le désir de blesser quelqu'un, de faire du mal. Je fais un travail critique, un travail de pamphlétaire, qui plaît ou ne plaît pas, flirtant parfois avec les limites. Mais cela reste un travail, un exercice de style. Un acteur qui incarne des rôles de méchant à l'écran ne frappe pas obligatoirement sa femme et ses enfants le soir en rentrant chez lui. De la même façon, Michel Drucker, icône de la gentillesse cathodique, dérouille peut-être sa femme tous les soirs?

Ce matin du 24 février 2009, ma réponse, elle, fut cinglante et d'une rare méchanceté. Quelque chose qui ne me ressemblait pas et qui jurait avec l'esprit et le ton habituel de mes chroniques. L'angle choisi était le suivant: «M. Aphatie affirme que je suis méchant, je vais lui montrer ce qu'est la véritable méchanceté.» Je vais réagir à chaud, sur les nerfs, ce qu'il ne faut jamais faire. Résultat: le papier était mal ficelé, mal amené et beaucoup trop violent. Avec le recul, je pense qu'il y avait d'autres façons, plus subtiles, plus malignes de répondre et qui se seraient avérées bien plus efficaces. Erreur de jeunesse, surmenage ? Je me trouvais à la fois secoué et légèrement enivré par les nombreuses réactions que suscitait mon travail. Le risque dans ces cas-là est de se laisser envahir par un sentiment de toute-puissance. On a l'impression d'être fort, d'être porté par l'opinion et que jamais rien ne pourra nous atteindre : « M. Aphathie m'attaque, très bien, regardez comment moi, Stéphane Guillon, je vais le démolir ! » Certains appellent ça avoir la grosse tête, ma femme, une hypertrophie de l'ego.

Ce papier m'a fait du tort. Jusqu'à présent, j'étais dans l'amusement, dans l'insolence, parfois l'outrance… soudain, changement de registre, quelque chose de dur, de frontal, de gratuitement à charge survenait. Non seulement je donnais des armes à mes adversaires, mais des gens qui d'habitude m'aimaient bien se sont dit : « Tiens, Guillon, ça peut être aussi ça… »

Injurieux, vulgaire et méchant !

En ce mois de février 2009 plusieurs événements vont changer la donne à France Inter. Depuis le 1er janvier, les patrons de l'audiovisuel public peuvent être nommés et révoqués par le président de la République. Ce dernier ayant à cœur d'étrenner son nouveau super-pouvoir, Jean-Paul Cluzel pourrait, dit-on, en faire les frais. Problème, comment évincer un homme dont le bilan à la tête de Radio France est globalement positif et, qui plus est, a déclaré publiquement vouloir briguer un deuxième mandat ?

Pour Sarkozy, qui a toujours juré vouloir récompenser le mérite, l'équation est délicate. Dès lors, tous les prétextes sont bons pour déstabiliser Cluzel. Un jour, c'est la photo qu'il a faite pour un calendrier gay au bénéfice d'Act Up, un autre, ce sont mes chroniques sur DSK et Martine Aubry, jugées vulgaires et insultantes.

Dans ce climat irrespirable, les petites phrases succèdent aux rumeurs. Mi-février, le chef de l'État confie à quelques journalistes qu'il verrait bien un de leurs confrères « apolitiques » à la tête de Radio France. « Attendez-vous à une surprise », ajoute-t-il en s'adressant à un journaliste de France Info. Le ver est dans la pomme. La guerre des pronostics fait rage. Pas une semaine sans que le nom d'un favori sorte dans la presse. Parmi les plus cités : David Kessler, directeur délégué de Radio France, et Bruno Patino, patron de France Culture : tous deux sont des proches de Cluzel, idéal pour pourrir l'ambiance à Radio France! À ce petit jeu des pronostics et des suppositions, Jean-Paul Cluzel devient naturellement fébrile. Le 18 février, le lendemain même de ma chronique sur DSK, il sollicite un rendez-vous auprès de Nicolas Sarkozy. En vain. Il ne sera reçu que quelques semaines plus tard par Christine Albanel, alors ministre de la Culture.

Le 24 février, dans l'avion qui le ramène de Rome où se tenait le sommet du G7, le chef de l'État confie à plusieurs journalistes présents (dont Bruno Jeudi du *Figaro*) ne pas supporter mes chroniques: « C'est injurieux, c'est vulgaire, c'est méchant. Vous vous rendez compte de ce qu'il a dit, à l'heure de la plus grande écoute, sur la vie privée de Strauss-Kahn ou sur le physique de Martine Aubry! Mais dans quel pays vit-on? »

Quelques jours plus tard, selon une info du *Canard enchaîné*, le président enfonce le clou auprès de ses conseillers. Après une nouvelle salve contre mes chroniques, le chef de l'État s'en prend violemment à Cluzel accusé de « n'en faire qu'à sa tête » et de se « laisser manipuler par la gauche et les syndicats ». Arrive enfin le couplet sur le calendrier gay et le fameux cliché du président Cluzel en catcheur tatoué, Sarkozy éructe: « Ce n'est pas digne d'un patron de service public, ce type est fou, il se croit tout permis. Sa vie privée, c'est sa vie privée. Il en fait ce qu'il veut, mais il n'a pas à s'afficher comme ça. »

L'article du *Canard* pousse Cluzel à réagir. Le lendemain de sa parution, ce dernier se fend d'un communiqué à l'attention de ses salariés où il déclare « ne pas accorder le moindre crédit à des affirmations prétendument rapportées qui porteraient si gravement atteinte à son intégrité, à son honneur et à ceux des personnels de Radio France ». À l'Élysée (comme d'habitude) on dément: « Le président n'a rien dit du tout, ni en public ni en privé. »

Pour moi, c'est la gloire… nationale et même internationale! Imaginez donc, à dix jours d'intervalle, DSK, le directeur du FMI, réagit en direct à ma chronique, puis Nicolas Sarkozy, le 23e président de la République française, trouve mon travail « injurieux, vulgaire et méchant ». Comment rêver meilleurs attachés de presse ! Il ne me manquait plus qu'une réaction du pape ou de Barack Obama...

À l'heure où j'écris ces lignes, Benoît XVI vient de critiquer vertement l'action répressive du président Sarkozy à l'égard des Roms. Critiqué par le pape... Ce garçon passe définitivement à côté d'une brillante carrière de comique !

Du jour au lendemain, les médias vont s'intéresser à mon travail. Autant le reconnaître, j'en garde le souvenir d'un moment incroyable, joyeux et excitant. D'autant plus excitant que j'ai beaucoup galéré dans mon métier d'humoriste. Pendant des années, lors de mes tournées en province, il m'arrivait d'appeler moi-même le journal local pour solliciter un papier. Je faisais l'article au téléphone, tout était bon : « J'avais été sélectionné au tremplin du Point-Virgule, j'avais gagné le festival du rire de Morges en Suisse, ou bien encore, j'étais programmé quinze jours au Vertigo, le café-théâtre phare de Nancy et il fallait absolument venir voir mon show. » Il m'arrivait de passer moi-même au journal déposer une revue de presse du spectacle ! Avec un peu de chance, le gars venait, le plus souvent le dernier jour de la quinzaine. Pour remplir la salle ça ne servait plus à rien, mais ça me faisait un article supplémentaire pour étoffer mon dossier de presse... Ça pourrait servir la semaine d'après au café-théâtre La Cour des miracles à Vichy et ainsi de suite... Donc, le jour où votre attaché de presse vous dit que suite au papier de DSK et au commentaire de Nicolas Sarkozy, un journaliste du *New York Times* veut vous interviewer, forcément vous n'y croyez pas. C'est la gloire ! On me propose tout, le plus chic de la presse, le plus prestigieux. L'émission *Envoyé spécial* veut me consacrer un portrait. Le journal *L'Express* me fait l'honneur de ses premières pages, une longue interview émaillée de photos couleur, ça s'appelle «L'entretien». Il paraît qu'on ne l'a qu'une fois dans sa vie. On le propose généralement aux hommes politiques de tout premier plan ou aux grandes personnalités. Je pense à mon père, une tronche, un économiste brillant ayant écrit des livres de référence sur la gestion patrimoniale. Mon père qui se désespérait que son fils n'eût jamais dépassé la seconde… un portrait dans *L'Express*. Si nous avions été portugais, nous l'aurions affiché au-dessus de la cheminée. (Je précise à nos amis de la Licra que ceci est de l'humour. Les Portugais n'ont pas nécessairement mauvais goût. Les photos de Cristiano Ronaldo en maillot de bain l'été dernier l'attestent.)

Libération m'élit «Homme de la semaine», *Télérama* me met en couverture et Mireille Dumas demande à m'interviewer: «Guillon côté intime!» Ça aussi, paraît-il, on ne l'obtient jamais deux fois. Lorsque Mireille vous a confessé, c'est fini. Sauf si, comme moi (je vous donne le truc), vous lui racontez chaque fois une histoire différente. Un jour, vous êtes orphelin, six mois plus tard, vous vivez toujours chez vos parents, etc.

En critiquant mon travail, le président Sarkozy m'a donné un poids considérable. La contrepartie de cette soudaine médiatisation est d'attiser quelques jalousies. Je fais clairement des envieux: j'ai le privilège de me faire dézinguer par le chef de l'État en personne!

Parmi mon lot de mauvaises critiques et de papiers à charge, Emmanuel Berretta va à nouveau se distinguer. Depuis mon sketch sur les Jeux paralympiques, il n'a cessé de m'allumer. Pas une semaine sans qu'il ne prenne sa plume. Je le fascine littéralement, enfin mon salaire le fascine. Pour des raisons inexpliquées, le Petit Calibre du *Point* conclut chacun de ses éditos par le rappel de mes émoluments. J'ai fini par m'en amuser. Ses papiers sont tellement à charge qu'ils perdent toute efficacité. Si Beaumarchais pense qu'il n'y a pas d'éloges flatteurs sans liberté de blâmer, la réciproque est vraie. Berretta ne m'aime pas, c'est une chose entendue. Alors, évidemment, début mars, quand mon attachée de presse m'appelle pour me dire que le Petit Calibre souhaite me rencontrer pour réaliser un grand portrait dans l'hebdomadaire *Le Point*, ma surprise est totale. Je suis estomaqué. J'avoue, je suis assez naïf.

J'ai beau côtoyer le monde des médias depuis des années, l'absence totale d'amour-propre, de fierté et de sens moral me stupéfie toujours. Je réponds par la négative. Pourquoi irais-je converser avec quelqu'un qui chaque semaine m'éreinte sans vergogne? Je ne suis pas maso. J'ai travaillé avec un producteur télé qui allait régulièrement se faire fouetter à Londres. Il en revenait très détendu, doux comme un agneau. Dans ces moments-là, tout le monde en profitait pour lui réclamer quelque chose. Il fallait sentir le truc, tant que les coups de cravache lui chauffaient encore les fesses, c'était bon. Inversement, les jours précédant son départ pour la capitale britannique, quand la nervosité le gagnait, il fallait impérativement l'éviter.

Lorsque Berretta apprend que je ne souhaite pas lui parler, il le prend très mal. Le Petit Calibre n'a pas l'habitude qu'on lui dise non. Plus tard, je m'apercevrai qu'il adore garder un contact avec les gens qu'il maltraite, entretenir un rapport malsain. (Peut-être traverse-t-il lui aussi régulièrement la Manche ?)

Lors de ma dernière saison à France Inter, alors que ses éditos à mon sujet ressemblaient à de véritables règlements de compte, dictés le plus souvent par Jean-Luc Hees, quelle ne fut ma surprise lorsque je reçus, le jour de l'an, un sms courtois et chaleureux signé « E. Berretta ».

Donc, le Petit Calibre va chercher par tous les moyens possibles et imaginables à me convaincre d'accepter sa demande d'interview, harcelant mon attachée de presse, mes amis et même Muriel dont il s'est procuré le numéro de portable. J'ai également le droit à quelques messages fielleux, mélange de fausses amabilités et de menaces à peine voilées, du style : « Il vaudrait mieux que nous nous parlions, ça m'éviterait de raconter n'importe quoi. » J'ai envie de lui dire que c'est déjà fait ! C'est Nicolas Demorand qui me convainc de lui répondre. Lui aussi s'est trouvé être la cible du Petit Calibre. Selon sa théorie, il faut lui donner un os à ronger de temps en temps, lui lâcher une info pour qu'il se calme. En réalité, j'ai souvent eu à cœur de m'expliquer avec mes détracteurs. Il existe probablement une dimension égotique dans cette démarche, mais pas seulement. Je me décide donc à appeler Berretta. Je n'ai jamais entendu sa voix, mais elle est telle que je l'imaginais, traînante, mielleuse à souhait, entre le castrat et le serpent à sonnette. L'espace d'un instant, j'imagine le nombre incalculable de bites au cirage ou de mises à l'air qu'il a dû subir dans son enfance. Il me fait presque de la peine. Se ressaisir, surtout ne pas se laisser attendrir, je dois rester concentré pour répondre à ses questions. D'emblée, je lui dis que je n'ai pas apprécié qu'il révèle mon salaire et la manière dont il l'a fait. Il marmonne une vague justification : « Il n'est pas d'accord avec moi, en tant que personnage médiatique, mes revenus présentent un intérêt pour le public. Il ajoute qu'il a l'habitude de procéder ainsi. Toutes les vedettes qu'il traite sont logées à la même enseigne… » Ouf, je ne suis pas le seul ! À propos de mon salaire, il me demande si la somme dont il a connaissance, 9000 euros par émission à Canal Plus, est exacte ? Je lui confirme que oui. Une des rares qualités de Berretta est d'être parfaitement renseigné. Du coup, quand il ment, ou quand il écrit n'importe quoi, il le fait sciemment. L'interview démarre sur un ton patelin. Le Petit Calibre souhaite aller au fond des choses. En parcourant certains articles, il s'est aperçu qu'en définitive on ne connaissait pas « le vrai Stéphane Guillon ! ».

Date et lieu de naissance ? 6 décembre 1963.

Signe astral ? Sagittaire.

Profession des parents ? Ma mère est marchande de tableaux.

Elle travaille toujours ? Où se trouve sa galerie ? Avenue de Messine.

Berretta note «Avenue de Messine». Au final, l'interview se passe bien. Le Petit Calibre se révèle sympathique et avenant. Tout en restant sur mes gardes, je joue le jeu des questions et des réponses. Il a de quoi écrire un bon portrait. Demorand a raison, c'est sans doute mieux de se parler, d'expliquer son travail.

«Je te préviens tout de suite ça va super t'énerver !» Muriel est entrée dans mon bureau en brandissant un magazine avec en couverture Rachida Dati. La garde des Sceaux m'énerve souvent, mais quand même… Qu'a-t-elle fait pour que Muriel débarque l'air aussi contrarié ? «C'est un tissu de saloperie du début à la fin !» ajoute-t-elle en ouvrant le magazine. Je comprends. Ce n'est pas Rachida, c'est moi. Dans la rubrique «Société», sur deux pages, une question en caractères gras interpelle le lecteur : «Mais pourquoi est-il si méchant ?» Et ce n'est pas du tout du second degré. En guise de portrait, Berretta me dépeint en acteur raté et aigri, ayant subi : «Vingt ans d'humiliation parmi les loqueteux du show-biz.» (Vous noterez au passage le mépris pour les gens qui ne sont pas en haut de l'affiche.) Je suis un être seul, infidèle en amitié et en affaires : «La vie amicale et professionnelle de Stéphane ressemble à Guernica, un champ de bataille dévasté.» Pour étayer sa démonstration, Berretta a été déterrer un vieux producteur de spectacles avec qui tous les humoristes de France et de Navarre se sont fâchés. Je suis également cupide, tendance bling bling : «Guillon collectionne les montres de luxe, on dit qu'il serait prêt à traverser le lac de Genève à la nage pour aller chercher une IWC sur l'autre rive.» Sous-entendu : quand je me moque de Nicolas Sarkozy, c'est l'hôpital qui se fout de la charité.

Tout en étant bling bling, je suis aussi bobo. Ce qui pour Berretta ne semble pas incompatible. Je possède une grande maison où « s'ébattent sept enfants et une foule d'animaux domestiques ». Mais surtout, c'est l'axe principal de ce papier, je suis né méchant : « L'époque aime le sang, Stéphane Guillon lui en fournit de belles giclées. »

Aurais-je dû sourire de ce papier ? Car il ne parle pas de moi : j'aime les montres, je ne les collectionne pas, mon chien est mort il y a peu de temps, je travaille avec la même équipe depuis des années, des gens qui, pour la plupart, ont débuté avec moi. Et surtout, j'ai une femme sublime et des amis très chers qui me laissent loin de Guernica. Pourtant, cet article m'interpelle.

Pourquoi deux pages de mensonges, d'inexactitudes crasses dans un journal aussi sérieux que *Le Point* ? Pourquoi un tel traitement de faveur ? Quel crime ai-je commis ? Un sketch sur DSK et Martine Aubry ayant déplu à la présidence ? Une chronique de mauvais goût sur Jean-Michel Aphatie ? Rien d'autre ? Deux pages de crucifixion dans les très sérieuses pages « Société » du *Point*, uniquement pour ça ? Il doit y avoir autre chose ? Cherchons bien. J'ai peut-être travaillé, sans le savoir, pour le compte d'une mouvance terroriste, style Al-Qaïda, aidé l'abbé Cottard à noyer quatre scouts au large de Perros-Guirec ou préparé dans la clandestinité un duo comique avec Dieudonné pour le jouer en avant-première chez Ahmadinejad ? Ah, je sais ! Il y a deux ans, Muriel et moi avons congelé des jumeaux lors d'un séjour en Corée du Sud. Je préparais ma rentrée au théâtre, Muriel faisait la mise en scène et ce n'était pas le moment de pouponner. Les petits n'ont pas souffert, ils se sont endormis très vite, la tête calée sur un paquet de frites Findus.

D'un bout à l'autre, l'article d'Emmanuel Berretta est ignomineux (« l'époque aime le sang » ?).

Je me souviens d'un roquet de ferme en Bretagne, très laid. Quand quelqu'un venait chercher des œufs, il aboyait en faisant des bonds. Comme il sautait trop haut, il se cassait souvent la figure à l'atterrissage. C'était ridicule et impressionnant à la fois. À ce moment-là, le visiteur reculait en prononçant des phrases aussi idiotes que : « Bon chien ! Il garde bien sa maison, le pépère ! » Le pépère, qui était en vérité une mémère, se calmait immédiatement, baissait les oreilles, remuait la queue et, tel l'agneau qui vient de naître, venait quémander des caresses... attendri, le visiteur tendait la main et là, ni une ni deux, l'immonde saucisse lui enfonçait ses deux canines pourries dans la chair.

Tel le roquet breton, Berretta s'était montré charmant durant son interview, multipliant les amabilités et les compliments. On aurait dit le fils caché de Mireille Dumas et de Stéphane Bern. Mais, chez lui, tout est calculé. Lorsque Berretta m'interroge sur la profession de ma mère, sur le fait qu'elle dirige une galerie d'art, en réalité il s'en contrefiche, ce qu'il cherche, c'est à la localiser pour pouvoir l'interviewer. Ce qu'il fera dès le lendemain de notre entretien. Souriant, affable, le Petit Calibre débarquait à la galerie maternelle en exhibant sa carte de journaliste du très select magazine *Le Point* ! En grand professionnel de la filouterie, son discours est rodé : « Je connais votre fils, il m'a conseillé de venir vous voir à la galerie. Après toutes ces controverses, le papier sur DSK, celui sur Martine Aubry... je souhaite écrire un grand portrait sur lui, dissiper tout malentendu, rétablir certaines vérités, afin que le public le connaisse mieux. Dites-moi, quel genre d'enfant était-ce ? » Comme n'importe quelle maman, fière de l'intérêt porté à son rejeton, la mienne répond au charmant M. Berretta, se laissant aller au passage à quelques confidences nostalgiques légèrement mièvres, du style : « Petit, Stéphane voulait être acteur afin que les filles s'évanouissent au passage de sa Cadillac ! » Vous imaginez les conséquences d'une telle phrase sous la plume de Berretta ? Non seulement j'étais capable de traverser un lac à la nage pour m'acheter une montre, mais j'avais toujours été comme ça : avide de gloire et de réussite !

« Stéphane Guillon est-il né avec le gène de la méchanceté ? Écoutons maman ! » écrit Berretta.

M. Berretta ne va pas s'arrêter à cette manipulation indigne. C'est vrai que c'est déjà bien crade d'aller voir une mère en cachette, de lui soutirer des confidences sur son fils en jouant la sympathie, pour aller ensuite le dézinguer dans la presse ; mais il faut croire que le Petit Calibre n'est jamais repu. À l'instar d'un chanteur qui dissimule dans son CD une chanson surprise, Berretta cache dans ses éditos « une saloperie surprise », un truc bien crade fabriqué le plus souvent au mépris de toute éthique journalistique :

« Chez Ardisson, Stéphane Guillon perçoit, chaque semaine, 18 000 euros pour cinq minutes d'une revue de presse qui, il faut bien le dire, n'est pas ce qu'il fait de mieux ! » Pour quelles raisons M. Berretta, titulaire d'une carte de presse, fabrique-t-il ainsi les chiffres et les faits ?

En soi, ce prétendu journaliste n'est pas un personnage intéressant. Ce qui est intéressant, c'est ce qu'il symbolise. Son article a clairement vocation à me salir. C'est une commande, le garçon a les doigts collés aux coutures de son pantalon. Ordre a été donné de ternir mon image et, en bon petit soldat du pouvoir, il a obtempéré. Je me souviens de dizaines d'articles plus nauséabonds les uns que les autres sur Coluche quand celui-ci était candidat à la présidentielle. À les lire : Coluche était violent avec son entourage, prenait de la drogue, avait fait un casse dans sa jeunesse. Tout était bon. Les mêmes qui le sanctifient aujourd'hui jusqu'à la nausée y allaient à l'époque au calibre 12.

On pourrait aussi s'étonner de l'attitude de Franz-Olivier Giesbert, le patron du *Point*. Comment peut-il cautionner de telles pratiques de la part d'un de ses journalistes ?

Peu après la sortie du fameux papier, je le croise sur le plateau de Thierry Ardisson. Je lui relate « l'épisode de mon salaire », tout en lui précisant que je n'ai pas pour habitude de réagir aux articles écrits sur moi, qu'ils soient élogieux ou à charge. Appeler un journaliste pour me plaindre, ou le remercier, est contraire à mes principes. Seulement voilà, dans le cas présent, il y a une dérive, celle du mensonge volontaire et cela me semble aussi préjudiciable pour son journal. J'ajoute que vérifier mes dires serait un jeu d'enfant, il lui suffit de reprendre les derniers articles publiés par son journaliste et il constatera lui-même la supercherie. Feignant la surprise, FOG sort un petit carnet de sa poche et se met à prendre des notes tout en disant que si mon salaire avait été doublé dans l'intention de me nuire c'était proprement scandaleux. Il allait mener l'enquête, tirer l'affaire au clair, j'avais bien fait de m'adresser à lui, il me tenait au courant très vite. Bel œil bleu ce Franz, voix grave, rassurante, on sent qu'il a l'habitude de la télé. Il m'a parlé sur le ton d'un Julien Courbet prenant une affaire en main. Je ne doutais pas que Berretta allait passer un mauvais quart d'heure. Je n'eus plus jamais aucune nouvelle de FOG…

Dans impertinence, il y a pertinence !

Depuis mon éviction de France Inter, j'ai lu, ici et là, que Didier Porte et moi avions délibérément franchi les limites de l'humour. En multipliant les provocations, nous n'avions « eu de cesse de nous faire virer, afin de passer pour des victimes ». Sacrifiés sur l'autel de la liberté d'expression, nous accédions au statut très convoité de « martyr du rire », une garantie indispensable « pour remplir nos salles de spectacle pendant des années », le but de notre démarche étant purement mercantile.

Faut-il préciser que Didier et moi adorions ce que nous faisions. Tous ceux qui ont goûté aux délices du direct, cette drogue dure qui rythme votre quotidien, savent à quel point il est difficile de s'en passer. Nous avions de plus, addiction suprême, le plaisir de faire rire, de « foutre un peu le bordel » et d'avoir dès la sortie du studio un écho direct avec le public, un public considérable de près de deux millions de personnes. Même dans les moments difficiles, d'extrême fatigue, de pression, j'avais conscience (et je pense qu'il en allait de même pour Didier) de vivre un épisode exceptionnel. Non, vraiment, pour rien au monde je n'aurais laissé ma place.

En ce mois de février 2009, il y a fort à parier que le président Sarkozy se fout complètement de mes chroniques sur DSK et Martine Aubry, je pense même qu'elles le réjouissent. Peut-être se les repasse-t-il en boucle le soir sous la couette avec Carlita. En revanche, bon nombre de mes sketchs, plus critiques à son égard, ne l'amusent pas du tout. Ce sont eux qui ont scellé mon sort. En cette rentrée 2009, la matinale d'Inter agace en plus haut lieu.

L'article de Berretta sur « les origines de ma méchanceté » sort en kiosque le jeudi 19 mars 2009. Une date qui ne doit rien au hasard. Quelques jours plutôt, le 11 mars, Jean-Paul Cluzel a donné au *Figaro* une interview intitulée : « L'impertinence, une tradition à Radio France ». Si ce titre peut laisser croire que M. Cluzel prend ma défense, il n'en est rien. Si effectivement l'impertinence est une tradition, Cluzel précise que « cela ne signifie pas qu'il est d'accord avec toutes les expressions de cette impertinence. Dans impertinence, il y a pertinence. Quand la pertinence manque à l'impertinence, le rire ne fait plus rire ! ».

Cette déclaration m'atteint. Depuis mon papier sur DSK, les attaques dans la presse se sont multipliées, parfois avec virulence, mais c'est la première fois que la Maison ronde prend ostensiblement ses distances avec mon travail. À la matinale aussi l'ambiance autour de la table s'est rafraîchie. Globalement, on rit moins ostensiblement à mes chroniques. Je ressens un climat de peur et de tension. La fin de la saison se profile doucement. Cluzel est candidat à sa succession, mais des sources de plus en plus nombreuses le donnent partant. Et le responsable de ce désastre, c'est moi ! Moi ainsi que le fameux cliché du catcheur masqué. Dans son interview au *Figaro*, Cluzel avoue regretter cette prise de vue, qui aurait « blessé ses collaborateurs ». Pas moi, sans cette photo de notre bien-aimé président gainé de cuir, j'aurais été désigné unique responsable de son départ. Trop lourd à porter pour mes frêles épaules de chroniqueur en CDD. C'était la première fois qu'un de mes textes risquait de mettre un homme au chômage. Pouvoir me dire que c'était aussi la faute d'une série de « photos SM » soulageait ma conscience. Je suis un grand sensible, que voulez-vous !

« Dans impertinence, il y a pertinence » et sur mon répondeur, il y a un message. C'est le président Cluzel lui-même. Vingt-quatre heures se sont écoulées depuis sa petite gentillesse du *Figaro*... peut-être souhaite-t-il déjà s'excuser ? La voix est grave, lente, un peu lointaine. J'ai l'impression qu'il a mis son masque de catcheur pour me parler. C'est peut-être un rite, une tradition : chaque fois que le président doit acter, prendre une décision importante, partir en mission, il se déguise en catcheur !

Signe de grande fébrilité, le président Cluzel m'a appelé en personne. En temps normal, à Radio France, quand le protocole est respecté, c'est une hôtesse qui vous contacte : « Ne quittez pas, je vous passe le secrétariat du président... [Musique classique] – Secrétariat du président, bonjour... Monsieur Guillon, oui... Le président souhaite vous parler... Ne quittez pas, il est en communication... [Re-musique classique] Il a raccroché, je vous le passe... » Et là seulement, la voix du président retentit.

En tout cas, c'était comme ça à l'époque de M. Cluzel. Depuis la fonction s'est quelque peu désacralisée... Si vous appelez aujourd'hui, il est possible que vous tombiez directement sur le président : « Allô, oui ma poule, c'est moi, c'est Jean-Luc, putain, c'est gentil de m'appeler, je me faisais chier comme un rat mort, c'est calme comme taule, tu peux pas savoir. Tu passes me voir, on va s'en jeter une au Zebra ? »

Sans tarder je rappelle M. Cluzel. Cette fois-ci, j'ai droit au protocole complet, hôtesse, musique classique, secrétaire, re-musique classique... le temps de bien cogiter : « Qu'est-ce qu'il me veut ? C'est bizarre qu'il me téléphone lui-même et pourquoi ce "Rappelez-moi, c'est urgent", qu'est-ce qu'il peut y avoir de si urgent ? » Depuis mon arrivée à Inter, je n'ai croisé Cluzel qu'une seule fois, et encore par hasard. C'était le 1er avril 2008. François Fillon était notre invité, je venais de dresser son portrait : « Un Fillon totalement transparent, sans le moindre charisme, martyrisé au boulot et dans sa vie privée. Marié à une Galloise bâtie comme un deuxième-ligne, Penelope Kathryn Clarke qui lui avait fait cinq enfants de force ! » Cluzel, n'ayant même pas pris la précaution d'écouter ma chronique (à l'époque, mon casier judiciaire à France Inter était vierge !), patientait dans le hall de la station pour accueillir le Premier ministre. Nous nous étions salués chaleureusement. Je me souviens qu'il m'avait complimenté sur ma bonne mine et mon entrain si tôt le matin. Je lui avais retourné son compliment en lui disant que lui aussi me paraissait très en forme. (La pratique du catch sans doute !) Puis tout le monde s'est mis au garde à vous car François Fillon, qui visiblement s'était fait dérouiller toute la nuit par Penelope, venait d'arriver. Tout cela me semblait désormais bien loin et il y avait peu de chance, aujourd'hui, que le président Cluzel m'appelle pour me complimenter sur mon teint... cela faisait maintenant dix minutes que je patientais avec France Musique dans les oreilles, lorsqu'un bruit rauque, entre l'évier qu'on débouche et Garou se remettant d'une trachéotomie, résonna dans l'écouteur. « Bonjour, c'est Jean-Paul Cluzel, excusez-moi pour l'attente. » Visiblement agonisant, le président me prie de venir le voir dès le lendemain matin à la sortie de ma chronique. Au son de sa voix, je comprends qu'il faut faire vite, ses heures sont comptées, pourvu que je n'arrive pas trop tard !

Le patron de Radio France me propose un thé vert et, de fait, deux énormes théières trônent sur une table de réunion ovale. Je décline son offre, franchement, un thé vert à 8 heures du matin... Muriel m'a toujours dit qu'elle n'aurait pas supporté de vivre avec un type qui ne boit pas un vrai café d'homme au petit déj'. J'hésite à lui faire part de cette remarque. Je lui apporte suffisamment de soucis pour ne pas, en plus, critiquer son breuvage... je reconnais le canapé design qui a servi pour la photo du *Figaro*... C'est probablement allongé dessus que le président Cluzel a trouvé sa jolie formule : « Dans impertinence, il y a pertinence ! » À moins qu'on ne la lui ait soufflée. Silence gêné. Je complimente le président sur son canapé. Nous parlons meuble, ça meuble... Avec Jean-Luc Hees aussi, dans quelques mois, nous parlerons meubles. Un fauteuil qu'il voulait faire rehausser afin de pouvoir fumer en regardant la tour Eiffel. L'embrasure des fenêtres étant trop haute, mal conçue selon lui, il avait trouvé cette solution.

Nouveau silence... L'air absent, le président caresse l'anse de sa théière. Peut-être devrais-je embrayer sur la météo? Une réflexion sur les premiers beaux jours, l'arrivée précoce du printemps? L'atmosphère est lourde, extrêmement tendue. Je l'avais compris dès la salle d'attente en observant l'hôtesse d'accueil venir pour la quatrième fois refermer la porte en ponctuant son geste par un: «Vous serez plus tranquille comme ça!» Je ne souhaitais pas spécialement être tranquille et puis ça me distrayait d'observer les allées et venues dans le couloir, la tête des gens qui arrivaient bosser, un brin amusés à l'idée que je sois convoqué par le patron. Mais justement le problème était là: personne ne devait être au courant, discrétion absolue!

Le président m'observe. Je l'intrigue visiblement. Il ne s'attendait pas à ça... un garçon de bonne famille, courtois, de grands yeux bleus, il m'en parlera en me raccompagnant... «Comment pouvez-vous dire de telles horreurs avec des yeux si bleus?»

«Vraiment, vous ne voulez rien boire?» Il parle à voix très basse. Je dois tendre l'oreille pour l'entendre. En contrebas, le bruit des voitures roulant sur les berges le couvre presque. Il semble très affecté et fatigué par la période de turbulence qu'il traverse. Si j'avais été prêtre, je lui aurais donné l'extrême-onction tout de suite. Il l'aime cette maison et c'est tout l'enjeu de ce rendez-vous, il souhaite ardemment garder son poste de président. La discussion démarre enfin: mes papiers sur DSK et sur Martine Aubry comparée à un petit pot à tabac ont déplu en haut lieu... à lui aussi ils ont déplu. Mes allusions sur sa tenue de catcheur ne l'amusent pas beaucoup... elles n'amusent pas non plus son compagnon. Puis il me parle de la souffrance des hommes politiques, il connaît bien cette souffrance, il est le parrain de la fille d'Alain Juppé... on n'a pas suffisamment conscience des répercussions que peut avoir une chronique vacharde, ou un mauvais jeu de mots sur l'entourage des hommes politiques, notamment sur leurs enfants. J'ai failli me pincer pour y croire, le président de Radio France essayant de me sensibiliser à la grande fragilité psychologique de nos hommes politiques ! Encore cinq minutes et il allait me parler du suicide de Bérégovoy. À ce moment de la conversation, il aurait été de bon ton que je me jette en larmes à ses pieds, en lui demandant pardon pour toutes les méchancetés proférées depuis des mois sur son antenne.

« Vraiment pas de thé ? » Sans façon. Nouveau silence. Et là, je ne sais ce qui m'a pris. J'y ai repensé souvent depuis... Honnêtement, je ne sais pas. Le président avait l'air tellement meurtri, accablé... Je lui ai parlé comme un père parle à son fils à la veille d'un examen important. « Monsieur Cluzel, si vous souhaitez être réélu à la présidence de Radio France, il faut être fier de votre bilan qui est bon, fier de moi que vous avez engagé et fier également des photos que vous avez faites pour le calendrier d'Act Up. Arrêtez de vous excuser pour tout. Le président Sarkozy respecte les hommes forts. Quelque part, il aime qu'on lui résiste. Il faut changer de stratégie tout de suite ! »

Je ne me souviens plus de la phrase exacte du président Cluzel m'enjoignant de me taire, de m'occuper de mes affaires. Je ne sais plus si c'était une phrase, un regard, ou la théière brandie dans ma direction ? Mais j'ai senti tout d'un coup qu'un monde nous séparait. Comment moi, petit ver de terre, chiure de mouche, osais-je suggérer quoi que ce soit à son éminence ?

Nouveau silence, interminable cette fois... bruits des voitures en contrebas... c'est un Samu, à moins que ce ne soit une voiture de pompiers, non, c'est un Samu... je me demande à quoi vont servir ces deux Thermos de thé vert? Il paraît que c'est excellent contre le cancer de la prostate, mais quand même, deux Thermos, il y a de quoi soigner toute la station! Le président Cluzel semble totalement anéanti. J'ai le sentiment qu'il cherche à me dire quelque chose... un instant, je pense qu'il va me virer... j'en suis persuadé... j'attends le moment où il va me dire: «Stéphane, je préfère arrêter là votre collaboration, que nous réfléchissions ensemble à autre chose...» Et puis tout doucement, en détachant chaque syllabe, il démarre un exposé sur l'humour. L'humour et ses limites, ce qui est drôle, ce qu'il ne l'est pas... la liberté d'expression, la liberté des autres... Nouveau silence. Je sens que le président Cluzel s'exhorte à m'annoncer quelque chose mais qu'il hésite, qu'il n'ose pas, comme si lui-même était effrayé par l'énormité de son propos.

Il se lance enfin, comme on se lance pour la première fois du plongeoir de dix mètres en fermant les yeux: «On m'a demandé de vous calmer!» Je le fais répéter, incrédule, pensant avoir mal entendu. Il s'énerve, m'en voulant soudain de l'obliger à répéter ce qu'il a eu tellement de mal à me dire.

«On m'a demandé de vous calmer!

– Qui ça "on"?

– Vous agacez, vous agacez en plus haut lieu... On m'a demandé de vous calmer, calmez-vous... dans votre intérêt.»

Cette phrase m'a énormément marqué. Qui était ce «on», un ministre? Le secrétaire général de l'Élysée? Le président de la République en personne? «On m'a demandé de vous calmer!» C'est une phrase qu'on entend généralement dans les films policiers, les films d'espionnage... Mais quand vous l'entendez dans la vraie vie, le sentiment est étrange, particulièrement désagréable. Calmer? Calmer dans quel sens? Et si je ne me calme pas? Il m'arrive quoi? On me calme, on me pète les rotules? Jusqu'à présent, mon boulot avait consisté à faire marrer des gens et je me retrouvais soudain plongé dans un mauvais thriller américain. Ce jour-là, pour la première fois, je me suis réellement interrogé. Si l'aventure prenait de telles proportions, le jeu en valait-il la chandelle ?

Les premiers jours de mars 2009 marquent clairement pour moi la fin d'une période. Je n'étais plus dans l'euphorie joyeuse qui avait suivi mon papier sur DSK. Certains articles avaient été extrêmement violents, j'avais été convoqué dans le bureau du « dirlo » et je me retrouvais dorénavant avec ordre express de lever le pied. Enfin, conséquence inéluctable, l'ambiance au sein de la matinale s'était sensiblement rafraîchie. À la décharge de mes camarades, leur position n'était pas facile. S'ils riaient trop, on dénonçait leurs « rires gras et complaisants » : un journaliste est supposé rester neutre. S'ils riaient moins, on leur reprochait leur manque de solidarité, d'avoir peur d'être virés. Le climat s'était on ne peut plus détérioré. D'autant que les rumeurs sur l'identité du successeur de Cluzel allaient bon train. Depuis que Nicolas Sarkozy, dans un avion le ramenant de Rome, avait habilement distillé quelques indices sur le profil de l'heureux élu : « Un journaliste apolitique, ni de droite ni de gauche », la liste des prétendants s'allongeait chaque jour : Laurent Joffrin, Denis Jeambar, Christophe Barbier, Bruno Patino, etc.

À France Inter, radio-couloir émettait à fond, chacun étant persuadé de tenir le véritable scoop : « Si, si c'était sûr, c'était Trucmuche, Untel avait entendu Guéant le dire à Minc, ce n'était plus qu'une question d'heures ! »

Un nom, pourtant, allait commencer à circuler avec plus d'insistance que les autres, celui de Jean-Luc Hees. L'hypothèse semblait sérieuse. Elle sera confirmée pour la première fois dans la presse, le 17 mars 2009, sur le site du *Point*. Pour moi, ce serait une véritable bouffée d'oxygène, car si Hees est nommé à la tête de Radio France, je suis sûr de sauver la mienne. Hees, ce serait l'éclaircie après les giboulées. Je me souviens d'avoir annoncé la nouvelle à Muriel comme une grande victoire : « Tu ne devineras jamais qui va devenir président de Radio France, on ne pouvait pas rêver mieux ! Quelqu'un qui nous aime beaucoup toi et moi ?

– Guy Carlier...

– Non, quand même pas... Mais pas loin, pas loin... Période Guy Carlier... Hees, Jean-Luc Hees !

– Hees ! Incroyable... Ce serait génial !! »

Oui, ça nous paraissait génial. Ce jour-là, Muriel était aussi heureuse et rassurée que moi. Elle connaît bien l'animal. Lorsqu'elle était chroniqueuse au *Fou du roi*, Jean-Luc qui était directeur d'Inter descendait souvent lui parler : le ton et la fraîcheur de cette chroniqueuse qui dénotait avec l'ambiance parfois consensuelle de l'émission lui plaisait. Muriel pouvait, par exemple, émettre des réserves sur le dernier ouvrage d'Albert Jacquard, *Absolu. Dialogue avec l'abbé Pierre*. Un crime de lèse-majesté lorsqu'on sait que le célèbre scientifique était considéré par la frange conservatrice des auditeurs d'Inter comme un dieu vivant, un véritable Rolling Stones ! Le franc-parler de Muriel lui avait parfois valu une série de mails d'auditeurs pas piqués des vers. Dans ces moments-là, avoir la cote avec le directeur de la station n'était pas anodin ! Je me souviens ainsi d'une émission du *Fou du roi* dans laquelle Thierry Roland était invité. La discussion tournait autour de la difficulté pour les annonceurs publicitaires de communiquer sur les laxatifs. Quelqu'un parlait de yaourts aux pruneaux lorsque Muriel, qui ne comptabilisait que quelques heures d'antenne au *Fou du roi* (c'était sa deuxième émission), lâcha un très imprudent :

« À propos de pruneaux, je connais une histoire drôle ! »

Évidemment, ce fut la curée, tout le monde, Thierry Roland en tête, lui dit : « Bah, vas-y raconte-la-nous, ton histoire ! » Muriel eut beau essayer dans un premier temps de se rétracter, de dire que non, finalement elle ne connaissait pas d'histoire de pruneaux, impossible de faire machine arrière ! L'émission entière était suspendue aux lèvres de cette jeune débutante qui en avait une bien bonne à raconter ! Se sachant alors condamnée, convaincue que cette histoire de pruneaux sur le service public serait son chant du cygne, Muriel se lança. Et perdu pour perdu, elle y mit tout son cœur : « Connaissez-vous la différence entre les hommes et les pruneaux ? » Non, répondit joyeusement la petite assemblée ! « Eh bien, il n'y en a pas, on les suce le soir et ils vous font chier le lendemain matin ! » Je pense qu'il y a eu des morts... Derrière leur poste, dans les maisons de retraite, plus d'un vieil auditeur a dû mourir d'une crise cardiaque sous le rire tonitruant, inextinguible de Thierry Roland. À la fin de l'émission, lorsque Muriel monta pour la dernière fois en régie saluer le réalisateur Jean-François Remonté (qui l'était pour le coup), celui-ci lui dit sans un regard de compassion : « Même aux *Grosses Têtes*, ils n'auraient pas osé ! » Mumu quitta alors la Maison ronde, profitant de chaque marche d'escalier sachant qu'elle n'y retournerait plus. Eh bien, figurez-vous que cette histoire de pruneaux avait amusé le cow-boy flegmatique et grisonnant d'Inter. Hees avait ri, Muriel restait. Une amitié et une complicité qui allait durer des années. Lorsque Jean-Luc fut viré de la station par Jean Paul Cluzel, alors que son téléphone ne sonnait plus, que la foule des courtisans s'était définitivement éloignée, quelques rares fidèles continuèrent à déjeuner avec lui, des gens de cœur, comme Muriel ou Nicolas Rey. Pour toutes ces raisons, l'amitié qu'il portait à Muriel, le fait qu'il ait été le premier à me proposer d'animer un billet d'humour à la matinale, la nouvelle de son arrivée nous rassurait totalement. Hees président ne toucherait jamais à un seul de mes cheveux, j'en étais convaincu. Lui-même avait connu la violence de l'exclusion, sa brutalité. Du jour au lendemain, après trente années de bons et loyaux services passés à France Inter, il avait été prié de faire ses cartons. Une fois, il me raconta, les larmes aux yeux, qu'ayant sollicité une explication au téléphone auprès de Jean-Paul Cluzel, le secrétaire de ce dernier lui avait répondu : « Écoute, n'insiste pas, c'est physique ! » Lorsqu'après une telle humiliation la vie vous sourit à nouveau, si, par miracle, vous revenez par la grande porte à la présidence de la boîte même qui vous a viré (un scénario improbable, digne d'une super-production hollywoodienne… *Mister Hees is back !*), vous ne pouvez avoir de cesse que d'être un patron exemplaire, un modèle d'humanisme vivant. C'était oublier un peu vite un syndrome triste et tragique à la fois : pour des raisons difficilement explicables, les enfants battus battent à leur tour leurs enfants.

Le contrat

Si, le 17 mars 2009, le nom de Jean-Luc Hees avait transpiré pour la première fois dans la presse, l'hypothèse d'un ticket avec Philippe Val comme directeur d'Inter n'avait jamais été énoncée nulle part, ni dans les médias ni dans les couloirs de Radio France. Pas le plus petit début de rumeur. Je serais le premier à apprendre la grande nouvelle.

Un coup de téléphone reçu un beau matin alors que je me désespérais sur l'écriture de ma chronique du lendemain. À l'époque, nous étions en travaux, la maison était un grand chantier. Je me revois encore, arpentant la chambre de mon fils qui me sert de bureau, totalement éberlué par ce que je venais d'apprendre. Dix minutes plus tôt, une personne m'avait laissé un message me demandant de la rappeler. Une voix classe, posée, celle de l'épouse de quelqu'un de connu et effectivement son nom ne m'était pas inconnu. Elle me priait de bien vouloir la rappeler dès que possible, elle avait, dit-elle, quelque chose à m'apprendre, une nouvelle qui pourrait m'intéresser à propos de France Inter… Vous imaginez ma curiosité, je la rappelle dans l'instant et après deux, trois gentillesses sur mon travail, «mon mari et moi ne ratons aucune de vos chroniques», elle me dit ceci : «Stéphane, je ne peux pas vous dire qui… et je vous demanderai la plus grande discrétion concernant cet appel… Philippe Val va être nommé directeur de France Inter. En vérité, c'est lui qui a été choisi en premier par le président de la République et il a proposé le nom de Jean-Luc Hees. Les choses se sont faites dans ce sens-là... Il faut que vous sachiez que la personne qui m'a donné cette information a vu sur un bureau de l'Élysée votre nom et celui de Didier Porte... Votre exclusion est programmée. Elle est une condition *sine qua non* de leur nomination.» Encore quelques mots, elle me souhaite bon courage, m'exhorte à ne rien lâcher et me dit au revoir.

Je note fébrilement cette conversation. Depuis mon rendez-vous surréaliste avec le président Cluzel, j'ai pris l'habitude de tout consigner dans un petit carnet. Cela me rassure. Car j'avais alors le sentiment d'être perdu dans un épisode des *Envahisseurs*. Un jour, une injonction mystérieuse m'invitant à me calmer, un autre, un appel, non moins mystérieux, m'annonçant l'identité du futur directeur d'Inter et mon prochain licenciement ! Je dois être David Vincent. Si Philippe Val n'arrive pas à replier son auriculaire... mon compte est bon !

Le 2 avril 2009, lorsque le Nouvel Obs.com révèle que l'Élysée a lâché le nom de Philippe Val pour la direction d'Inter, je reste sans voix. J'ai beau éprouver une méfiance viscérale pour les infos du genre : «Quelqu'un a vu votre nom sur le bureau de...», force est de constater que celle donnée par mon interlocutrice est exacte. Du moins la première partie : «Val directeur.» Il ne me reste plus qu'à attendre la deuxième partie de la prophétie : mon exclusion. Quatorze mois plus tard, ce sera chose faite ! Ce coup de téléphone sera déterminant pour la suite de ma collaboration à Inter. Sachant mon renvoi programmé, je travaille dès lors avec une épée de Damoclès au-dessus de ma tête. Sans jamais verser dans une parano excessive, je serai désormais sur mes gardes, plus sensible, plus attentif au moindre signe de danger. Malgré tout, ma confiance en Jean-Luc Hees restait intacte. Je continuais à y croire. Je pensais naïvement pouvoir inverser le cours des choses.

La nomination de Val comme directeur d'Inter fit l'effet d'une bombe au sein de Radio France. Le 30 mars, le président

Cluzel envoie le même texto à l'ensemble de ses collaborateurs : « Je connais le nom du futur directeur d'Inter, il s'agit de Philippe Val. C'est un choix qui me paraît désormais limpide. » Jusqu'au départ de Frédéric Schlesinger qui interviendra fin juin, Val, qui assurait toujours sa chronique du vendredi, ne prendra jamais la peine de frapper à sa porte. Quelques mots de compassion, du genre : « Voilà, je vais prendre ta place, c'est la vie. Sache juste que je ne suis pas indifférent à ce qui t'arrive. » Pas le style du garçon.

Durant les deux mois précédant son départ, Schlesinger se fera de plus en plus discret. On ne le voyait plus débarquer à la matinale vers 6 heures, frais, souriant, énergisant, comme s'il avait déjà fait une heure trente de footing. Le directeur d'une station de radio, c'est comme le réalisateur d'un film, c'est lui qui met l'ambiance, imprime le tempo. L'absence de Schlesinger se ressent très vite. Peut-être voulait-il nous signifier qu'à présent nous devions apprendre à nous débrouiller tout seuls. Il n'avait pas tort : directeur, Philippe Val n'arrivera que très rarement à la station avant 11 heures du matin.

En vérité, Schlesinger prépare habilement la saison prochaine. Il renouvelle en loucedé la plupart des contrats des animateurs et des producteurs de la grille, retardant ainsi l'échéance d'un an. Le jeu de massacre imaginé par Val ne pourra débuter qu'en juin 2010. Au final, tout le monde y trouvera son compte : Schlesinger qui a remonté l'audience de la station de façon historique prolonge la vie de son bébé de quelques mois et Val qui ne connaît rien au métier de la radio trouve une grille impeccable, en ordre de marche.

Ce coup de téléphone mystérieux avec mon informatrice ne fut pas simple à gérer. Chaque fois que je le racontais dans une interview, le journaliste qui m'interrogeait m'objectait, un brin agacé : « Dites-nous qui c'est, vous ne pouvez pas procéder ainsi ! » C'est assez cocasse. Le secret des sources qui prévaut pour eux n'aurait aucune valeur pour moi. Au fil du temps, il m'est arrivé de douter d'avoir eu cette conversation, un peu comme si je l'avais rêvée. En août 2011, lorsque l'excellent livre de Gérard Davet et Fabrice Lhomme *Sarko m'a tuer* sort en librairie, c'est un soulagement, je n'avais donc pas rêvé ! Dans le chapitre consacré à l'éviction de Didier Porte, Véronique Brocard, journaliste à *Télérama*, raconte comment, alors qu'elle était en rendez-vous dans le bureau de Jean-Paul Cluzel à Radio France, elle apprend à la fois la nomination de Jean-Luc Hees et notre éviction programmée. Petit moment d'anthologie : « J'étais à peine arrivée dans le bureau de Cluzel que sa secrétaire lui a fait savoir que le secrétaire général de l'Élysée, Claude Guéant, souhaitait lui parler au téléphone. Je me suis éclipsée et, quelques minutes plus tard, Cluzel m'a dit que Guéant venait de lui annoncer son départ et son remplacement par Jean-Luc Hees. » Véronique Brocard passe alors quelques coups de fil, et obtient d'un informateur à l'Élysée une précision importante : à peine installé, Hees nommera Philippe Val à la tête de France Inter. « Val à Inter, au vu de son parcours, ça me semblait fou. Alors, je rappelle mes sources proches du Château, qui me confirment le scénario et me donnent d'autres infos. On m'explique que Hees a une feuille de route très claire. Elle prévoit prioritairement le renvoi de deux humoristes du matin. On m'a aussi donné le nom de deux autres personnes dans le collimateur : l'éditorialiste politique Thomas Legrand et le journaliste chargé de la revue de presse, Frédéric Pommier. Apparemment, ces quatre-là dérangeaient depuis un moment, leurs têtes avaient déjà été demandées, en vain, à Cluzel. »

S'il en est un que l'arrivée de Philippe Val inquiète plus que les autres, c'est bien Didier Porte. Didier collabore au journal *Siné Hebdo* et, depuis l'affaire Siné[1], Val ne supporte

1. Polémique autour d'une accusation d'antisémitisme à l'encontre du dessinateur et caricaturiste Siné. Philippe Val a renvoyé Siné de *Charlie Hebdo* pour avoir, selon lui, tenu des propos antisémites sur Jean Sarkozy. Siné crée alors son propre journal, *Siné Hebdo*.

plus tout ce qui, de près ou de loin, touche au journal satyrique. C'est donc un Didier inquiet qui m'appelle ce jour-là. Il aimerait qu'on se voie afin d'examiner la situation, y a-t-il réellement péril en la demeure ?

L'inquiétude de Didier n'est pas pour me déplaire (c'est mon côté sadique !), Didier n'est pas du genre à s'épancher, c'est un dur, tendance bourrue. Il arrive, fait sa chronique et disparaît. On a rarement vu Didier nous apostropher gaiement : « Hé ! Les gars, aujourd'hui c'est mon anniversaire, après l'émission, je paye ma tournée ! » Porte est pudique, un seul sourire en dix ans de *Fou du roi* à l'adresse d'Alain Krivine auquel il a d'ailleurs demandé un autographe, le regard embué par l'émotion, et Didier est reparti chez lui encadrer la précieuse relique. Ce caractère d'ours, un brin susceptible, lui a valu quelques prises de bec, notamment avec moi qui me suis entendu qualifier d'« anti-sarkozyste de pure circonstance ». Ayant à peu près le même caractère que mon ami Porte, et la même capacité à rire de moi-même, vous imaginez les dégâts collatéraux d'une telle déclaration. Depuis, nous nous sommes réconciliés. Didier est beaucoup plus souriant qu'avant, plus ouvert, son licenciement lui a fait un bien fou ! Comme dirait Stéphane Bern période *Sagas* : « La chrysalide est devenue papillon ! » Je pense même qu'il serait partant pour que je l'emmène faire un tour dans ma Porsche, une 356 de 1956, qu'il a plusieurs fois évoquée dans ses chroniques comme un symbole honni du capitalisme.

L'union faisant la force, je propose à Didier d'organiser un petit déjeuner en compagnie des principaux acteurs de la matinale. Nous pourrions discuter, exposer nos points de vue et voir s'il n'y a pas quelque chose à faire. En cette fin de saison, Didier n'est pas le seul à être inquiet par l'arrivée de Val, tout le monde l'est plus ou moins, et mon idée de petit déjeuner remporte un succès immédiat. Quelques jours plus tard, rendez-vous est pris au café Le Fleurus, rue de Fleurus. C'est Demorand qui a choisi, il connaît l'endroit, c'est discret, m'a-t-il précisé. Si chacun est d'accord pour organiser une réunion, il ne faut pas non plus que cela se sache trop. Je vais vite comprendre que face à la menace d'un licenciement, nous ne partageons pas tous les mêmes enjeux.

D'un côté, il y a ceux presque assurés de perdre leur place et, de l'autre, ceux qui ne sont pas prêts à prendre des risques inconsidérés pour sauver la tête des premiers. La distance qui vous rapproche ou vous éloigne d'une charrette en partance est souvent déterminante dans l'attitude adoptée. Ce matin-là, donc, chacun arrive au Fleurus en feignant de lire un journal ou masqué par des lunettes de soleil. Personnellement, j'arrive au volant de ma vieille Porsche et je ne manque pas de faire vrombir le moteur à la hauteur du café, histoire d'emmerder mon camarade Porte. Sont présents autour de la table, outre Nicolas Demorand, Hélène Jouan, Thomas Legrand, Philippe Lefébure, Didier Porte et moi. Une véritable ambiance de conspirateurs. Hélène Jouan est la directrice de la rédaction de France Inter. Nos rapports sont excellents, j'ai souvent Hélène au téléphone, notamment quand je n'arrive pas à écrire, c'est-à-dire très souvent !

La réunion démarre timidement, bruit des petites cuillères dans les tasses et généralités sur la matinale. Étant l'organisateur de « la conspiration », je sens qu'il m'incombe d'entamer les débats. Mon analyse est simple : ce qui fait la force de la matinale c'est un mélange subtil de chroniques sérieuses et décalées. Il existe un vrai ton, une sorte d'émulation collective, orchestré par Nicolas Demorand, chacun bénéficiant du succès de la rubrique de l'autre. Preuve en est, l'audience va crescendo jusqu'au journal de Fabrice Drouelle à 8 heures. Nos sorts sont liés, nous sommes passagers d'un même bateau, et bien que Didier Porte et moi semblions les plus menacés, le pire serait de nous laisser diviser, de se la jouer perso. Voilà ce que j'explique d'une voix assurée à mes camarades.

Je sens que je m'exprime bien, je trouve mes mots facilement. Il faut dire qu'en chemin je me suis fait tout un film. Dans le cas où la direction toucherait à l'un d'entre nous, j'ai imaginé une grève collective durant laquelle toute l'équipe, dans un formidable élan de solidarité, se relaierait jour et nuit au micro pour défendre son camarade menacé !

Je venais de voir *Good Morning England* au cinéma, ça m'avait sans doute tourné la tête... Je nous voyais déjà occupant les studios d'Inter dans un joyeux bordel : un melting-pot d'éditos, de chroniques, de débats passionnés sur l'indépendance des médias. Le tableau était complet : points presse improvisés sur le trottoir, invités prestigieux venant nous apporter leur soutien, banderoles de protestations accrochées aux fenêtres, barbecue dressé sur le toit de la Maison de la radio, une odeur de conspiration mélangée à celle des merguez. Je pensais sincèrement qu'il y avait un magnifique coup à jouer. Ça aurait eu de la gueule : une sorte d'immense bras d'honneur au président de la République et à sa décision inepte et dangereuse de vouloir nommer lui-même les responsables de l'audiovisuel public. Tout à coup, des journalistes, des humoristes, des gens qui à longueur d'année défendent des valeurs de liberté, d'indépendance et de justice, auraient joint l'acte à la parole ! Demorand, shooté au Coca light, hurlant aux aurores dans son micro : *Goooood Morning Radio France !*

J'étais sûr de mon fait et assez fier de montrer à Porte ce qu'était un vrai révolutionnaire ! Je m'apprêtais à suggérer mon idée de grève lorsque Thomas Legrand calma considérablement mes ardeurs en déclarant qu'il ne se mettrait pas en danger pour moi pour la bonne raison que moi, j'avais plusieurs cordes à mon arc : le spectacle, mes activités à Canal, alors que lui n'avait que son boulot de journaliste à Inter. Nicolas enfonça le clou en faisant remarquer que personne n'était propriétaire de son fauteuil et que, fort de son expérience de six ans à la tête de la matinale, il pouvait comprendre qu'un nouveau directeur souhaite imprimer sa marque.

La petite réunion tournait maintenant à vide, à nouveau, on entendait de moins en moins le bruit des conversations et de plus en plus celui des petites cuillères. On balança quelques phrases du style : « On se tient au courant ! On est solidaires ! C'est bien qu'on se soit vus ! », histoire de se dire qu'on ne s'était pas réunis pour rien. Je me levai pour payer la note, c'était la moindre des choses après mon arrivée en Porsche et mes idées de révolution avortée ! On était là à se dire au revoir, lorsque quelqu'un s'enquit de savoir où était Didier Porte. Plus de Didier, disparu. « Il t'a dit au revoir ? », « Non, et toi ? », « Non plus », « Il a dû partir faire sa chronique au *Fou du roi* », tempéra Thomas. Didier s'était éclipsé sans dire un mot. J'avais organisé cette petite réunion à sa demande, pour répondre à ses inquiétudes et il avait filé à l'anglaise. C'était le Didier d'avant son licenciement, profil bourru, brut de pomme.

Dans un très bon article du *Nouvel Observateur*, daté du 9 avril 2009, les journalistes Ariane Chemin, Claude Soula et Véronique Groussard détaillent point par point, étape par étape, la mainmise du pouvoir sarkozyste sur France Inter. « Sur fond de coups de billard, écrivent-elles, de bluff et de leurres, récit d'un choix ultra-politique qui vise à désarçonner la gauche, jusque dans son "saint des saints", France Inter ».

C'est exactement ce qui s'est passé. L'arrivée imminente de Hees et de Val dans la Maison ronde allait abîmer durablement, profondément, l'image de France Inter. Et ce matin-là, en quittant le café Fleurus, nous avons laissé passer l'occasion unique, belle, courageuse, de ne pas laisser faire.

«Il me fait rire une bonne fois sur deux»

Jean-Paul Cluzel a fini par partir. On retrouvera dans son bureau un déguisement complet de catcheur : short, masque et bottes cloutées. La panoplie sera livrée dans le plus grand secret au Grand Palais où il a pris ses nouvelles fonctions.

Schlesinger aussi est parti. Et je savais ce que j'allais perdre, inutile d'attendre l'arrivée de Val ! Disponible, toujours à l'écoute, Schless, comme le surnommait Demorand, m'avait beaucoup gâté : affichages, partenariats pour mes spectacles, rediffusions de mes chroniques en cas d'absence, c'était oui à tout, une vraie mère poule ! Ajoutez à cela une liberté de ton absolue, hormis deux, trois appels de circonstance quand vraiment ça tanguait. Je ne vous dirai pas que je me sentais orphelin, mais pas loin. Schlesinger m'avait fait entrer à France Inter et il partait. J'avais le sentiment bizarre d'être tout à coup moins légitime. J'aurais peut-être dû me glisser dans l'un de ces grands cartons de déménagement qui encombraient le couloir.

«Guillon est parti emballé avec les affaires de Schlesinger !

– T'es sûr que c'était lui ?

– Certain ! On l'a aperçu coincé entre une machine à expresso et des intercalaires en plastique, un grand autocollant *produit toxique* collé sur le front !

– Bon débarras !

– Tu l'as dit, bouffi !»

J'étais le cadeau empoisonné laissé à la nouvelle direction.

Je pense même avoir été la seule consolation de Cluzel à son départ : ils héritent de Guillon. Bon courage, les gars !

En ce début de printemps 2009, je n'ai qu'un seul but, rencontrer Hees au plus vite afin de me rassurer.

Le mercredi 8 avril, le futur patron de Radio France passe une audition catastrophique devant les neuf sages du CSA.

Le candidat de Nicolas Sarkozy ne recueille que six voix en sa faveur, deux contre et une abstention. Tous, même ceux qui ont voté pour lui, dénoncent « le dilettantisme » de M. Hees. « Il ne connaissait pas ses dossiers et n'avait pas vraiment de plan pour l'avenir » [*sic*].

Sur la vidéo, disponible sur le site du CSA, Jean-Luc Hees apparaît hésitant, absent et même carrément je-m'en-foutiste lorsqu'une question le met en difficulté. « Je ne passe pas dix heures par jour à y réfléchir », répond-il, un brin agacé, à Rachid Arhab qui l'interroge sur l'évolution du Net à la radio. En examinant cette vidéo à froid, il est effrayant de se dire que cet homme vient d'être choisi par le président de la République pour diriger une entreprise de plus de 5 000 salariés. Certaines mimiques des membres du CSA sont édifiantes, partagées entre l'effarement et une envie irrépressible de rire. On espère que Marcel Béliveau va débarquer, venir les délivrer en leur disant : « Surprise, surprise, c'est une farce, le vrai candidat arrive ! »

Lors de son audition, on l'interrogera aussi sur mon cas. Il déclare : « J'ai recruté Stéphane Guillon, il y a une dizaine d'années. C'est un garçon qui se définit lui-même, je crois, comme un sale gosse. Ce qui m'ennuie parfois, c'est le mélange des genres entre chroniqueur et humoriste… Il me fait rire une bonne fois sur deux. Mais il y a deux bornes à ne pas franchir : la diffamation et l'insulte. Je ne recherche pas l'impertinence, mais l'humour. » Michel Boyon lui objectera avec un sourire malicieux que « l'impertinence est inscrite noir sur blanc dans le cahier des charges de France Inter ».

On a connu « entrée en matière » plus chaleureuse, mais surtout plus habile : le débat sur l'indépendance des médias fait rage, de nombreux commentateurs s'interrogeant sur l'autonomie du futur PDG de Radio France. Beaucoup me donnent sortant, puisque deux mois auparavant le chef de l'État m'avait critiqué publiquement… et lorsque le CSA interroge M. Hees à mon propos, au lieu de me soutenir à 200 %, d'envoyer un signe fort à l'opinion et à ses salariés, il tourne autour du pot, enchaîne des platitudes sur l'humour et bafouille quelques réserves quant à l'utilité de l'impertinence dans le service public ! Parfait pour entretenir le doute et la suspicion. Étrangement, je reste confiant, persuadé que je peux compter sur Jean-Luc, bien que de nombreux amis interprètent ces quelques phrases comme un début de lâchage. Mais je me dis que Jean-Luc est malin, qu'il ne veut pas avoir l'air de m'adouber et qu'émettre des réserves à mon égard, c'est le moyen le plus sûr de me garder ! J'avais tout de l'amoureux transi sur le point de se faire plaquer par sa fiancée, mais qui, jusqu'à la fin, trouve mille raisons d'espérer !

Cette réponse de Jean-Luc Hees au CSA est la première étape d'un long processus, qui consistera, au fil des mois, à semer le doute dans mon esprit, à me forcer à réagir, à me défendre et, si possible (ce serait l'idéal !), à me pousser à la faute. Ce sera le verbe « enculer » pour Porte, ce sera toute une série d'autres choses pour moi.

Le 29 avril, Hees est auditionné par la commission des Affaires culturelles de l'Assemblée nationale. Son ton s'est radouci : « Stéphane Guillon est un garçon qui a beaucoup de talent, que je ne mettrai pas à la porte, Monsieur le Député. » Peut-être lui a-t-on glissé, entre-temps, que son manque d'enthousiasme à mon égard pourrait paraître quelque peu suspect. Pour ma part, je lui ai laissé un message, un truc du genre : « C'est le type qui te fait rire une bonne fois sur deux à l'appareil. Bravo pour ta nomination, rappelle-moi à l'occasion qu'on boive un verre ensemble ! » Vous noterez le « à l'occasion » prononcé d'une voix la plus désinvolte possible, surtout ne rien laisser deviner de ma fébrilité. Deux, trois messages plus tard, chacun plus détaché que le précédent, Jean-Luc a fini par me rappeler. Du grand Jean-Luc : « Pardon pour le retard, je t'adore ma poule, ces connards du CSA... Tout ce bordel... Je suis débordé, je pense à toi, tu passes mercredi après ta chronique... » Sacré Jean-Luc, toujours le même !

Enfin mercredi, le jour des enfants, et c'est Jean-Luc en personne qui vient me chercher dans cette fameuse salle d'attente où l'on m'avait « caché » comme une maladie honteuse quelques semaines plus tôt. Souriant, décontracté, en bras de chemise. Jean-Luc déteste le protocole. Comme tout bon soixante-huitard qui se respecte, il met un point d'honneur à ne jamais jouer au chef... sauf si l'on conteste son autorité.

« Ça te dérange si je fume ?

– Pas du tout, Jean-Luc.

– Tu ne fumes toujours pas ? Quelle chance... T'as une belle voix pourtant, une voix grave de fumeur... » S'ensuivent quelques compliments sur mon apparence. En vieux séducteur, Jean-Luc jauge toujours les aptitudes de séduction des autres mâles.

« Tu ne changes pas !

– Toi non plus, Jean-Luc ! »

Des nouvelles de Muriel : « Comment va Muriel ? J'adore cette fille, elle ne referait pas quelque chose sur France Inter ? Pourquoi est-elle partie déjà ? » Il le sait pourquoi elle est partie, mais il veut que je le lui raconte. Je lui raconte. Stéphane Bern l'a virée un beau matin, sans raison, sans préavis, sans la moindre explication, après sept ans de collaboration. Je lui dresse une liste des collaborateurs du *Fou du roi* débarqués avec la même violence.

J'égrène des noms pendant une bonne minute, j'ai l'impression de lire la stèle d'un monument aux morts… Je ne veux pas qu'il pense que Muriel est un cas isolé, ou que j'aurais un quelconque compte à régler avec Stéphane Bern.

Jean-Luc m'écoute avec la plus grande attention. Est-ce lié au fait qu'il aime bien Muriel, ou qu'il a été lui aussi viré comme un malpropre? Il semble en tout cas en empathie totale.

Il m'assure qu'il va étudier les conditions du départ de Muriel et examiner les possibilités de son retour sur Inter. Au passage, il lâche une saloperie sur Bern et le *Fou du roi*: «Dix ans, ça commence à faire beaucoup, les émissions c'est comme les yaourts, il y a une date de péremption.»

Jean-Luc ne donnera jamais suite à sa promesse, je la lui rappellerai à une ou deux reprises, mais, chaque fois, il bottera en touche: «T'inquiète pas ma poule, ma puce, mon grand, je vois ça demain, j'ai été débordé!» Pourquoi m'avoir laissé entrevoir un possible retour de Muriel à Inter et n'avoir jamais donné suite? Était-ce une conséquence de son légendaire je-m'en-foutisme ou avait-il cherché à m'amadouer? Jean-Luc savait à quel point tout ce qui concerne Muriel me touche. Au-delà de la considération qu'il avait pour elle, s'est-il dit: «Avec la femme de Guillon à France Inter, nous aurons un moyen de pression supplémentaire, il aura un fil à la patte?» Je n'ai pas la réponse. Je pense que la piste a été envisagée, puis laissée de côté.

On en vient alors à mon cas personnel, ma place à France Inter… Je sens poindre une légère tension, une infime crispation… la clope que vient d'allumer Jean-Luc en fait les frais et finit, à peine allumée, au fond du cendrier. Jean-Luc souhaiterait connaître les détails de ma venue à Inter: qui m'a engagé et à quelles conditions? Nouvelle clope. Dans le cendrier, l'autre clope écrasée, à peine entamée, a l'air de faire la gueule.

Je lui raconte le déjeuner chez Thiou et la proposition de Schlesinger : affichage, partenariat et salaire. Un temps. Jean-Luc prend souvent des temps… c'est son côté Lord anglais, conducteur de Jaguar, rien n'est grave, tout est cool. Volutes de fumée, caresses à l'accoudoir en cuir du fauteuil, Jean-Luc profite chaque seconde de sa nouvelle nomination, comme s'il avait encore du mal à y croire lui-même.

« Pourquoi tu ne ferais pas une chronique tous les jours ? Ce serait formidable… [nouvelle caresse au fauteuil], installer ce rendez-vous dans sa continuité… Tu y as pensé ? »

Je me pince, je rêve éveillé… Il y a dix jours tout le monde me donnait partant, lui-même déclarait au CSA que je ne le faisais rire qu'une fois sur deux et aujourd'hui il me propose d'engager ma femme et d'être à l'antenne tous les jours !

Je me sens rassuré, totalement séduit… sacré Jean-Luc ! Et dire que certains pensent que c'est l'homme de Sarko ! Moi-même… quel con j'ai été ! C'est bien le Jean-Luc que j'ai toujours connu, anar, grande gueule, il leur a dit « oui » à tout, il les a endormis et maintenant il va faire ce qu'il veut, il va tous les baiser ! Sa proposition me tente… j'ai beau avoir un mal fou à écrire mes trois chroniques par semaine, toujours au taquet… mais là, face à un mec aussi courageux, aussi couillu… et puis quel bras d'honneur à tous ceux qui me disaient viré. J'imagine déjà Berretta forcé d'écrire un truc du genre : « Guillon reste et prend du galon ! »

« Une place se libère, précise Jean-Luc, Val ne peut plus assurer sa chronique du vendredi, tu pourrais passer à quatre papiers par semaine… Tu y réfléchis et on s'en reparle ? »

Le rendez-vous s'étire. Nous sommes désormais les meilleurs copains du monde. Jean-Luc me questionne sur « ma nombreuse tribu », une famille recomposée de sept enfants, et lâche au passage un « putain, bordel, vous êtes masos ! ». « Ça en fait des bouches à nourrir, t'as pas intérêt à être viré », ajoute-t-il dans un semi-sourire… Il me parle aussi de son fauteuil qu'il veut faire rehausser pour pouvoir fumer en matant la tour Eiffel. « Ces connards ont dessiné les fenêtres trop hautes, la vue est magnifique, mais assis, on ne peut pas en profiter… à l'époque, on était dans le pratique, pas dans le plaisir ! »

Il se lève, je me lève aussi, il me redit qu'il m'adore, que je suis libre, qu'il s'en fout… Je fais ce que je veux ! Lors de notre entretien, je ne sais pas combien de fois Jean-Luc m'aura répété qu'il s'en foutait. Sarko, il s'en fout, les honneurs, il s'en fout, la presse, il s'en fout… Sa vie, il s'en fout… « Elle est faite ma vie, j'ai plus rien à perdre, je m'en branle, amuse-toi, ma poule, je ne peux pas mieux te dire… Amuse-toi et amuse-moi ! »

Jean-Luc regarde sa montre, il faut qu'il parte, un rendez-vous… « Font chier tous ces cons ! » Mais, avant de partir, il me redit pour la énième fois qu'il me garde, qu'il m'adore… Qu'il garde tout le monde d'ailleurs, il ne vire personne. Et là, il me raconte comment quelques jours auparavant, il a décidé (dans sa grande clémence) de conserver à son service le secrétaire particulier de Jean-Paul Cluzel. J'ai droit à toute la scène. Jean-Luc jouant le secrétaire obséquieux et très efféminé lui demandant en tremblant s'il doit faire ses cartons sur-le-champ ou pas ? Et Jean-Luc, prenant sa plus grosse voix pour lui répondre :

« Qu'est-ce qu'il y a mon vieux, vous ne vous plaisez pas ici ?

– Si, bien sûr, si, au contraire… Je m'étais juste dit que…

– Vous vous êtes dit quoi ? Vous restez mon vieux, vous restez !

– Merci, monsieur Hees, merci infiniment.

– Vous restez, mais à une condition, vous m'appelez Jean-Luc.

– Bien, monsieur Jean-Luc !

– JEAN-LUC ! »

Jean-Luc très content de son effet et de son nouveau rôle de président hyper-moderne, hyper-humain et hyper-cool me raccompagne jusqu'aux ascenseurs…

« Salut, ma poule ! »

Je ne le sais pas encore, mais la prochaine fois que je mettrai les pieds dans son bureau, le personnage hyper-cool aura les traits tirés, le regard mauvais et vociférera tout ce qu'il sait. Adieu les caresses au fauteuil et les balades en Jaguar !

Des promesses de Jean-Luc, je n'aurai jamais plus aucune nouvelle. Je laisserai quelques messages sur son téléphone, essayant chaque fois d'être aussi cool que lui... (Ce qui requiert un certain entraînement et plusieurs apéritifs !) Peine perdue.

Quelques semaines plus tard, j'apprendrai par la presse l'arrivée de mon camarade François Morel le vendredi à 7 h 55.

Il me restait maintenant à rencontrer Philippe Val. Jean-Luc a été clair, tout ce qui concerne Inter, c'est Val. J'ai même eu droit au passage à une description hagiographique de l'ancien chansonnier : éditorialiste brillant, directeur de *Charlie Hebdo*, ami de toujours. Une véritable déclaration d'amour : « Parce que c'était lui, parce que c'était moi. »

Ce jour-là, je compris que, quoi qu'il arrive entre Val et moi, conflits, tensions, disputes... au regard de Jean-Luc Hees, il n'y aurait jamais photo, Val aurait toujours raison.

Deux enfants écorchés...

En parcourant la fiche Wikipédia de Philippe Val, j'ai eu la joie de constater que nous avions, lui et moi, quelques points communs. Nous sommes tous deux nés à Neuilly-sur-Seine dans une fratrie de quatre enfants et nous avons, chacun, arrêté nos études à 17 ans pour nous lancer dans le théâtre. Mais ça s'arrête là !

Aussi étrange que cela puisse paraître, je ne connaissais pas Philippe Val, je ne l'avais même jamais rencontré. Quinze ans que nous arpentions les scènes de café-théâtre et malgré les nombreux festivals où nous aurions pu nous croiser, l'occasion ne s'était jamais présentée. Je n'avais donc aucun *a priori* à son sujet, ni bon ni mauvais. Je voulais me faire ma propre idée du personnage et je dois reconnaître que les mises en garde que me prodiguaient mes amis lorsque j'évoquais son arrivée à France Inter m'agaçaient. Je les trouvais sévères. À les en croire, « Val était un serpent, un opportuniste, un despote autoritaire qui voyait des antisémites partout ». Et les commentaires se terminaient tous par un sentencieux et prophétique : « Méfie-toi ! » Ces jugements m'irritaient d'autant plus que je venais d'avoir un premier contact téléphonique avec Val et que je l'avais trouvé particulièrement chaleureux. Peut-être cherchait-il uniquement à m'amadouer, mais force est de constater que le garçon s'avérait très attachant, érudit, drôle et surtout curieux de son interlocuteur.

Val a de l'empathie : il s'intéresse à moi, me pose des questions, s'interroge sur ma carrière, sur les façons dont on pourrait rendre mon travail encore plus riche, encore plus intéressant. Au téléphone, nous sommes convenus de dîner à La Closerie des lilas. Val est « très dîner », « c'est plus détendu, plus amical, on se dit plus de choses ». C'est justement ce que je veux éviter. Si Val aime parler, moi je suis un taiseux. Philippe parlera de lui, essentiellement. D'emblée, une chose me frappe, le souci qu'il attache à son image et au qu'en-dira-t-on. Durant une grande partie du dîner, il n'aura de cesse de justifier ses choix et ses prises de position. Il évoque l'affaire Font, l'affaire Siné, l'affaire Denis Robert. Il sait que je suis proche de Gisèle Halimi et de Guy Bedos qui ont tous deux pris position pour Siné et s'en inquiète. Je sens qu'il aimerait que tout le monde l'aime, que tout le monde le comprenne, que tout le monde, en fin de compte, soit d'accord avec lui.

Et puis, bien sûr, il aborde la question de son amitié avec Carla. Le débit de sa voix s'accélère, manifestement, le sujet est sensible ! Carla est une amie, il est fidèle en amitié. Ils se sont connus avant qu'elle ne rencontre le président, il respecte ses choix, c'est sa vie privée... Mais il n'est pas ami pour autant avec le président, ils se connaissent très peu et il réfute toute suspicion de collusion. Une phrase pourtant va le trahir, alors qu'il me parle du couple que forment Carla et Nicolas, il devient brusquement lyrique : « Il faut comprendre une chose, ce sont deux enfants perdus, ils se sont raccrochés l'un à l'autre comme un noyé à un rocher... Ce sont deux enfants perdus, des écorchés vifs... » Léger malaise, heureusement on nous a filé une table à l'écart, j'espère que personne ne me voit dîner avec Val qui me parle du couple Sarkozy avec des trémolos dans la voix en évoquant deux enfants perdus, le tout à La Closerie des lilas, la cantine mythique de Sartre, d'Aragon ou encore de Paul Eluard... la honte ! Val n'est pas très à l'aise non plus, il sent qu'il s'est un peu trop laissé aller. Cette histoire «d'enfants perdus» pour quelqu'un qui prétend connaître à peine Nicolas Sarkozy, ça fait un peu tache. Du coup, il change de sujet et nous nous mettons à parler de moi, de mon travail à France Inter, des quelques polémiques qui ont émaillé l'année... Mon papier sur les handicapés, DSK. Et enfin mon futur spectacle auquel il s'intéresse particulièrement. Il me fait part de son désir d'être dans les tout premiers à y assister.

Je m'entends lui confier mon angoisse de ne pas y arriver, nous sommes fin juin, les premières dates sont d'ores et déjà réservées à Marseille début septembre et je n'ai toujours pas écrit la moindre ligne. Mais cela lui est égal de voir quelque chose d'inabouti, au contraire, ce qui l'intéresse c'est d'assister à la genèse d'un spectacle. Il me prédit un énorme succès en janvier prochain au théâtre Dejazet à Paris. «C'est une salle magique», qu'il connaît bien pour s'y être produit à deux reprises. J'ai l'impression qu'il m'envie, qu'il envie ma liberté. Cela lui rappelle des souvenirs, une part de lui-même qui lui semble déjà loin. Je suis persuadé que Val n'a jamais totalement fait le deuil de son passé d'humoriste, qu'il y repense souvent avec une profonde nostalgie. Lorsque nous nous reverrons pour la dernière fois en mai 2010 dans son bureau de France Inter, alors que les tensions seront à leur paroxysme, nos désaccords profonds, sa détestation à mon égard au firmament... il ne pourra s'empêcher à un moment de la conversation de me dire qu'au-delà de nos désaccords, il respectait mon travail et mon courage. Philippe ne viendra jamais me voir en spectacle, ni à Marseille, ni durant la longue tournée qui précédera le Dejazet, ni bien sûr au Dejazet.

Juin 2009 marquera aussi le renvoi de celui qui assurait la revue de presse de la matinale, l'excellent Frédéric Pommier. La décision n'aura pas traîné: deux heures après sa prise de fonction, Val vire Pommier. Manque de bol, quelques mois auparavant, alors qu'il n'était que « simple chroniqueur », Val s'en était pris dans les couloirs à son camarade Pommier accusé, selon lui, « de ne citer que *Siné Hebdo* dans sa revue de presse et jamais *Charlie Hebdo* ». La scène avait eu des témoins. Difficile après d'aller expliquer que cette décision prise dans la précipitation la plus extrême n'était pas une vengeance personnelle. Immédiatement, l'intersyndicale réagira, affirmant qu'elle n'acceptera plus dorénavant « aucun règlement de compte personnel, aucune suspicion illégitime, aucun procès d'intention, aucune mise au rancart d'un membre de la rédaction pour des motifs non professionnels ».

Cette mise à pied fut le premier coup de canif portant atteinte à la belle mécanique de la matinale. Pommier, c'était une voix, un ton, un phrasé bien particulier… Quand je quittais la matinale, une fois arrivé chez moi, je traînais dans ma voiture pour l'écouter. Avec lui, la revue de presse avait une saveur, une singularité qui accrochait immédiatement l'oreille de l'auditeur. Et c'est ce garçon qu'on a viré en deux heures. Bien sûr, certains objecteront que, depuis, Pommier a retrouvé un boulot à l'antenne, ce qui prouve que France Inter n'est pas une entreprise aussi inhumaine que ça. En vérité, Val a été contraint par les syndicats de lui retrouver autre chose. Sur la matinale, en tout cas, le mal est fait. On a commencé à y toucher et aucun de nous n'a réagi, indifférence quasi générale. Si l'Élysée avait voulu tester notre capacité à réagir, notre solidarité envers un collègue mis à pied, ils pouvaient être totalement rassurés. Pour ma part, j'ai envoyé un sms de soutien à Pommier et appelé Hélène Jouan, la directrice de la rédaction, pour lui faire part de mon inquiétude. J'ai senti que « ma révolte » tournait à vide : « Pommier était prévenu depuis plusieurs semaines, des choses n'allaient pas, Val a aussi le droit d'imprimer sa marque, patati, patata… » Le petit déjeuner du Fleurus confirmait toutes ses promesses…

Ma dernière rentrée des classes !

Ce 27 août 2009, c'est la rentrée des classes à Inter. La conférence de presse a lieu à 9 heures au Salon, un bar branchouille situé au-dessus d'une salle de cinéma au Panthéon. Au programme : café, chouquettes et blabla. J'ai les boules. Depuis quelques jours, une série d'affiches publicitaires annonçant les différentes émissions de France Inter décorent la capitale. Pascale Clark, Isabelle Giordano, Stéphane Bern et bien d'autres ont droit à une affiche, agrémentée chaque fois d'un slogan différent... Et, pour la première fois depuis mon arrivée en janvier 2008, je n'y suis pas ! Ce n'est pas seulement une question d'ego, même si cela fait toujours plaisir d'avoir son nom en grand, c'est avant tout très pénalisant par rapport à mes concurrents directs Canteloup et Gerra, qui eux bénéficient de campagnes promotionnelles énormes. Mais c'est aussi la première manifestation concrète qui montre que la Maison ronde ne me considère plus comme l'un de ses enfants. Ne pas m'afficher au démarrage d'une nouvelle saison sonne un peu comme un désaveu : « Guillon d'accord, on ne peut pas faire autrement, mais plus aucune communication sur lui ! » Du coup, me revient en mémoire la phrase de Jean-Luc Hees, devant le CSA, « Guillon me fait rire une fois sur deux ». Difficile dans ces conditions de ne pas développer une légère forme de paranoïa. Évidemment, je n'avais eu aucune explication, c'est une des grandes spécialités de la maison : ne rien dire.

Je m'en étais ouvert auprès d'Emmanuel Perreau, responsable de la communication à Radio France, qui avait gentiment botté en touche :

« Plus de budget, on a communiqué uniquement sur les nouveautés...

– Bern est une nouveauté ?

– Excepté Bern...

– Giordano est une nouveauté ?

– Excepté Giordano, écoute, en janvier on a prévu un gros truc, on pense à toi ! »

Emmanuel Perreau, garçon extrêmement professionnel et sympathique, n'y était évidemment pour rien, il fallait bien qu'il applique les nouvelles consignes de la direction.

Je ne serai plus jamais affiché, adieu cul de bus, 4 par 3, bâche sur le fronton de Radio France : plus rien ! Je vais même disparaître des petits encarts publicitaires que France Inter achète régulièrement dans la presse quotidienne pour communiquer.

J'étais arrivé volontairement très en avance au pince-fesses du Panthéon, je voulais m'entretenir avec Philippe Val sur cette histoire d'affichage avant qu'il ne soit assailli par les journalistes. Je le trouvai installé un peu à l'écart en grande conversation avec Emmanuel Perreau. Ça tombait bien, j'allais adresser ma requête à Emmanuel et Philippe ne pourrait alors que réagir. Entre deux chouquettes qui collaient aux dents et une gorgée de café, j'avançai un timide : « Ce serait bien que l'on communique un peu sur la chronique humoristique, la concurrence s'annonce rude... J'ai vu des affiches de Gerra et Canteloup un peu partout. » Il est assez difficile de vous expliquer ce qui s'est alors produit, de verbaliser ce que j'ai réellement éprouvé. Non seulement Val ne me répondit pas, mais il continua sa conversation avec Emmanuel Perreau comme si je n'avais rien dit. Je sentis juste un regard sur moi, le sourcil relevé, méprisant et glacial. Qui étais-je pour demander quoi que ce soit ? Le boss c'était lui et lui seul déciderait désormais de tout, notamment des stratégies de communication.

Comment osais-je prétendre avoir voix au chapitre. Je devais déjà m'estimer heureux et reconnaissant d'avoir conservé ma place. Nous étions soudain à dix mille lieues du Philippe souriant et plein de sollicitude de La Closerie des lilas. Je pensais tristement aux recommandations de Gisèle Halimi et de Guy Bedos… Toujours écouter les anciens. Bien fait pour moi !

À cette conférence de presse de rentrée, l'ambiance fut pour le moins particulière. La nomination des nouveaux chefs de la radio publique par Nicolas Sarkozy et l'éviction de Frédéric Pommier occupaient tous les esprits. Alors, comme d'habitude dans ces cas-là, on surjoue à mort la fausse décontraction. Hees arriva mains dans les poches en sifflotant *Zorro est arrivé*, et Val se forçait tellement à sourire qu'à un moment, on se demanda s'il n'avait pas été victime d'un AVC pendant l'été. Tout le monde y alla de sa petite plaisanterie sur l'indépendance d'Inter… La palme revenant à Nicolas Demorand qui achèvera de décontracter l'assistance en déclarant haut et fort que Bruno Duvic, le remplaçant de Frédéric Pommier, « aura toute la liberté de citer *Siné Hebdo* dans sa revue de presse ! »

C'est une spécialité d'Inter d'avoir l'air cool en plaisantant sur les absents, les virés, les débarqués. Ainsi, on dédramatise la situation, on prouve qu'on sait avoir de l'humour sur soi-même et qu'au final on est quand même très libres. Un an plus tard, Isabelle Giordano, promue Mme Loyale de la conférence de presse 2010, fera rire tout le monde en déclarant : « Pardon, je suis en retard, j'étais avec Stéphane Guillon ! » Pourvu que l'année prochaine, personne n'arrive en disant : « Pardon, je suis en retard, j'étais avec Isabelle Giordano ! »

J'ai donc fait ma rentrée avec une boule au ventre. Tout était encore très diffus, mais je sentais, comme beaucoup de mes camarades, qu'une page s'était définitivement tournée. J'étais seul dorénavant.

L'époque où l'on pouvait s'épancher dans le bureau de Schlesinger, trouver quelques mots de réconfort et surtout boire un café bien moins pourri qu'ailleurs... était révolue. Même Demorand se mit à fumer sur le toit et plus jamais « chez Schless ». Entre nous, on disait encore « chez Schless ». Les centaines de mégots qui pourrissaient dans la gouttière, et qui firent un jour tiquer un inspecteur du travail particulièrement pointilleux, sont le témoignage d'un bonheur passé, celui qui voyait direction et journalistes travailler main dans la main. Dès les premiers jours de septembre, telles des souris de laboratoire, effrayées par quelque danger invisible, tout le monde se mit à tourner à gauche en sortant des ascenseurs pour rejoindre le studio de la matinale. En ne tournant plus à droite, même si le chemin est légèrement plus court, on évitait la porte du bureau 107 fraîchement estampillée : « Direction : Philippe Val ».

Round d'observation

Le 29 août 2009, j'écris une première chronique sur le thème « Rien n'a changé à France Inter ». Extraits :

« Rassurez-vous, chers auditeurs, tout est comme avant. Aucune pression, liberté totale. On m'a juste demandé à la mi-août de faxer mes idées de papier au cap Nègre pour validation. Ne voyons pas le mal partout : Jean-Luc Hees, notre nouveau président, l'a dit vendredi à la presse : "France Inter n'est pas une antenne qu'on tripote." Et dieu sait si, durant sa jeunesse, Jean-Luc a été le spécialiste du tripotage d'antenne [...] Calmons le jeu : samedi, *Libération* écrivait que "même les petits fours servis par Inter collaient aux dents". Là, c'est exact. Le problème c'est que Philippe Val les avait récupérés la veille à l'Élysée, un reste de banquet. Et là, je lui ai dit : "Arrête ce genre de pratique,

Fifou…" C'est le surnom que lui a donné Carla… Nicolas, c'est "Chouchou", Philippe, c'est Fifou. Si tu veux qu'on croie à ton indépendance, ne va pas récupérer des chouquettes à l'Élysée. À part ça, aucun changement. À demain ! »

Si le papier amusa la direction, sur le mode de l'ironie, j'évoquais en filigrane mes craintes d'une radio moins libre et mes réelles angoisses.

Septembre 2009 ressemble à un round d'observation, j'écris des chroniques mais il n'y a aucun incident, aucun accrochage. Sur le Net, les premières critiques pleuvent : « Guillon a levé le pied », « Guillon rentre dans le rang », « Guillon a peur ». Il ne se passait rien de transcendantal dans l'actualité, mais du coup les gens pensaient que je me dégonflais, que j'avais reçu des consignes me demandant de lever le pied. Les dés étaient définitivement pipés, avec ce nouveau système de nomination, les moindres faits et gestes, la plus petite prise de position étaient immédiatement interprétés, commentés, soupçonnés, tout devenait suspect !

L'actualité d'octobre, beaucoup plus riche, allait m'aider à rallumer la mèche ! Le gouvernement se surpasse, les affaires succèdent aux affaires, c'est un véritable bêtisier, il n'y a qu'à ouvrir le journal pour trouver un sujet de chronique. Il y eut d'abord l'affaire Frédéric Mitterrand. Dans son roman autobiographique, *La Mauvaise Vie*, M. Mitterrand raconte ses amours tarifées à Bangkok avec des prostitués thaïlandais. Le livre datait de 2005, mais Marine Le Pen, avec la classe et la pudeur qui la caractérisent, exhume l'affaire lors d'une émission politique, accusant le ministre de faire l'apologie de la pédophilie. Après les propos de Marine Le Pen, écrire un papier sur le sujet ne pouvait être que délicat. D'ailleurs certains commentateurs ne se sont pas gênés pour faire l'amalgame entre homosexualité et pédophilie. Surtout comment parler de cette affaire sans avoir l'air de sucer la roue de la leader frontiste ? Il n'empêche, la défense du ministre de la Culture lors du journal de Laurence Ferrari fut pitoyable. Dans son récit, Frédéric Mitterrand parle de « foire aux éphèbes », de « garçons jeunes et attrayants », de « séduction juvénile », mais à Laurence Ferrari, il déclare que les garçons avec lesquels il couchait en Thaïlande avaient tous 40 ans : « Vous reconnaissez quelqu'un qui a 40 ans. Un boxeur de 40 ans ne ressemble pas à un mineur ! » lâche le ministre excédé à notre Grace Kelly de Prisunic. Je décide donc de brocarder l'axe de défense du ministre sur le thème : « Pourquoi aller jusqu'en Thaïlande pour coucher avec des hommes de 40 ans ? C'est ridicule : on n'apporte pas sa moutarde à Dijon. » La chronique se termine par une imitation de Frédéric Mitterrand commentant son propre destin sur la musique du *Mépris*. Extraits :

« Bonsoir ! Que dire du petit Thaïlandais Chao enlevé à ses parents à l'âge de 10 ans par des proxénètes barbares puis séquestré dans l'une de ces nombreuses maisons closes ceinturant Bangkok où croupissent des milliers d'enfants. Violé, battu, affamé pendant des années, Chao devait livrer son corps juvénile jusqu'à quinze fois par jour pour rester en vie. Libéré à sa majorité car n'intéressant plus suffisamment une clientèle européenne avide de chair fraîche, Chao, esseulé, inculte et sans bagages continua à se prostituer pour survivre. Et c'est ainsi qu'à l'âge de 40 ans, croisant le chemin d'un animateur télé célèbre, il s'offrit de son plein gré pour quelques dollars froissés. Plus tard, devenu ministre, à propos de cette rencontre, l'homme célèbre dira aux caméras de télévision : "Une erreur sans doute, un crime non, une faute même pas. Bonsoir !" »

Le papier connaît un certain succès, il est téléchargé plusieurs dizaines de milliers de fois, de nombreux articles s'en font l'écho, notamment le site du *Nouvel Obs* qui salue au passage la qualité de l'imitation. Faut-il préciser que cette chronique va fortement déplaire à l'intéressé ? Des échanges de coups de fil entre le ministère de la Culture et France Inter ont-ils eu lieu ? Probablement.

Quelques semaines plus tard, un matin où je n'avais pas pu être là, le papier fut rediffusé à l'antenne. Et, pas de bol, Frédéric Mitterrand était invité à Radio France l'après-midi même. Cela sera vécu comme une véritable provocation par son ministère. Et Philippe Val sautera sur l'occasion pour supprimer définitivement toute rediffusion de mes chroniques. En cas d'absence, je serai désormais remplacé. Frédéric Mitterrand ne réagira pas publiquement à ma chronique. Beaucoup plus malin, il attendra la polémique qui m'opposera à Éric Besson pour dégainer. Lors d'un déjeuner avec des représentants de l'Association des journalistes et des médias, il déclarera : « Je n'arrive pas à écouter Guillon, ni à regarder Zemmour. On ne peut pas pratiquer le délit de faciès sous prétexte qu'on est journaliste. En France, les humoristes vont trop loin dans l'audiovisuel ! » Il est exact qu'en Thaïlande, ou en Tunisie, autre lieu de villégiature de M. Mitterrand, les humoristes sont beaucoup plus modérés !

Octobre 2009 fut un mois exceptionnellement riche en boulettes. La plus grosse et la plus belle étant sans aucun doute celle concernant l'EPAD. En dépit de ses études de droit catastrophiques, Jean Sarkozy est pressenti par papa pour diriger le prestigieux centre d'affaires de La Défense, le plus grand d'Europe. Toute la presse, nationale et internationale, se gausse, parle de népotisme, de fait du prince et l'événement fait sourire jusqu'en République populaire de Chine, où il fait les gros titres du journal télévisé ! Pour un humoriste, ce genre d'événement est presque trop beau. Comment traiter d'un sujet qui, en soi, est déjà un sketch ? Et, en ce sens, pendant cinq ans, Sarkozy et ses ministres vont vraiment nous gâter. Quand un garçon comme Frédéric Lefebvre déclare que son livre préféré est *Zadig et Voltaire*… que voulez-vous faire de mieux ! Coluche disait qu'il arrêterait de faire de la politique quand les politiques arrêteraient de nous faire rire. Le 14 octobre, ma chronique *Le Prince Jean Sarkozy des Hauts-de-Seine* fait un véritable carton. 650 000 connexions sur le seul site de DailyMotion.

Mais si cette chronique a rencontré un grand succès sur le Net et dans la presse, il est peu probable qu'elle ait fait rire au Château ! Je pense même qu'elle a contribué à attirer un peu plus l'attention sur moi. Guaino a dû avaler sa plume et Guéant recracher son café. 650 000 internautes qui rigolent aux dépens du chef de l'État, sans compter les deux millions d'auditeurs qui avaient entendu le sketch en direct, ça commence à faire du monde ! Peu après mon renvoi d'Inter, alors que j'interrogeais Frédéric Schlesinger sur les véritables raisons de notre éviction à Didier Porte et à moi-même, il eut cette réponse évidente : « Deux millions ! Deux millions d'auditeurs… à un an et demi d'une présidentielle, c'est une raison amplement suffisante pour vous virer ! »

Peu de temps après, le 13 octobre 2009, j'écris mon premier papier sur Éric Besson. Le soir même, un charter d'Afghans doit décoller de l'aéroport Lille-Lesquin vers l'Afghanistan, pays en guerre comme chacun sait. Le ministre de l'Immigration est invité par Nicolas Demorand pour s'expliquer sur cette décision.

Pour l'occasion, je choisis de dresser un portrait psychologique d'Éric Besson. M'inspirant de faits réels, puisés principalement dans le livre de son ex-épouse Sylvie Brunel, *Manuel de guérilla à l'usage des femmes*, je tente d'expliquer le caractère d'Éric Besson : ses infidélités, ses colères, sa propension à la traîtrise, en racontant l'histoire de sa petite enfance. Celle d'un gamin, orphelin de père, placé dès son plus jeune âge dans un pensionnat marocain pour y subir de multiples bizutages ! Extraits :

« Après quatre années passées en enfer, l'adolescent qui quitte la pension de Témara n'a plus rien à voir avec l'enfant sensible et timide qui s'était présenté avec sa maman. L'amour des autres, la compassion, la pitié… Tous ces sentiments lui sont désormais étrangers. Ses seules distractions : décapiter des lézards et faire fumer des crapauds. Et même dans ces moments-là, l'enfant ne manifeste aucune joie. »

Pour Éric Besson, ce papier a sonné comme une déclaration de guerre. L'homme est terriblement susceptible, la moindre critique le fait sortir de ses gonds. Les quelques journalistes qui ont osé s'y frotter s'en souviennent encore. Le directeur de *Marianne*, Maurice Szafran, s'est fait copieusement insulter au téléphone pour avoir osé titrer à la une de son hebdomadaire : « Éric Besson, l'homme le plus détesté de France ». Quant au directeur de *Bakchich Hebdo* qui avait affirmé que le ministre de l'Immigration avait financé sa lune de miel à Capri avec l'argent du contribuable, il ne doit son salut qu'à la célérité des gardes du corps de Besson qui ont su s'interposer à temps entre sa figure et le poing ministériel. Plus récemment, on a pu voir M. Besson quitter le plateau de l'émission *Capital* avec fracas, « Bon allez, j'vous laisse, je me casse ! », sous prétexte que Guy Lagache avait osé évoquer la thèse d'une énergie nucléaire qui « pose parfois problème en France ». Trois mois après Fukushima, voir notre ministre de l'Industrie jeter son micro comme un gosse capricieux alors qu'on l'interroge sur les dangers potentiels de nos centrales en dit long sur la maîtrise qu'il a de ses nerfs. Ma chronique ne fera pas exception, elle déplaira fortement à M. Besson, jusqu'à l'amener bientôt à réclamer ma tête à Philippe Val.

« Portez plainte contre Guillon ! »

En ce mois d'octobre 2009, l'autre chronique qui achève de crisper mes rapports avec la direction de Radio France fut, aussi étonnant que cela puisse paraître, celle écrite sur Nicolas Hulot. Vexé comme un pou 100 % bio par mon papier, ivre de rage, oubliant au passage toute sa zénitude, son travail sur le karma et ses exercices de yoga respiratoire, le présentateur hypra-cool d'*Ushuaïa* va ainsi appeler Jean-Luc Hees au téléphone pour se plaindre ! Dans son livre intitulé *Sain Nicolas*, la journaliste Bérengère Bonte révèle une partie de la conversation entre les deux hommes :

Jean-Luc Hees : « D'abord, je ne comprends pas que vous ne portiez pas plainte !

Hulot : – À quoi ça servirait ? Cet homme est suffisamment habile pour savoir ce qu'il peut faire, et puis je ne suis pas procédurier.

Hees : – En fait, vous et moi, on est piégés ! Moi aussi je suis piégé, parce que, moi, je ne peux pas toucher à Guillon. En mon nom personnel, et au nom de Radio France, je vous présente mes excuses. »

Le fait que Jean-Luc Hees conseille à Nicolas Hulot de porter plainte contre moi donne un éclairage définitif sur le peu de considération qu'il me porte et sur sa volonté claire, sans ambiguïté aucune, de se débarrasser au plus vite de ma personne. Rappelons que nous sommes au tout début de la saison, Hees a pris ses fonctions il y a à peine trois mois. Il n'y a jamais eu entre nous le moindre échange désagréable, la plus petite attaque, que ce soit dans une déclaration à la presse ou dans l'une de mes chroniques. Si Jean-Luc a bien émis quelques réserves à mon sujet auprès des sages du CSA, depuis il avait rectifié le tir en me recevant dans son bureau pour m'assurer de sa confiance et me proposer plus de présence à l'antenne. Bref, ce 6 octobre 2009, date à laquelle nous recevons Nicolas Hulot, nos relations sont officiellement au beau fixe, tout baigne !

Admettons que ma chronique ait déplu à Jean-Luc Hees, en tant que président de Radio France c'est son droit le plus strict. Dans ce cas, il me convoque et m'en fait la remarque. Je sais écouter, discuter, débattre ou prendre des avis en considération. Lorsque Nicolas Hulot l'appelle, il peut lui dire qu'il comprend sa colère, partage ses griefs et s'engager à en discuter avec moi.

Pourquoi lui conseiller d'emblée de porter l'affaire en justice ? À moins d'avoir dans sa poche une lettre de mission exigeant mon renvoi, comment expliquer une telle attitude ? Quel PDG, quel chef d'entreprise, agirait de la sorte ? Son salarié fidélise près de deux millions de clients, c'est l'un des fers de lance de sa boîte, et au premier problème venu, au premier client insatisfait, il conseille de porter plainte… impensable !

Nicolas Hulot ne se contentera pas de son coup de téléphone au président de Radio France. L'homme qui a bravé les fonds marins, les volcans, les chutes du Niagara, l'audience de TF1 et plus récemment la redoutable Eva Joly, ne supporte pas la critique. Il est aussi très rancunier. Après avoir pleurniché sur l'épaule de Jean-Luc, notre chevalier vert active ses réseaux et obtient du *Journal du dimanche* une tribune entière pour me répondre ! Le *JDD*, qui depuis que je l'ai mis en boîte révèle un petit faible pour moi, ne se fait donc pas prier, et offre sa première page à Hulot avec en accroche le titre suivant : « Sévice public ! »

On pourrait aussi… mais cela nous mènerait trop loin… s'étonner du pouvoir exorbitant de Nicolas Hulot. Qui d'autre, victime du papier vitriolé d'un humoriste, obtiendrait un droit de réponse du seul grand quotidien national du dimanche ? À part un président ou un ministre, qui pourrait prétendre à une telle faveur ?

Chronique du 6 octobre 2009
Nicolas Hulot écotartuffe [extraits]

« […] Le problème des écolos c'est qu'entre leurs discours et leurs actes il existe parfois un abîme de contradictions. Hulot, pendant des années, a sillonné la planète en avion et participé au Paris-Dakar. C'est hyper-polluant ! On traverse la brousse à fond les ballons, on jette ses détritus, parfois on renverse un petit Kirikou qui a eu la mauvaise idée de traverser pour récupérer un autocollant. Une horreur ! Il s'est éclaté Nicolas Hulot. Récemment encore, on l'a vu sur TF1 faire de l'avion de chasse pour son émission *Ushuaïa*… Et maintenant, il dit : "Stop, on arrête de polluer !" Faut pas déconner ! On dirait un ancien fumeur qui fait chier à la moindre odeur de clope. Un repenti de la Mafia qui veut interdire les armes à feu. Ou une vieille pute qui souhaite entrer dans les ordres et qui, du coup, voudrait que plus personne ne baise. Quand tu fais le mariol sur TF1 à bord d'un avion de chasse, c'est délicat après d'aller dire aux pauvres : "Éteignez votre robinet quand vous vous brossez les dents !" Bah oui, ma couille, en cinq minutes t'as brûlé en gasoil ce que consomme un pavillon en cinq ans. Et tu veux que je ferme mon robinet ?! Faites ce que je dis, pas ce que je fais ! […] Pas facile d'être écolo, de concilier la parole et la pratique. Avec ses propres cosmétiques, il est emmerdé Nicolas : son gel douche et son déodorant Ushuaïa ont été classés "produits dangereux" par Greenpeace. (Entre écolos, ils sont durs !) Notamment un spray à base de limonène qui provoque des cancers chez le rat. Hé, on n'est pas con: personne ne va aller parfumer un rat avec un déodorant Ushuaïa! Plus emmerdant, il y aurait aussi une substance dangereuse pour les femmes enceintes qui interférerait dans le système hormonal, du coup, ça bloquerait le développement du fœtus. Un enfant qui ne grandit pas, t'as beau lui expliquer que maman voulait sentir "Fruit de la passion du Brésil d'Ushuaïa" sous les bras... Il fait la gueule! [...] »

Il n'y a que la vérité qui blesse, comme disent les enfants, et je me demande si je n'ai pas blessé Nicolas Hulot...?

RÉPONSE DE NICOLAS HULOT DANS LE *JDD* [EXTRAITS]

« Quand on s'expose dans un engagement comme le mien, il ne faut pas s'étonner des réactions d'incompréhension, voire d'hostilité que cela peut provoquer. Je pratique suffisamment l'autodérision, et ma susceptibilité comme mon ego s'accommodent parfaitement d'être remis en place. Mais la dernière expérience dans les locaux de Radio France vaut interrogation. Invité avec insistance dans l'excellente émission matinale de Nicolas Demorand sur France Inter, j'ai découvert après coup que mon arrivée avait été précédée d'amalgames douteux, de sous-entendus infamants et de mensonges à mon égard dans la chronique de Stéphane Guillon. Des mots assassins allant jusqu'à me rendre quasi complice moral des tragiques suicides chez France Télécom, d'enfants écrasés sur le Dakar et de graves pathologies chez d'autres enfants. On m'accordera que l'on n'est plus dans l'espace de la caricature mais bien dans celui de l'exécution. Je comprends mieux, avec le recul, les sourires gênés à mon accueil. J'ai beaucoup d'indulgence en matière d'éducation, mais je trouve singulier d'être invité pour se faire lyncher et de découvrir les sévices infligés une fois que vous avez quitté vos hôtes sans pouvoir un seul instant répliquer. Stéphane Guillon serait pardonnable s'il était drôle, il est juste méchant. Je l'envie presque de pouvoir juger sans comprendre, d'énoncer sans savoir, de blesser sans risque et sans doute le soir venu, de trouver le sommeil profond. De crainte de paraître sans humour, ou pire d'être victime de représailles ou de réplique, sans doute chaque cible de notre sniper national hésite à réagir. N'est-ce pas aussi accorder trop d'importance à ce qui est insignifiant par simple excès? Oui, mais qui ne dit mot consent, et l'humeur de M. Guillon vaut-elle qu'on s'assoie sur son honneur? N'est pas Coluche qui veut. Il y a un monde entre Guillon et Coluche qui s'appelle le talent. Un fossé que l'intéressé tente de combler avec des procédés de petit corbeau. La liberté fondamentale de moquer, de railler, de déranger, voire dénoncer n'affranchit pas du respect de la dignité et de la personne. La limite n'est pas une entrave à la liberté, elle en est la condition. Les mots sont aussi des armes. Les vôtres, sachez-le, peuvent être le détonateur d'une certaine violence que certains voient ainsi dans votre propos légitimée. Le tact dans l'audace, c'est de savoir jusqu'où l'on peut aller trop loin, disait Cocteau. Cher Monsieur Guillon, je crains que votre suffisance vous empêche de voir les frontières de l'acceptable.»

J'ai appris récemment (le temps passe, certains quittent France Inter, les langues se délient) que, dès leur prise de fonction, Hees et Val s'étaient vantés de posséder une liste noire, fournie par l'Élysée, de gens à éjecter. Par le passé, je m'étais imaginé nos deux compères bouffés par le remords, gênés aux entournures. Je me disais: quand pendant des années on a incarné un journalisme dit de gauche, épris de liberté, d'indépendance, quand on a prêché sur toutes les scènes de France un discours franchement anar, ce ne doit pas être facile de renoncer soudain à ses idéaux, de virer, sous prétexte qu'ils gênent le pouvoir en place, deux humoristes un peu trop turbulents… Eh bien, pas du tout ! En réalité, Val et Hees étaient totalement décomplexés, sans le moindre état d'âme, sans la plus petite vergogne. Je pense même qu'ils tiraient une certaine fierté de leur « mission ». On comprend mieux, dès lors, leur attitude, ainsi que l'aberrant conseil de Jean-Luc Hees donné à Hulot de porter l'affaire en justice.

Val me félicite…

Nous sommes en novembre. Drouelle a sorti ses tenues d'hiver, notamment une chapka russe, un modèle Jivago en véritable poil de lapin, dont il est très fier. Nous avons eu droit aussi à un bonnet Inca avec pompons. S'il est venu en métro ainsi coiffé, on a dû lui donner des pièces. Deux mois se sont écoulés depuis la fameuse conférence de presse de la rentrée et je n'ai aucune nouvelle de Val. Je ne l'ai pas croisé une seule fois. Je m'étais dit qu'après le coup de gueule d'Hulot dans le *JDD*, j'aurai peut-être un appel, un texto, un smiley… rien ! Calme, étrangement calme… les oiseaux se sont tus, les poissons ont quitté la baie… on attend la vague.

Pas de tsunami en vue, pas encore, mais, depuis quelques jours, une mini-affaire d'État secoue les couloirs de la station. Françoise Degois, journaliste à France Inter depuis plus de dix ans, numéro 2 du service politique, vient d'annoncer qu'elle quittait ses fonctions pour rejoindre l'équipe de Ségolène Royal. Même si la proximité entre les deux femmes était connue (en 2009, elles avaient publié ensemble un livre d'entretiens, *Femme debout*), ce ralliement provoque de nombreux remous.

Récemment encore, Françoise signait des éditos politiques enflammés dans la matinale. Durant les vacances de la Toussaint, elle avait remplacé Thomas Legrand. Comment, dès lors, ne pas voir dans cet acte une certaine forme de collusion entre journalistes et politiques ?

À France Inter, le malaise est palpable et je décide de

m'en amuser dans une chronique. L'exercice est d'autant plus difficile que j'aime beaucoup Françoise. Degois est une vraie nana, féministe, portant le Perfecto comme personne, un look pures années quatre-vingt, on la dirait tout droit sortie d'une BD de Claire Bretécher. Une belle voix, éraillée par la clope, les réveils à l'aube et le mauvais café. Françoise est une boule d'énergie, impossible quand elle déboule dans le studio vers 6h30 de rester endormis. Toujours de bonne humeur, jamais sa langue dans sa poche, l'anti-fayot par excellence. Je pense que l'arrivée de Val a beaucoup joué dans sa décision de partir. Elle aurait fini par le coller au mur d'une main, en lui broyant les couilles de l'autre. Et pour cette raison, cette unique raison, elle m'a énormément manqué ! Françoise représente pour moi l'âme du France Inter d'avant : frondeur, excessif, effervescent et libre !

En attendant, notre copine nous a laissés tomber pour aller rejoindre Ségolène Royal alias sœur de la Bravitude, miss Fraternité et ça, ça valait au minimum une chronique ! Depuis, je n'ai plus jamais eu de ses nouvelles. Je ne sais pas si elle m'en veut. Je ne le pense pas. Le papier n'était pas très méchant et puis je me dis qu'elle aurait fait la même chose ! Si Thomas Legrand avait quitté la matinale pour rejoindre l'écurie de Jean-François Copé, elle l'aurait pulvérisé !

Quelques heures seulement après avoir balancé à l'antenne ma chronique sur Françoise, mon portable sonne et là, surprise, le nom de Philippe Val s'affiche ! Il a écouté ma chronique en podcast (à 7h50, il dort profondément !), et me félicite chaudement : « C'était très drôle, très malin, c'est une chronique qui va beaucoup nous aider… On se moque de nous sans éluder le problème, au contraire on en parle… vraiment je te félicite, c'est exactement ce que j'aime, ce qu'il faut faire… Ça va, toi ? – Ça va, Philippe, merci, je suis content que ça t'ait plu. » Nous échangeons deux, trois banalités sur la matinale. Il a été très pris ces derniers temps, mais il va être plus présent. Plus présent, c'est-à-dire ? Tu comptes passer au bureau avant d'aller déjeuner ? En vérité, je n'ai pas le cœur à plaisanter, cette conversation me met profondément mal à l'aise. Je n'aime pas que Philippe me distribue des bons points. Ainsi, lorsqu'une chronique lui déplaira, qu'elle n'abondera pas dans son sens, sa ligne éditoriale, il me donnera aussi son avis, interviendra, me donnera un mauvais point ?

Les Tunisiens « sanguinaires »…

Le 25 novembre 2009, ma chronique traitant du mariage gris va rendre Éric Besson totalement dingue. Ivre de rage, le ministre de l'Immigration voudra me casser la figure puis téléphonera à Philippe Val pour lui réclamer ma tête. Yasmine Tordjman, la compagne du ministre, prend elle aussi très mal le papier. Pour la calmer, Éric Besson l'emmènera en week-end dans les Balkans à bord d'un avion de la République. La scène assez cocasse est racontée dans un article du Monde.fr, paru le 9 décembre 2009, et intitulé : « L'Odyssée identitaire d'Éric Besson » :

« D'une courtoisie rare à l'égard de ses collaborateurs et des inconnus qu'il croise au hasard des étapes, sans impatience aucune devant les contrariétés, comme le détournement de son vol vers Skopje à cause de la météo, Éric Besson laisse jaillir par éclairs une violence froide. Un papier incendiaire de Stéphane Guillon, sur France Inter, qui l'attaquait à propos des mariages gris, l'a rendu fou de rage. Une envie de "casser la gueule" à l'humoriste l'a traversé. M. Besson s'est contenté d'agiter une menace de plainte peu convaincante, devant le directeur de la station, Philippe Val. Sa jeune compagne tunisienne a très mal pris la chronique. Pour la réconforter, le ministre l'a emmenée dans les Balkans. "C'est la première et la dernière fois", assure-t-il, anticipant les critiques. Présentée comme "conseillère" sur le programme de la visite, elle ne voulait pas que son nom soit mentionné dans la presse. Emprunter un avion de la République, dans un déplacement officiel, n'est pourtant pas la meilleure garantie d'anonymat. »

En vérité, le ministre ne se contentera pas « d'agiter une menace de plainte peu convaincante ». Les propos prononcés furent très durs et menaçants. Le soir même, je me rendais avec Muriel au théâtre, à Colombes, où je devais jouer mon spectacle. Nous roulions sur les quais de Seine lorsque mon téléphone sonna. « C'est Philippe. » D'emblée, je suis frappé par le ton de sa voix, une voix d'outre-tombe, hésitante, Philippe semble chercher ses mots, ce qui ne lui arrive jamais.

« C'est Philippe... je suis très embêté... à cause de Besson... ça passe pas, le papier passe pas, il veut porter plainte contre Inter... ça, on gère, on sait gérer... il porte plainte, on gère. Le problème c'est elle... sa compagne, Yasmine, le papier l'a rendue dingue, elle est très, très mal... C'est très embêtant.

[Long silence]

– Attends, Philippe, tu l'as entendu le papier, j'ai fait mon boulot. Il t'a choqué toi, ce papier ? [Val ne répond jamais directement aux questions posées, c'est une de ses marques de fabrique.]

– C'est l'arrière-petite-fille de Bourguiba... Les Tunisiens sont furieux... Ça a fait un incident diplomatique grave entre la France et la Tunisie... C'est très menaçant...

– Qu'est-ce que ça veut dire, Philippe, "c'est très menaçant" ?

– C'est elle qui va porter plainte contre toi... pas Besson. Il lui a conseillé de porter plainte pour te protéger... c'est très menaçant.

– Écoute, Philippe, ça va se tasser, je pense, on ne va pas céder à la panique ! »

En vérité c'est surtout Muriel qui panique, elle n'a saisi que des bribes de notre conversation, mais suffisamment pour comprendre. Pour être franc, je ne suis pas très fier non plus. D'après les pronostics de Val, je risque de finir, au mieux les genoux brisés, au pire au fond de la Seine. Muriel est mal, ma femme a peur pour moi et tout cela à cause d'une malheureuse chronique humoristique. Le jeu en vaut-il la chandelle ? Le spectacle nous empêchera de trop cogiter : l'accueil du public, les amis qui découvrent le show, quel meilleur remède à l'angoisse ? Mais dès le lendemain matin, l'inquiétude reprend. Comme chaque fois dans ces cas-là, lorsqu'une chronique provoque un incident, on s'interroge avec Muriel, on analyse le texte, ai-je vraiment été trop loin, à quel moment, ou ai-je simplement fait mon boulot « de mouche du coche » ? (J'aime bien citer *Télérama* !) Muriel et moi sommes aguerris à ce genre de débriefing. La première fois c'était en 2003, nous venions de nous rencontrer, j'étais dans sa cuisine et le producteur de l'émission télé sur laquelle je travaillais me hurlait dessus au téléphone : « J'avais énervé Benjamin Castaldi, un ami de vingt ans, j'étais un monstre dépourvu de toute sensibilité, un être pervers, sans cœur, etc. » Muriel découvrait avec stupéfaction les à-côtés de mon métier !

Mais rien à voir avec ce qu'il se passait à présent. Cette fois-ci, des menaces avaient été proférées et nous nous interrogions fébrilement sur l'attitude à adopter.

Muriel : « Tu crois que tu risques vraiment quelque chose ?

Moi : – Non, on est en 2010 quand même… Dans les années quatre-vingt, oui, on pétait la gueule aux gens… Val s'est fait casser la figure devant Radio France…

Muriel : – Val !?

Moi : – En sortant d'une émission de Christophe Dechavanne sur l'avortement, deux militants IVG lui ont pété la mâchoire.

Muriel : – C'est pour ça qu'il ressemble à Benito Mussolini ?

Moi : – Tu trouves qu'il ressemble au Duce ?

Muriel : – Regarde des photos, c'est frappant, c'est son portrait craché. Je pense que Plantu l'a remarqué aussi, quand il dessine Val, c'est Mussolini.

[Même quand on n'est pas bien, avec Muriel, on arrive à dire du mal des gens !]

Muriel : – Tu crois que tu risques quelque chose ?

Moi : – Écoute, Philippe m'a dit qu'il m'appellerait, on va avoir des nouvelles dans la journée, c'est certain. »

En fait non, rien, aucune nouvelle ! Ni le jeudi, ni le vendredi, ni même le samedi… Alors, le dimanche (cela faisait trois jours que je quittais la maison en prenant soin de regarder s'il n'y avait pas des Tunisiens planqués dans les orangers du Mexique), j'ai appelé Philippe. Il semblait presque surpris que je lui parle de Besson, il était passé à autre chose ! « Besson ? Ah, oui… ça s'est calmé. »

J'ai raccroché, incrédule, totalement abasourdi par un tel comportement. Philippe Val connaît pourtant le sentiment de peur et la crainte du danger. Il avait dû le ressentir à la suite du procès des caricatures de Mahomet puisqu'il s'était fait escorter très longtemps par des gardes du corps. Le fait qu'on menace un de ses chroniqueurs pour un billet d'humour devrait lui être totalement insupportable. Eh bien non ! Philippe peut m'appeler un jeudi soir, me dire que le climat est « très menaçant », « les Tunisiens incontrôlables », qu'il va essayer « de calmer le jeu »… et ne plus me donner aucun signe de vie les jours suivants ! Que devais-je en conclure ? Ou bien le danger était réel, les menaces précises et dès lors son attitude est clairement scandaleuse et irresponsable. Ou bien les menaces n'ont jamais existé, l'histoire était cousue de fil blanc, inventée de toutes pièces et destinée uniquement à me foutre la trouille. Avec le recul, je penche très fortement pour la seconde hypothèse, tout aussi dégueulasse, mais moins effrayante. L'incident diplomatique avec la Tunisie évoqué par Val n'a jamais existé, aucune trace, ni dans la presse ni sur Internet. En outre, la compagne de Besson n'est pas l'arrière-petite-fille de Bourguiba. Il n'existe qu'une très vague parenté par alliance.

Cette histoire démontre à quel point il était devenu urgent pour la direction de Radio France de régler mon cas. Nous sommes en novembre, le premier trimestre n'est pas encore terminé et tous les coups semblaient déjà permis. Quand l'un encourageait un invité mécontent à porter plainte, l'autre tentait de m'effrayer en me disant qu'on cherchait à me casser la gueule !

Une chose est certaine. Éric Besson a réclamé ma tête à Philippe Val. Lorsque je joindrai ce dernier au téléphone, il me le fera comprendre. Val ne dit jamais directement les choses, il les insinue, tourne autour et il vous incombe de décrypter sa pensée. Quand il me dit : « Il ne portera pas plainte… il m'a demandé quelque chose… avec insistance, mais j'ai refusé… » Il faut comprendre : « Il a réclamé ta tête ! » Malgré l'envie qui devait le démanger, Val n'a pu donner satisfaction à Besson : trop tôt, trop voyant. A-t-il eu, alors, l'idée de me faire peur, l'a-t-il proposé à Besson ? Une sorte de cadeau de compensation pour le faire patienter. Ou est-ce une idée de Besson lui-même ? L'homme est suffisamment incontrôlable et tordu pour fomenter ce genre de manipulation. J'imagine le dialogue suivant :

Val : « Je ne peux pas le virer en cours d'année, Éric, le scandale serait beaucoup trop grand. Il faut attendre la fin de la saison.

EB : – Faites-lui peur, alors, effrayez-le !

Val : – Comment ça ?

EB : – La famille de Yasmine est proche de la famille Bourguiba, inventez quelque chose, dites-lui qu'on frôle l'incident diplomatique, que les Tunisiens vont lui faire son affaire… Déstabilisez-le !

Val : – Bien, Éric, je vais l'appeler. Je vais faire mon maximum. »

Durant mes deux années passées à France Inter, je n'ai pas manqué d'être surpris par les relations qu'entretiennent des directeurs de médias ou des journalistes avec nos hommes politiques. Certains n'hésitent pas à déjeuner, ou à dîner ensemble. Les journalistes justifient cette pratique en arguant qu'elle les aide à glaner des informations, à mieux connaître leurs interlocuteurs afin d'affiner leurs interviews.

Je me souviens qu'un matin, en sortant du studio, j'avais croisé Hélène Jouan et Thomas Legrand, manifestement perplexes et embarrassés. La veille, Éric Besson les avait conviés à déjeuner au ministère de l'Immigration. Toujours délicat un déjeuner à l'Immigration ! On vous passe la soupière, le rince-doigts et, pendant ce temps-là, un charter s'envole pour Bamako.

« Vous reprendrez bien quelques asperges ?

– Merci, monsieur Besson [le téléphone sonne].

– Excusez-moi, un appel de Roissy… Allô ? Eh bien, attachez-le s'il ne veut pas embarquer, bâillonnez-le ! […] Prenez la vinaigrette avec, elle est délicieuse… Séparez la mère de l'enfant, vous embarquez la mère et vous débarquez l'enfant… Ce sont les premières asperges de la saison, elles viennent de Rungis… À 2 ans l'enfant est sevré, ne vous laissez pas apitoyer, je vous rappelle [il raccroche]. Alors ces asperges ?

– Elles sont délicieuses, Monsieur le Ministre, et parfaitement bien cuites.

– Appelez-moi Éric, quand on déjeune ici, on m'appelle Éric ! »

Je ne sais pas comment cette histoire d'invitation s'est terminée, mais qu'un ministre veuille déjeuner avec Hélène Jouan, directrice de l'information à France Inter, ou Thomas Legrand, chroniqueur politique de la matinale, me laisse perplexe.

Je me souviens aussi du nombre de rumeurs hallucinantes qui circulaient dans les couloirs : « Val écrit le nouvel album de Carla Bruni, c'est pour ça qu'il n'est jamais là le matin », « Hees dîne régulièrement au Château, le président le tutoie, il est totalement sous sa coupe, un vrai caniche ! »

Je me demande si cette connivence, ces déjeuners, le fait par exemple que, très souvent, le politique invité s'enfermait avec le directeur de la station pour prendre un petit café dans l'intimité de son bureau ne contribuaient pas à amplifier ces rumeurs ?

Pour finir, les « Tunisiens sanguinaires » m'ont épargné et Éric Besson n'a pas porté plainte. Son avocat a dû lui expliquer qu'il risquait, une fois de plus, de se ridiculiser. Quelques jours plus tard, le 9 décembre, son ex-compagne, Sylvie Brunel, en remet une couche chez Pascale Clark. Elle déclare avoir aimé ma chronique sur les mariages gris et ajoute que je la fais beaucoup rire. Là-dessus, Clark cite un article du *Monde* datant de la veille dans lequel un journaliste révélait qu'Éric Besson avait voulu me casser la gueule. Invitée à réagir, Sylvie Brunel répond : « Ça ne m'étonne pas, Éric a une très grande maîtrise de soi jusqu'au moment où il ne l'a plus parce qu'il estime qu'on a franchi les bornes et à partir de là… il peut être très violent. »

En cette fin d'année 2009, la haine du ministre de l'Immigration à mon encontre est à son paroxysme, à la première occasion, juré, craché, il se vengera !

Bientôt Noël, la trêve des confiseurs. Ça tombe bien, toutes ces polémiques m'ont épuisé, j'attends les vacances avec impatience. Muriel et moi partons au soleil dans les Caraïbes… Didier Porte part en camping-car dans la Creuse… Moins de soleil, moins de paradis fiscaux, mais une tranquillité absolue.

Dans les Caraïbes, le dépaysement est total, les journaux français arrivent au compte-gouttes et à l'hôtel, la télé est tellement pourrie, qu'on évite de l'allumer. Impression de regarder Canal Plus en crypté. Je me souviens qu'au lycée un copain avait lancé l'info qu'en regardant le porno de Canal à travers une passoire, ça décodait l'image. Je pense que nous avons été très nombreux, le samedi suivant, à mater le porno en crypté, assis sur le canapé une passoire collée sur le visage.

Sur la plage, pour pallier au manque d'information, le téléphone arabe fonctionne à fond. Les seules nouvelles qui circulent de façon frénétique portent sur la grippe A. Le sujet passionne, les prédictions de Roselyne sont de plus en plus alarmistes et, sauf surprise de dernière minute, on devrait tous crever. Hees et Val n'auront même pas besoin de me virer en juin : le H1N1 va se charger de nous mettre tous d'accord. Si la situation s'aggravait, il se pourrait qu'on doive rester confinés ici en quarantaine, c'est une pharmacienne de Valenciennes qui l'affirme, elle a eu son beau-frère au téléphone qui a des amis haut placés. La perspective de ne pas rentrer me ravit au plus haut point. Le soleil me chauffe la plante des pieds. Depuis quelques années, je m'offre cette parenthèse enchantée, un peu d'été au milieu de l'hiver et tous ces gens payant l'ISF sur les transats alentour, quel bonheur ! Au passage, j'ai une pensée affectueuse pour Didier Porte agonisant dans son camping-car creusois. Comme disait Jules Renard : « Il ne suffit pas d'être heureux : il faut encore que les autres ne le soient pas. »

Sarkozy : actionnaire de France Inter

Pas de quarantaine, nous sommes rentrés ! Au petit matin à Roissy, le choc thermique est violent, les première classe (dont je ne suis pas, je rassure Didier Porte !) sortent leurs doudounes Moncler. Heureusement que je démarre bientôt mon spectacle au théâtre Dejazet, seule chose qui m'excite vraiment. Car, dans mon bureau, trois semaines d'*Aujourd'hui en France*, de *Libération* et de *Figaro* s'entassent : gros cafard. Rien de plus sinistre qu'une pile de journaux en retard à lire. Les nouvelles s'enchaînent : Johnny est toujours dans le cirage, Roselyne a commandé trop de vaccins ! Hortefeux décroche le prix de la lutte contre le racisme et l'antisémitisme… C'est un poisson d'avril ? Ah, non c'est sérieux, il y a certainement un papier à faire là-dessus !

Ma réflexion est interrompue par un coup de téléphone, c'est Hélène Jouan, directrice de la rédaction d'Inter. Elle veut savoir si je suis bien rentré, en état de marche.

Hélène : « Bonne année !

Moi : – Bonne année à toi !

Hélène : – C'était bien tes vacances ?

Moi : – Trop court, beaucoup trop court et à Inter quelle est l'ambiance ?

Hélène : – Bizarre… après cette histoire d'actionnaire, forcément, il y a un malaise.

Moi : – Quelle histoire d'actionnaire ?

Hélène : – T'es pas au courant… Tout le monde ne parle que de ça ! »

Eh oui, c'est tout le problème de partir loin, on se tient informé uniquement en papotant avec une pharmacienne de Valenciennes et on manque l'essentiel. J'avais raté un épisode primordial : à la fin du mois de décembre, Philippe Val décidait d'avancer la matinale de Nicolas Demorand d'une demi-heure. Ainsi, à partir du 4 janvier 2010, celle-ci démarrerait à 6 h 30 au lieu de 7 heures.

Problème, Val omettait totalement d'en informer la principale intéressée, Patricia Martin, présentatrice du 5/7. Cette dernière apprend la veille de partir en vacances que son émission est amputée ! Quant au journaliste Simon Tivolle, sa chronique de 6 h 45 est purement et simplement supprimée !

Face à la brutalité des méthodes, le 18 décembre, les membres de la société des producteurs d'Inter demandent une explication à Val. « J'ai été débordé et je n'ai pas eu le temps de les prévenir », répond celui-ci. Puis il évoque de gros changements en septembre (environ un tiers de la grille), parle d'économies à faire, et lâche sa désormais célébrissime phrase sur l'actionnaire : « France Inter est une radio qui coûte cher à l'actionnaire qui n'est pourtant pas très bien traité. » Ces propos seront retranscrits, quelques jours plus tard, dans *Le Monde* sous la plume de Daniel Psenny et provoqueront un véritable tollé à la rédaction d'Inter. Le Syndicat national des journalistes de Radio France publie un communiqué aux petits oignons : « Jamais un directeur de France Inter n'a parlé en ces termes. Ces mots sentent les années soixante, ils ont le parfum de la radio d'État, ils rappellent le téléphone rouge des ministères de l'Information, l'allure d'Alain Peyrefitte venant présenter lui-même le décor du nouveau journal télévisé. »

Le lendemain, toujours dans le journal *Le Monde*, Val s'enfonce un peu plus avec une explication vaseuse : « Nous sommes encore dans une forme de nervosité. Il est évident pour moi que l'actionnaire d'Inter n'est pas le président de la République, mais les auditeurs. Tout changement est compliqué à faire, mais je ne veux pas que France Inter soit un musée.»

Les salariés de France Inter ont particulièrement goûté d'être comparés à un «musée»!

Ça marche aussi avec «cimetière». «Je ne veux pas que France Inter soit un cimetière!» Val ne devait pas être en très grande forme ce jour-là.

Atterrissage difficile. Totalement déconnecté de l'actualité depuis deux semaines, je dois me coltiner cette histoire d'actionnaire. Même pas le temps d'admirer dans la glace mon nouveau bronzage avec la trace du maillot. En dévorant frénétiquement tous les articles portant sur le sujet, j'apprends aussi que Jean-Luc Hees a été promu officier de la Légion d'honneur, le 2 janvier, dans la promotion du Nouvel An, la même que Paco Rabanne... la honte! Décidément, dès que je pars, mes patrons font des conneries!

J'ai hésité à écrire sur les «boulettes» de mes supérieurs. À peine rentré de vacances et à peine reposé de mon année épuisante, l'idée de replonger immédiatement dans la bagarre et les polémiques m'effrayait quelque peu. Je connais Val et Hees, leur fierté, leur ego surdimensionné, j'ai conscience que si j'ose mettre publiquement en doute leur indépendance, la rupture avec eux sera définitive, la guerre totale, sans aucun espoir d'amnistie. J'hésite et, en même temps, affleure mon remords de n'avoir rien fait sur l'éviction de Frédéric Pommier, à l'époque je n'avais pas osé. J'hésite mais sais que je vais y aller, c'est plus fort que moi, depuis un moment la pression monte, j'ai un sentiment d'étouffement comme un étau qui m'enserre inexorablement. Et d'ailleurs comment ne pas y aller? Depuis des mois, je m'amuse des abus, des scandales, des débordements de nos politiques, de la société, et là... sous prétexte que l'affaire touche directement mon boulot, mes patrons, je ne dirais rien ? Déjà certains observateurs malins s'amusent de la situation : « Comment les chroniqueurs de la matinale vont-ils réagir ? »

J'hésite et je n'hésite plus. Je rappelle Hélène Jouan, je lui dis que je vais y aller, que je ne peux pas ne pas en parler. Elle me donne sa bénédiction : « Je fais mon boulot. C'est Hees et Val qui déconnent, pas moi, l'auditeur m'attend aussi sur ce terrain-là. »

J'ai le feu vert de la directrice de la rédaction… La meilleure défense étant l'attaque, quitte à être viré, soyons-le avec panache. Perdu pour perdu, faisons-nous plaisir ! Ce sera ma ligne de conduite jusqu'à la fin.

Extraits

« *Y a du soleil et des nanas… Darla Dirladada.* Ah ! les vacances, qu'est-ce que c'est bon les vacances… On se détend, on oublie ses soucis. Mais le problème c'est le retour, quand les tracasseries du quotidien vous rattrapent ! Vendredi dernier, à peine arrivé, encore bronzé, j'ouvre le journal *Le Monde* et là, j'apprends que notre directeur d'antenne Philippe Val a déclaré : "France Inter est une radio qui coûte cher à l'actionnaire qui n'est pourtant pas très bien traité par la station !" Je me dis : c'est pas possible, Sarkozy actionnaire de France Inter, maltraité par des journalistes et des chroniqueurs surpayés ! Philippe Val, ancien directeur de *Charlie Hebdo*, n'a pas pu dire ça ! Les actionnaires de France Inter ce sont les auditeurs qui payent la redevance, en aucune façon Nicolas Sarkozy… Et admettons que nous soyons surpayés à le maltraiter. Je le dis à Val, à partir de demain, je viens gratos !

Bon, je défais ma valise et là, coup de téléphone d'un copain : "Hé, tu connais pas la dernière : Jean-Luc Hees, ton président à Radio France, a été fait officier de la Légion d'honneur par Sarko le 1er janvier dernier ! Bonjour le copinage !"

Je raccroche très contrarié : […]

Jean-Luc Hees officier de la Légion d'honneur… Fallait pas qu'il accepte. Il a déjà été très gâté en juin par Nicolas Sarkozy en étant nommé président de Radio France. Deux gros cadeaux en six mois, c'est beaucoup trop ! Comment vous expliquer ? Hees à la tête de Radio France, ça tient du miracle : c'est un peu l'histoire de Thérèse Van Belle, clocharde à Bruxelles, élue Miss SDF Belgique et gagnant au passage un an de loyer gratuit ! C'est inespéré ! […] »

C'est la guerre !

La guerre fut totale, la haine incommensurable. Il y eut, comme toujours dans ces cas-là, le in et le off. Hees joua les grands seigneurs dans la presse, mais se déchaîna sur moi en coulisses. Quelques heures après ma chronique, dans une interview accordée à l'inénarrable Emmanuel Berretta, il déclare : « L'humour, c'est l'humour ! Il y a peut-être des limites, mais en l'occurrence, elles ne sont pas franchies. » Trois phrases plus loin, il ajoute : « J'aimerais aussi rappeler à Guillon que je ne l'entends pas souvent dire du mal des patrons de Canal Plus, ses autres employeurs. Et pour cause : s'il se le permettait, eux ne réagiraient pas comme nous. Et il perdrait ses 40 000 euros par mois. » Impensable ! Comment le président de Radio France pouvait-il s'abaisser ainsi ? Et pathétique aussi, car mes patrons de Canal Plus ne sont pas nommés par Sarkozy et n'ont pas reçu l'ordre de me virer. Le plus étrange, c'est que, pour des raisons que j'ai encore du mal à m'expliquer, Jean-Luc Hees va harceler ma production toute la journée pour obtenir des places à la première de mon spectacle qui doit avoir lieu le lendemain, le mardi 12 janvier, au théâtre Dejazet.

À peine arrivé chez moi, je reçois un mail de mon producteur me disant : « Le bureau de Jean-Luc Hees me demande deux places pour demain, je fais quoi ? »

Je crois d'abord à une plaisanterie. Même en voulant paraître extrêmement « beau joueur » et « fair-play », j'imagine mal Jean-Luc vouloir assister aussi vite à mon spectacle. J'appelle ma production et là, surprise, ce n'est pas un gag, le bureau de Hees a bien appelé. J'ai vérifié le téléphone, c'est bien celui de Radio France, me dit mon assistant, qui aurait excellé dans les RG ! Pour ma première au Dejazet, nous étions convenus de n'inviter aucun professionnel. Je procède toujours ainsi. Un nouveau spectacle doit se mettre en place et il faut quelques jours pour prendre ses marques, sentir la salle et optimiser son jeu. On réécrit tel passage, on en supprime un autre, on change l'ordre des sketchs, un déplacement, une lumière, un véritable travail d'horlogerie réalisé avec le metteur en scène. Les professionnels, les journalistes ne viennent qu'une fois, vous ne pouvez pas leur renvoyer un carton trois semaines plus tard, avec : « J'ai progressé, revenez ! »

Jean-Luc Hees avait ainsi été convié au spectacle à partir du 26 janvier. Une belle enveloppe noire ornée d'une belle écriture blanche, Muriel et moi avions bien fait les choses. Seulement voilà, le cow-boy de Radio France voulait débarquer tout de suite : sa monture était sellée, ses éperons affûtés, pas question d'attendre ! Ma production eut beau déployer des trésors de diplomatie, expliquer que tout le monde était logé à la même enseigne, que le spectacle allait se bonifier et que j'avais à cœur de présenter le meilleur de moi-même à mon président ! Rien n'y fit. Vers 18 heures, alors que je m'apprêtais à dédicacer mon dernier livre à la FNAC Saint-Lazare, je reçus un énième coup de téléphone de mon assistant. Il m'informait que le ton était devenu carrément menaçant. « Monsieur Hees n'entend pas ce genre d'arguments. Ce n'est pas négociable. Cela pourrait vous coûter très cher. » Dans ces cas-là, je peux moi-même être très con : « Qu'il nous menace, ça m'est bien égal. On ne lui doit rien, très cher en quoi… et de quel droit a-t-il des exigences par rapport à mon spectacle ? » (Dans la version initiale, j'ai probablement ajouté : « Ce gros connard ! »)

Stupéfait, j'appelle Muriel pour lui raconter le nouveau délire de Jean-Luc Hees :

« Jean-Luc est devenu fou furieux, il nous menace du pire s'il n'assiste pas à la première de mon spectacle. J'ai dit à l'équipe de ne pas céder.

– Prends-le à son propre jeu, appelle-le, joue-le hyper-cool sur le ton de la plaisanterie…

– Pas question, c'est pas à moi de l'appeler. Ce sont des méthodes dignes du KGB !

– Arrête, sois plus intelligent, il faut dépassionner l'histoire. Dis-lui ça justement, en te marrant : "Jean-Luc, c'est quoi ces méthodes de KGB, ton secrétariat m'a dit que t'étais furieux, que t'avais appelé plusieurs fois… C'est juste que le spectacle n'est pas tout à fait prêt… Maintenant, si tu tiens absolument à venir, tu viens, c'est trop con, on te fera une place !" »

La stratégie de Muriel marcha au-delà de mes espérances et Jean-Luc tenta, tant bien que mal, de reprendre la main…

« Attends, ma poule, mais bien sûr, je viens quand tu veux… Dans deux semaines, dans un mois, l'année prochaine… l'important c'est que tu sois prêt. Je ne sais pas ce qui s'est dit, mon secrétariat, tu sais ce que c'est, ils font du zèle… peur de se faire engueuler… T'as bien fait de m'appeler, y a pas de lézard… Fais ta première tranquille et tu m'appelles après… il faut qu'on se parle… [Un temps] Je suis quelqu'un d'indépendant quoi que tu en penses… rigoureusement indépendant… personne ne m'a jamais forcé à dire, ou à faire quelque chose contre ma volonté… Faut qu'on se parle, hein, je crois qu'on a des choses à se dire toi et moi… [Voix de plus en plus traînante, Lucky Luke partant vers le soleil couchant : « I'm poor lonesome cowboy ! »] On ne se connaît pas assez… faut qu'on apprenne à se connaître, que je te parle de moi… je t'appelle et on se voit vite ! »

Avec le recul, c'est presque touchant car je pense que

Jean-Luc Hees souhaitait être vu à la première de mon spectacle. Au lendemain d'un papier mettant en doute son indépendance, il voulait apparaître dans le rôle du beau joueur… « Guillon me taille, glose sur ma Légion d'honneur, sous-entend que je suis à la botte du pouvoir… Eh bien, regardez, je viens l'applaudir, je suis libre et pas du tout rancunier ! »

Mais son empressement à venir à ma première dut s'évanouir quand il comprit qu'il n'y aurait ni presse, ni photographes, ni tout le tralala habituel. S'évanouir au point de ne jamais venir !

Ma production le relança plusieurs fois. France Inter est partenaire du show, c'est le deuxième plus gros succès de la rentrée à Paris, mais pas l'ombre d'un Jean-Luc Hees ! Cet immense fan de one man show, capable de menacer une production entière pour obtenir une invite et assouvir sa passion, avait soudain perdu tout intérêt pour cette discipline.

« Sarkozy, actionnaire de France Inter » fit un véritable tabac. Le feu couvait depuis un moment, on avait réclamé ma tête, tablé sur mon départ, spéculé sur mes rapports avec la nouvelle direction et là, enfin, la bagarre éclatait. La vidéo du sketch fut visionnée plus de 330 000 fois, et la presse, dans son ensemble, titra sur « l'événement » : « Ce 11 janvier, à 7 h 55, Stéphane Guillon, mine bronzée et panama sur la tête, a tranquillement attaqué Philippe Val, directeur de sa chaîne, ainsi que Jean-Luc Hees, président du groupe Radio France. »

Philippe Val piqua une colère noire, homérique. Sa petite phrase sur l'actionnaire d'Inter prononcée un 18 décembre en conférence de rédaction lui avait valu une volée de critiques, mais, les fêtes de Noël aidant, on était passé à autre chose. Et voilà que l'autre crétin, le comique de 7 h 55, à peine rentré de vacances, remettait le couvert de plus belle ! Cette fois-ci, personne ne pouvait plus ignorer la fameuse petite phrase.

Val ne voulait plus me faire de pub en refusant de m'afficher et moi, pas rancunier pour un sou, je lui offrais une campagne de grande envergure !

À la station, l'ambiance était tendue, je n'étais plus que celui « entré en guerre avec la direction ». Certains me remerciaient, d'autres prenaient prudemment leurs distances avec moi, un petit coup d'œil à droite et à gauche, avant de dire bonjour à Guillon.

Il y eut aussi de jolis moments. Un matin, alors que je croisai Patricia Martin dans les couloirs de la station, elle me regarda, me sourit, et m'adressa un « Merci, Stéphane », plein de reconnaissance et d'émotion, puis elle continua son chemin. L'échange n'avait duré que quelques instants, on ne se connaissait pas, cette femme classe et très discrète avait apprécié que je prenne sa défense et me le faisait savoir à sa manière. Un simple merci qui me fit un bien fou. Car, évidemment, je doutais, je me posais mille questions : avais-je eu raison d'affronter ainsi ma direction, d'aller au clash et ce pour prendre la défense de camarades que je ne connaissais même pas ? Était-ce mon problème, finalement, qu'on ampute l'émission de Patricia Martin, qu'on vire Simon Tivolle ? N'avais-je pas suffisamment de soucis avec mes propres chroniques ? Pourquoi aller jouer systématiquement les Robins des bois, les fiers-à-bras ? Je doutais. Alors, ce « Merci », murmuré au détour d'un couloir, me rassura, me signifia que j'étais dans le vrai et que j'avais raison de m'indigner.

Il fallait que je prenne rapidement rendez-vous avec Hees et Val. Pour moi, il était inconcevable que la situation ne s'arrange pas d'une manière ou d'une autre. J'étais persuadé de pouvoir les convaincre. Il fallait s'expliquer, tout mettre à plat, leur rappeler à quelles conditions j'avais été engagé, les pressions subies ces derniers mois, le rendez-vous chez Cluzel, les frustrations accumulées : plus d'affichage, plus de rediff de mes chroniques, plus aucune communication sur moi… ce sentiment de ne plus être désiré, d'être sur un siège éjectable… Je voulais aussi leur parler de ce fameux coup de téléphone, m'annonçant à la fois leur nomination et l'éviction programmée de Porte et de moi-même. Je voulais vraiment crever l'abcès. Cela faisait des mois que nous faisions semblant, semblant que tout allait bien. Ils étaient arrivés dans un climat très particulier, de franche suspicion, j'étais clairement une épine dans leur pied et je regrettais de ne pas avoir provoqué dès le départ une véritable explication, un véritable électrochoc.

Au lieu de cela, Hees et Val avaient fait leur cinéma : « Tout va très bien, Madame la Marquise », et j'avais voulu y croire.

Je décide donc d'appeler Hees (après tout, il m'avait dit l'autre jour qu'il fallait qu'on se connaisse mieux) et je lui propose une entrevue dans son bureau, lui, Val et moi. Une rencontre virile, droit dans les yeux, avec des gros plans façon Sergio Leone (trouver un pote pour jouer de l'harmonica). Le cow-boy de Radio France ne pourra qu'adhérer à ma proposition. J'appelle, sa secrétaire me répond : « Monsieur Guillon… ah oui, euh… M. Hees est en rendez-vous… mais euh… je vous le passe, gloups… » Voix de Jean-Luc… Pas de « ma poule », aucune familiarité, d'entrée je sens qu'on n'est plus du tout copains :

« Tu veux un rendez-vous ? Organise ça avec Val, c'est ton directeur d'antenne, un matin, après ta chronique ! »

Cette fois-ci, c'est sûr, on n'est plus du tout copains ! J'appelle Val, autant grouper les corvées… Ce serait chouette de tomber sur son répondeur (on est lâche parfois)… sonnerie… ah, zut, c'est lui, il décroche.

« Philippe, c'est Stéphane… Bonjour [inutile de lui souhaiter une bonne année]. Ce serait bien qu'on se voie, qu'on se parle… »

Le dialogue qui suit doit s'entendre crié, scandé, entrecoupé de petits jets de salive haineux… c'est important, sinon, on perd en qualité d'écoute.

Philippe Val : «Tu veux qu'on se voie, très bien, on va se voir… Mais avant, je tiens à te dire que JAMAIS quelqu'un ne m'a traité ainsi, JAMAIS !

Moi : – Philippe, j'aimerais qu'on se voie avec Jean-Luc dans son bureau tous les trois et qu'on ait une véritable explication… pas au téléphone !

Philippe Val [hurlements] : – Quand j'ai de la merde au cul, quand j'ai le cul merdeux, j'accepte qu'on me torche, mais là, en l'occurrence, ce n'est pas le cas ! Est-ce que je vous ai empêchés une fois, une seule fois, Porte et toi, de vous exprimer à l'antenne […]. Patricia Martin, parlons-en de Patricia Martin, et Simon Tivolle, parlons-en de Simon Tivolle [bruit de salive, noms d'oiseaux divers]. Mon indépendance… je te signale que j'ai donné à Thomas Legrand une deuxième rubrique dans la matinale et qu'on ne peut pas soupçonner Thomas d'être sarkozyste que je SACHE !!!!»

Nouvelle tirade sur la «merde au cul», manifestement Philippe aime cette métaphore. Série de compliments sur mon travail : «minable, malhonnête, indigne». Philippe raccroche, il est d'accord pour qu'on se voie lundi prochain.

Mon rendez-vous dans le bureau de Jean-Luc Hees se passera presque aussi bien que mon échange téléphonique avec Val. Ce dernier, d'ailleurs, n'est même pas là. Dans le bureau, il n'y a que Jean-Luc, d'humeur noire, la mine fatiguée, grillant cigarette sur cigarette, dos à la tour Eiffel, assis normalement, sans mettre ses chaussures sur la table… tout ça est de très mauvais augure. Pas même un petit café. Je m'étonne de l'absence de Val :

«Il est aux sports d'hiver, il a le droit à des vacances comme tout le monde…

– Oui, mais je voulais qu'on se voie tous les trois…

– Ça change rien, je suis là ! »

C'est le problème avec Val, comme il ne vient jamais à la radio, ou alors très rarement, quand il est en vacances, on ne s'en aperçoit même pas. Si j'avais su qu'il était au ski, j'aurais remis ce rendez-vous, je tenais absolument à avoir mes deux patrons en face de moi, je voulais une vraie confrontation. Manifestement, de l'autre côté, on s'en foutait. Ou alors c'était fait exprès, ils ne voulaient surtout pas d'un terrain d'entente, du début d'une réconciliation, trop contents peut-être que la guerre soit enfin déclarée. Le rendez-vous se passe mal. Comme tous les faux cools, Hees est terriblement agressif et hargneux lorsqu'il rencontre une résistance. Je me prends une véritable engueulade, celle d'un patron à son employé. C'est à la fois brutal et méprisant. Je me mets à penser à certains salariés de Radio France qui n'ont que leur job à la radio pour bouffer et doivent subir ce genre d'humiliation. Moi, j'ai la chance d'avoir mon spectacle, mes chroniques à Canal Plus, mes livres… Ce qui m'autorise une certaine liberté, je ne suis pas forcé de subir « ce remontage de bretelles », cette réprimande minable et hautaine. Mais M. Hees s'en fout, il me passe le même savon qu'aux autres. Je le regarde s'agiter, fulminer… C'est un festival : j'ai mis en doute son honneur, on ne met pas en doute son honneur, personne ne l'a jamais fait, c'est quelque chose qu'il ne supporte pas. Si je continue de m'amuser à ça, il peut devenir très méchant. Mise en garde, menaces, intimidations… Jean-Luc est hors de lui, rougeaud, écarlate…

Je me laisse encore pourrir quelques minutes. C'est plus fort que moi, j'ai le respect de la hiérarchie. Et puis ce soir, en allant dîner chez Carlita, Jean-Luc pourra raconter son coup de gueule, ne lui gâchons pas ce petit plaisir.

Hees : « J'ai passé un savon à Guillon, il n'en menait pas large !

Carla : – Et mon Philippe, comment va mon Fifou ?

Hees : – Il est aux sports d'hiver, il doit passer sa deuxième étoile, il a travaillé son planter de bâton tout l'après-midi, il est très heureux…

Carla : – Mon disque passe toujours autant sur France Inter ?

Hees : – On a multiplié les passages par trois, c'est mérité, c'est un album exceptionnel, c'est une chance pour nous de pouvoir le diffuser… »

Je n'avais jamais vu Jean-Luc dans cet état. Il avait perdu toute sa superbe. Le Lord anglais s'était transformé en un Poutine rageur. J'ai fini par lui répondre, j'y suis allé franco moi aussi. Je lui ai dit que, de mon point de vue, ma chronique n'était pas si indigne que cela, c'était un papier humoristique. Val avait dit une énormité et j'étais dans mon rôle. Nous nous devions d'avoir de l'humour sur nous-mêmes. Je lui ai également reproché son attitude à mon égard, ses réserves exprimées sur mon travail dans différents médias et ce depuis le premier jour de sa nomination. Je m'étais senti attaqué, pas aimé, lâché, et je m'étais défendu. Nous nous sommes quittés fâchés, nous n'étions d'accord sur rien. Jean-Luc a seulement promis dorénavant de me soutenir dans les médias, de me dire les choses en face et moi j'ai promis de ne plus dauber sur son indépendance…

Il devait croiser les jambes ce jour-là. Car, peu de temps après, il m'en remettait une couche dans une interview accordée à Renaud Revel sur Lexpress.fr :

« Nous nous sommes parlé et expliqués. Je considère que mon honneur a été atteint et que l'on ne joue pas avec cela. Ce n'est pas le PDG de Radio France qui parle, mais l'homme. Je ne serais donc pas hostile à des excuses publiques, mais de là à ce qu'il fasse le pas… Tout cela n'a en vérité que peu d'importance, comparé au séisme d'Haïti. Que pèse en effet Stéphane Guillon sur notre échelle de Richter ? 0,2 % ! »

Après ce rendez-vous, je ne reverrai plus jamais Jean-Luc. Même lors de mon éviction, je ne serai pas reçu. Pourtant, en lisant la presse, j'apprenais régulièrement l'existence de rendez-vous imaginaires. Jean-Luc m'avait convoqué, parlé, sermonné. L'idée étant de faire croire à l'opinion que Radio France privilégiait toujours le dialogue avec ses chroniqueurs : Ils sont incontrôlables, ils nous traînent dans la boue, mais regardez, nous continuons à leur parler, le fil n'est pas rompu ! En réalité, notre isolement était total, autant que leur acharnement à nous discréditer.

En lisant les comptes rendus de ces rendez-vous imaginaires, j'appris ainsi que j'avais des exigences incroyables, comme celle de vouloir faire cinq chroniques par semaine à l'antenne. Mes camarades Porte et Morel auraient été éjectés pour me faire de la place. Il paraissait également que je voulais arrêter ma rubrique à Canal Plus, pour me consacrer uniquement à France Inter, ma nouvelle passion !

Mais comme cela constituait un manque à gagner important il fallait, bien sûr, que Jean-Luc Hees me verse un complément de salaire. Comme ce dernier n'avait voulu donner satisfaction à aucune de mes exigences, j'avais développé à son égard une véritable haine, d'où mes nombreuses attaques à l'antenne. Je ne défendais plus des idées, une éthique, je réglais mes comptes avec mon président ! CQFD !

Tout cela pourrait prêter à faire sourire s'il n'était extrêmement difficile de se défendre face au mensonge. Quand c'est un mensonge entre enfants, ça se règle facilement : « Vous êtes six, qui a laissé le pot de Nutella ouvert, avec le couteau qui dégouline, et toutes les fourmis à l'intérieur ?

– Pas moi, pas moi, pas moi, pas moi, pas moi, pas moi !

– Très bien, les enfants, c'est moi. J'ai mangé du Nutella sans m'en apercevoir, je vais nettoyer ! » Oui, ça se règle.

Mais quand ces mensonges émanent d'un adulte, qui plus est de quelqu'un d'important, quelqu'un qui occupe des fonctions prestigieuses, qui dirige des milliers de personnes, que voulez-vous dire ? « Ce rendez-vous n'a jamais existé, mon patron ment comme un arracheur de dents, il baratine car c'est son seul moyen de défense ! Il perd pied, n'a plus aucune morale, plus aucun amour-propre, il est prêt à tout, à déclarer n'importe quoi pour retrouver un semblant d'honneur ! Je pense même que chez lui, quand il bouffe du Nutella, il laisse exprès le bordel pour faire accuser les enfants !! »

Oui, en ce début d'année 2010, quatre mois seulement après le début de la saison, la direction était prête à tout pour régler notre cas. Tous les coups, même les plus tordus, étaient désormais permis ! Nous allions bientôt nous en apercevoir.

Deux médiocres dans une vallée fertile

> Je demande seulement à Val et Hees, des médiocres dans une vallée fertile, qu'ils n'entravent pas ce formidable média qu'est Radio France.
>
> Daniel Mermet, *Télérama*, septembre 2010.

Les semaines s'enchaînent sans plus aucun contact avec ma direction. Je vais alors sympathiser avec deux femmes formidables, Marie-Claude Pinson, rédactrice en chef de l'information, et Claire Servajean, journaliste, présentatrice du 12/13. On se serre les coudes. Il faut dire que l'ambiance est exécrable. Le fossé s'est creusé entre une rédaction passionnée, amoureuse de sa station, et un directeur fantôme, brutal et incompétent les rares moments où il est présent. Il arrive, par exemple, que Val décide la veille pour le lendemain de convoquer ses ouailles. Philippe veut discuter et tout le monde doit être à sa disposition. Peu importe les impératifs de l'info, les emplois du temps des uns et des autres, un simple fax avertit tout le monde : « Demain, 10 heures, réunion chez Val ! »

Dans la rédaction, on glousse, on rigole sous cape :

« 10 heures du matin, il va tomber du lit, pépère !

– C'est la première fois qu'il va découvrir la rédaction si tôt.

– À moins qu'il change d'avis comme d'habitude ! »

Des poches de résistance s'organisent çà et là. La direction n'est plus respectée et ceux qui font la station, qui y travaillent parfois depuis des décennies, tiennent le coup avec cet humour jaune, ce rire amer. Le fait qu'une si belle radio soit ainsi abîmée les désole profondément. Le fait que Nicolas Sarkozy l'ait voulu ainsi n'arrange rien.

En revanche, chacun essaie de continuer à défendre la station et ses valeurs en travaillant ardemment. Hees et Val ne sont qu'un épisode malheureux de l'histoire d'Inter. La phrase de Daniel Mermet résume parfaitement la situation: « Deux médiocres dans une vallée fertile. » On bosse, on sauve les meubles, on maintient la belle sous perfusion, en attendant des jours meilleurs.

Je trouve donc un vrai réconfort auprès de Marie-Claude et de Claire, toujours la pêche, de vraies combattantes, souriantes et fortes... des femmes debout, comme dirait Ségolène.

Chaque matin, je passe leur dire bonjour aux alentours de 7 heures et je leur annonce en exclusivité le sujet de ma chronique.

Moi: « C'est Chatel qui régale!

Marie-Claude: – J'en étais sûre! Non, mais t'as vu, vouloir supprimer l'histoire-géo aux terminales S. C'est un bêtisier ce gouvernement!

Claire: – Tu sais que c'est un ancien DRH de chez L'Oréal...

Moi: – J'en parle justement!

Marie-Claude: – Ah, j'ai hâte, j'ai hâte, je sens que ça va être bon! »

Je crois qu'au fil du temps ces deux femmes sont devenues mes patrons de substitution. J'écoutais leurs conseils, me réchauffais à leurs encouragements. Elles ont toujours été là et le seront encore le jour où Hees et Val partiront. Elles sont le pouls, le cœur de la station. Quand une entreprise est dirigée par quelqu'un qui souffle en permanence le chaud et le froid, écartant les uns, promouvant les autres, l'ambiance se délite très vite.

Mais si la majorité résiste, d'autres intriguent, fayotent,

accumulent les petites compromissions afin de se faire bien voir. Il est alors essentiel de s'appuyer sur les bonnes personnes, celles qui savent garder le cap dans la tempête.

Je quitte les filles, je remonte le couloir, un petit bonjour à Fabrice Drouelle en passant. Comme chaque matin, il dicte les grandes lignes de son journal à son assistante. Fabrice se chauffe la voix, s'écoute parler, fait claquer chaque mot avec un plaisir gourmand, tel un acteur de la Comédie-Française au XIXe siècle. Son assistante ondule sur sa chaise, opine du chef. Pour l'instant, elle est la seule à vibrer au son du plus bel organe de la bande FM... mais dans un quart d'heure, ils seront près de deux millions à jouir. Ce moment avec elle est sacré, je crois qu'il n'y a que moi pour oser l'interrompre. Plus l'actu est dense et plus c'est drôle de venir déconcentrer Drouelle. Son assistante me sourit, visiblement mon petit jeu l'amuse. Je soupçonne Drouelle d'en faire son souffre-douleur ! Quand elle n'ondule pas assez sur ses phrases, ça doit chier. À moins qu'elle ne soit amoureuse de lui ? Lorsque je chambre Fabrice sur ses conquêtes amoureuses, j'ai remarqué que la fréquence de ses doigts s'accélérait sur le clavier. La déco du bureau de Fabrice est spartiate, deux tables en agglo gris, deux ordinateurs gris eux aussi. Aucune photo sur les murs, pas le genre de Fabrice. Sa vie est ailleurs, nocturne essentiellement.

Moi : « Ça va Fabrice ? Tu t'es couché cette nuit ?

Fabrice : – C'est pas le moment, Stéphane, on est à la bourre... [il dicte] Jean-Pierre Treiber avait plusieurs fois menacé de s'accrocher...

Moi [à son assistante] : – Dans quel état il est arrivé ce matin ? [Gloussement de l'assistante, ses doigts s'accélèrent.]

Fabrice : – Mais d'après le procureur d'Ivry, il n'avait pas demandé à voir de psychiatre...

Moi : – C'est bien ce petit kimono que tu as mis ce matin.

Fabrice : – Tu aimes ? C'est une création de Yamamoto. »

C'est une chose que j'adore chez Fabrice, en pleine bourre,

quelle que soit la nature de l'événement, la découverte de Martiens, l'assassinat du président de la République, la pendaison d'un prévenu… un compliment sur sa tenue vestimentaire et le monde s'arrête ! Les semaines s'enchaînent au rythme des tenues de Fabrice : le suicide de Treiber en kimono, la gestion calamiteuse de la tempête Xynthia en cuir façon Village People, les Jeux olympiques de Vancouver en marinière…

Du côté de la direction, c'est toujours le silence total. De temps en temps, Thomas Legrand, ou un autre camarade, s'en inquiète : « Tu les as revus, ils t'ont parlé ?

– Non, rien.

– L'autre jour, Hélène Jouan a cité ton nom dans le bureau de Philippe, il s'est refermé tout de suite, il a enchaîné sur autre chose ! »

C'est une impression bizarre de travailler pour des gens avec qui vous n'avez plus aucun contact. Je me faisais l'effet d'un footballeur, fâché avec son club, mais qui continuerait à jouer chaque week-end. J'enchaînais les papiers comme si de rien n'était, essayant, le mieux possible, de faire mon boulot.

Je soignais mes chouchous, mes favoris, parmi lesquels Éric Besson figurait en très bonne place. Je mettais un point d'honneur à le gâter particulièrement. Il faut dire qu'il se surpassait. Quelques jours après le tremblement de terre en Haïti, il avait déclaré que les sans-papiers haïtiens ne seraient pas renvoyés chez eux. Difficile de ne pas réagir. Extraits :

« Ça y est, ne cherchez plus, on connaît le lauréat du prix de l'Humour politique 2010. Jusqu'à maintenant, la compétition était très serrée. Balkany tenait la corde avec son : "Je suis l'homme le plus honnête du monde." Talonné par Rachida Dati avec : "Je n'ai jamais cherché à attirer l'attention des médias." Eh bien, mercredi dernier, Éric Besson a mis tout le monde d'accord avec sa phrase : "Les sans-papiers haïtiens ne seront pas renvoyés dans leur pays."

[Chanson.] Merci, Besson, merci, Besson…

Il sait être généreux Éric Besson.

Cela dit, heureusement qu'il a pris cette décision. Vous imaginez l'ambiance à Port-au-Prince si, parmi le ballet des avions humanitaires en provenance du monde entier, un avion français rempli de sans-papiers haïtiens s'était présenté ? »

Le 8 février 2010, Éric Besson est à nouveau l'invité de la matinale, deux mois se sont écoulés depuis sa dernière visite et mon papier sur les mariages gris. D'emblée, j'ironise sur la susceptibilité maladive du ministre : « Rassurez-vous, ce matin, aucune plaisanterie sur notre invité Éric Besson. Je préfère m'abstenir. La dernière fois, cela avait pris des proportions de dingue : M. Besson avait voulu me faire un procès, me casser la figure… »

Puis j'enchaîne sur la probable déroute de l'UMP aux prochaines élections régionales, le futur remaniement du gouvernement et l'exil d'Éric Besson :

« Le 22 mars prochain, après la probable branlée de la droite aux régionales, un charter de ministres devra partir. À son bord : Éric Besson. Comme les dizaines de milliers de sans-papiers qu'il a expulsés, le ministre connaîtra à son tour le bannissement, la solitude et l'humiliation : un dernier coup de téléphone reçu à 6 heures du mat' en provenance de l'Élysée lui annonçant sa disgrâce. Ce matin, je pense à lui : à sa réinsertion dans la société civile d'ici quelques semaines. Que va-t-il devenir ? Comment retrouver un boulot après avoir trahi ? Quelle entreprise prendrait un tel risque ? Dès lors, peut-être que M. Besson devra fuir la France pour se réfugier au Mali, en Albanie ou au Niger… Souhaitons qu'ils aient plus de cœur que lui afin qu'ils ne s'acharnent pas à l'expulser. »

Le dimanche 21 mars 2010, la gauche remporte haut la main les élections régionales : 54,1 % des voix. La droite est loin derrière : 34,4 % des voix. Le FN, quant à lui, réalise son meilleur score depuis l'élection de Nicolas Sarkozy avec 9,2 % des voix (4,85 % aux municipales et 6,34 % aux européennes). Beaucoup d'éditorialistes pointent du doigt la responsabilité d'Éric Besson dans la remontée soudaine du FN. La gauche fait sensiblement la même analyse. Au soir du premier tour, Daniel Cohn-Bendit déclare sur France 2 qu'« Éric a réussi son coup, c'est-à-dire de faire remonter le FN. Merci pour la politique d'identité nationale ! ».

C'est donc un Besson totalement défait, n'ayant manifestement pas fermé l'œil de la nuit, qui arrive le lundi 22 mars sur France Inter pour tenter de justifier sa politique. Il est plus qu'échauffé, chaud bouillant, dirons-nous, et je vais en profiter lâchement pour en remettre une couche. Avec le recul, je m'en veux un peu… et, en même temps, quand je le revois, emmitouflé dans un magnifique loden bleu, marchant à travers la jungle de Calais après le passage des bulldozers, fier de lui, posant pour l'histoire… je ne m'en veux plus du tout !

Besson, taupe du FN [extraits]

« Dans quelques minutes, nous allons accueillir le grand vainqueur de ces élections régionales : M. Éric Besson.

Il y a quelques mois, le Front national était subclaquant, au bord de la faillite, proche de la dissolution pure et simple… Aujourd'hui, c'est un parti relancé, revigoré, une vraie force qui compte !

Comment ce miracle a-t-il été possible ? Voici l'histoire folle d'un homme travaillant, depuis des années et dans le plus grand secret, pour son unique mentor : Jean-Marie Le Pen…

Éric Besson : la Mata Hari de la politique française. [...] Tout chez Éric séduit le leader frontiste. Son physique d'abord, à la fois passe-partout et antipathique : des yeux de fouine, un menton fuyant, un vrai profil à la Iago, idéal pour trahir [...] »

Je raconte alors une histoire délirante dans laquelle depuis le début, Éric Besson serait à la botte du FN et le papier se termine par :

« En vérité, c'est un coup à quatre bandes : Marine Le Pen présidente, Besson Premier ministre, Zemmour à la Culture. Pour une France pure et blanche, sans délinquance, sans burqa et sans rappeurs. »

Lorsque le ministre de l'Immigration arrive à France Inter, il n'a pas entendu ma chronique. Mais dès la fin de mon papier, ses proches l'inondent de sms alarmistes, du style : « Guillon a définitivement franchi la ligne jaune, tu ne peux pas te laisser insulter, il faut que tu lui répondes ! » Dans un premier temps, le ministre décide de partir, puis se ravise et demande à la direction la possibilité de pouvoir réagir. Exigence accordée. C'est Nicolas Demorand qui est chargé de lancer le ministre sur mon cas.

Nicolas Demorand : « Avant que nous parlions politique, juste un mot de réaction, vous souhaitiez le faire à la chronique que vous consacrait Stéphane Guillon, ce matin.

Éric Besson : – Je ne l'ai pas entendu personnellement, mais depuis tout à l'heure, je reçois des sms d'amis qui me disent être scandalisés par ce qu'il a fait. Je voudrais attirer votre attention sur la dérive qui est la sienne. La dernière chronique qu'il m'a consacrée, je pèse mes mots, je considère qu'elle était raciste. Venant de tout autre que lui, la chronique qu'il a faite sur les mariages gris, ou sur le supposé mariage gris qui aurait été le mien, venant d'une autre radio, ou venant d'un autre personnage, on aurait dit qu'elle était ouvertement raciste. Là, d'après ce qu'on me dit, des mots lourds ont été utilisés : *Mein Kampf*...

Nicolas Demorand : – Les mots "*Mein Kampf*" n'ont pas été prononcés, je vous rassure sur ce point-là...

Besson [agacé par l'interruption de Demorand] : – En tout cas, j'aimerais que vous réfléchissiez à la responsabilité qui est la vôtre. C'est un contrat inégal, lorsque je parle comme je viens de le faire, je sais très bien que je lui fais de la publicité, je sais très bien qu'on va considérer que c'est un martyr et qu'au nom de l'humour, il a le droit de tout dire. Or, l'époque souffre de ça, il faut arrêter les amalgames, arrêter les anachronismes. La responsabilité de France Inter, comme radio de service public, je pense que vous devriez y réfléchir. Je vous ai dit ce que j'avais sur le ventre, maintenant, je suis disponible pour vos questions. »

Il est amusant de constater que, dans sa réaction, Éric Besson parle essentiellement de ma chronique sur le mariage gris, il n'évoque quasiment pas ma chronique présente, sauf pour dire que j'ai prononcé « *Mein Kampf* », ce qui est faux. Besson ne se plaint pas d'avoir été traité de « taupe du FN » et, surtout, il se fiche éperdument de ma petite phrase sur ses « yeux de fouine » et son « menton fuyant ». C'est Jean-Luc Hees, dans une interview accordée au sempiternel Emmanuel Berretta, qui évoquera pour la première fois la fameuse petite phrase.

Le coup est habile et va faire mal. Puisqu'on ne peut pas m'attaquer sur le fond du papier (Besson en taupe du FN), il faut m'attaquer sur la forme. Ainsi, quelques heures après ma chronique, le Petit Calibre publie sur son site l'article suivant :

« Je présente les excuses du groupe Radio France à M. Éric Besson, déclare Jean-Luc Hees au Point.fr, à la suite de la chronique acerbe de Stéphane Guillon [...]. Sans se prononcer sur le fond, Jean-Luc Hees relève en particulier une formule de l'humoriste qui ne lui semble "pas conforme aux valeurs du service public" : lorsque Guillon évoque les "yeux de fouine" d'Éric Besson. "Les critiques sur le physique des personnes n'ont pas lieu d'être sur Radio France", insiste Jean-Luc Hees. »

La suite de l'article revient lourdement sur l'épisode « Martine Aubry, petit pot à tabac ». Je deviens un dangereux récidiviste, spécialisé dans l'attaque physique de nos politiques. Le lendemain, le SNJ de Radio France réagit très vivement aux excuses de Jean-Luc Hees : « Ce n'était sans doute pas la plus drôle, ni la plus fine des chroniques de Stéphane Guillon. Mais il ne s'agissait tout de même que de ça, d'une chronique humoristique utilisant un procédé vieux comme le monde, omniprésent dans la presse écrite : la caricature. Que cet exercice aboutisse à des excuses publiques de Jean-Luc Hees est à la fois inquiétant et disproportionné. [...] À trop avoir le doigt sur la couture du pantalon, on finit souvent par se retrouver sans pantalon du tout. »

C'était assez bien envoyé et ça m'a fait plaisir de me sentir soutenu par une partie de la maison. Mais Hees s'en moque, ce qu'il cherche c'est à attirer l'attention des médias sur le passage de mon texte relatif « aux attaques physiques non conformes aux valeurs du service public » !

En journaliste averti, Hees sait que sa déclaration va être reprise un peu partout. C'est exactement ce qu'il va se passer. Une fois paru l'article de Berretta, les « yeux de fouine » et le « menton fuyant », passés totalement inaperçus lors de la diffusion de ma chronique, cristallisent toutes les passions !

À titre d'exemple, je vous livre un extrait de l'édito de Gérard Carreyrou, paru dès le lendemain dans *France Soir*, intitulé en toute sobriété : « Radio Paris ».

« En s'en prenant au physique des gens dont il parle, et ce n'est pas la première fois, souvenons-nous du "petit pot à tabac" pour Martine Aubry, M. Guillon renoue avec les pires méthodes des protagonistes fascistes et antisémites des années trente et quarante. M. Guillon a le droit d'être sectaire, partisan et systématique, mais il n'a pas le droit, qui plus est sur la radio nationale, la radio dite de service public, de rivaliser avec ses prédécesseurs de *Gringoire*, de *Je suis partout* et du Radio Paris de la collaboration. Avec Stéphane Guillon, France Inter prend des couleurs de Radio Paris. Est-ce que le président de Radio France, nommé par le président de la République, souhaite cela pour l'antenne nationale ? Je ne le crois pas, alors il serait grand temps qu'il mette fin à une dérive déshonorante. »

Nous en étions là. Pour avoir ironisé sur les yeux et le menton d'un ministre, j'étais comparé aux pires journalistes antisémites de l'entre-deux-guerres. De la part de M. Carreyrou, agrégé d'histoire, il fallait oser ! Et pourquoi pas « pédophile » pendant qu'on y est ? Hier, j'ai embrassé ma petite fille de trois ans et demi sur la bouche. C'est elle qui avait commencé en me disant : « Papa, je t'aime. » Et moi comme un vieux pervers dégueulasse, je lui ai répondu : « Moi aussi, mon amour », et smack sur la bouche. Je propose à M. Carreyrou d'écrire un papier, où il me comparera à Marc Dutroux, Émile Louis et Michel Fourniret !

Évidemment, ce type d'attaques crasses et nauséabondes m'a touché. Dans les médias, je tentais de faire bonne figure. Je répondais que j'étais la première personne à être traité d'antisémite pour une réflexion sur le physique d'un goy et qu'en conséquence je demandais à figurer dans le livre des records ! J'aurai bien vu ma photo entre une femme éléphant, des siamois cyclopes et un couple gay lilliputien.

« Stéphane Guillon : premier humoriste de l'histoire à avoir été traité d'antisémite pour une réflexion sur le physique d'un goy. Ce record a été établi le 22 mars 2010, sur l'antenne de France Inter à 7 h 55 précises. »

Durant cette période de très forte tension, il fallait absolument que je continue à faire mon métier d'humoriste, que je demeure dans l'exercice du rire. Tout était fait pour m'en dévier, me pousser à la faute, à la surenchère. Lorsqu'un humoriste se vexe, ou répond de façon trop virulente, la sanction est immédiate : « Voyez Untel, il se permet de tacler des gens, mais lui ne supporte pas qu'on l'attaque ! »

Dans son ensemble, l'opinion publique était avec moi. Les attaques étaient trop grossières, disproportionnées. C'était une guerre des nerfs, à celui qui craquerait le premier.

Côté privé, en revanche, la situation devenait de plus en plus difficile. Mes beaux-enfants sont juifs et Muriel est toujours très affectée par ce type d'attaque. Ça et les Tunisiens sanguinaires péteurs de rotules, ça commençait à faire beaucoup ! Jean-Luc Hees avait-il imaginé que ses déclarations sur « les attaques physiques » déclencheraient des éditos aussi haineux que celui de M. Carreyrou ? J'en suis intimement persuadé. Hees et Val ont choisi délibérément de m'attaquer sur ce point. Val voit des antisémites partout. Chaque fois qu'il doit combattre, ou éliminer quelqu'un, il dégaine cette boule puante, il s'en était servi contre Siné, il pense pouvoir s'en servir contre moi.

Je n'étais malheureusement pas au bout de mes peines.

Huit jours plus tard, le 2 avril 2010, alors que le buzz autour de ma chronique sur Besson commence à s'estomper, Hees publie dans *Le Monde* un édito intitulé : « Pas d'attaques "au faciès" » :

« J'ai patiemment attendu que la poussière retombe dans le bac à sable, histoire de voir jusqu'où l'élégance et l'humour pouvaient cohabiter dans les années deux mille dix. Je n'ai pas été déçu. Il me faut donc revenir sur un épisode de notre vie publique. C'est vrai : c'est un épisode qui ne relève pas de l'anecdote, et peut-être même pas de l'humour. À moins que l'humour soit devenu le cache-sexe du vide cérébral, ce que je me refuse à croire. [...]

Nous avons une histoire. Qui nous enseigne que l'attaque personnelle, fondée sur le physique de la personne, fait partie de ces valeurs infranchissables. Les années sombres, les références tellement amusantes "aux yeux de fouine, au nez et aux doigts crochus" sont là pour nous le rappeler. Là, la plaisanterie doit s'arrêter. L'humour a ses frontières qui sont celles de la morale.»

Cet édito est de loin la pire dégueulasserie jamais écrite sur moi. Lorsque M. Hees me cite, non seulement il tronque et modifie mon texte, mais, en plus, il se permet de mettre des guillemets: «aux yeux de fouine, au nez et aux doigts crochus».

Dès lors, un lecteur du *Monde* qui n'aurait pas écouté ma chronique sur France Inter peut légitimement penser que j'ai tenu des propos antisémites sur cette radio: «nez et doigts crochus». On peut aussi s'interroger sur le rôle du journal *Le Monde*. Ils ont connaissance de ma chronique sur Éric Besson, le buzz a été énorme, ils savent que je n'ai jamais prononcé ces mots et ils les publient! Pourquoi, comment, ce grand journal a-t-il pu cautionner l'édito de Hees? Pour répondre à cette question, un ami qui a l'esprit très mal placé me faisait observer que *Le Monde* et Radio France ont des tas d'intérêts communs, des dizaines de partenariats! Ouvre *Le Monde*, me disait-il, et tu verras, toutes les trois pages, il y a un logo Radio France!

C'est fou comme les gens voient le mal partout! Je ne peux pas croire qu'un journal comme *Le Monde* se laisse aller à des calculs aussi bassement mercantiles. Prendre le risque de faire accuser quelqu'un d'antisémitisme, uniquement pour fourguer des pages de pub, c'est impossible! Il doit y avoir une autre raison... plus noble, plus honorable?

Pourtant, en dehors de Plantu qui publiera plusieurs dessins prenant notre défense lors de notre éviction à Porte et à moi-même, les soutiens du journal se compteront sur les doigts d'un lépreux indien. La palme de la lèche revenant à l'excellente Annick Cojean, journaliste au *Monde Magazine*, qui, quelques jours après notre renvoi, publiera cinq pages à la gloire de Val et «du nouveau France Inter». J'y reviendrai…

D'une façon générale, la position de la presse écrite fut assez étrange, voire tout à fait déroutante… Si des journaux comme *Libération*, *Le Parisien*, *Charlie Hebdo* ou même *Télérama* m'ont toujours soutenu, l'attitude du *Monde* ou de *Marianne* me laissa souvent perplexe.

Muriel et moi sommes sonnés par la tribune de Hees, KO debout. Comment se défendre d'une telle ignominie?

Beaucoup de gens sont aussi extrêmement choqués et nous manifestent leur soutien. C'est le cas de Gisèle Halimi et de son mari Claude Faux, un homme délicieux, fin, aux formules lapidaires. Ancien secrétaire de Jean-Paul Sartre, lecteur assidu du *Monde*, il ne comprend pas l'attitude du quotidien. Je nous revois assis dans ma loge après mon spectacle au théâtre Dejazet. Gisèle avait pris les commandes de la discussion et menait les débats. Dans ces moments-là, l'avocate en elle prend le dessus, on voit apparaître la militante indignée qu'elle n'a jamais cessé d'être. C'est très amusant. Mme Halimi relit à voix haute l'article de Hees, fait des commentaires, et élabore la tactique à suivre: «Stéphane, mettons-nous toujours à la place de nos adversaires, pourquoi, dans quel but ont-ils écrit cela? Ils cherchent à vous provoquer, c'est certain… Répondre, c'est toujours embêtant, c'est de nouveau attirer l'attention sur les propos de Hees… Qui lit *Le Monde*? [Plus grand monde, marmonne Claude!] En même temps, ne pas répondre, c'est impossible… Il faudrait que quelqu'un réponde à votre place, mais qui? Oui, ce serait l'idéal que quelqu'un d'autre réponde pour vous!»

Quelques jours plus tard, le vœu de Gisèle Halimi sera exaucé au-delà de nos espérances. Le 6 avril, le SNJ Radio France et Sud Radio publient dans *Le Monde* un droit de réponse à Jean-Luc Hees. Je le livre dans son intégralité, réponse magnifique, un modèle du genre, pas un mot de trop!

« La caricature, ça doit faire mal !
Nous avons beaucoup d'affection pour Jean-Luc Hees, compagnon de route de Radio France. Nous l'aimons tant que nous nous inquiétons. Son indignation face aux "attaques au faciès", proférées par Stéphane Guillon à propos d'Éric Besson est pleine de sensibilité. Jean-Luc Hees est tellement choqué qu'on s'en prenne au physique des personnes qu'il en devient émouvant.

Surtout ne lui dites pas la vérité. Au fond, Jean-Luc est comme un grand enfant. Il croit que les bébés caricaturés naissent dans des choux, ou que des cigognes rieuses déposent les sketches dans les journaux, les radios, ou les télévisions… Par pitié, ne lui montrez jamais les ventrus de Daumier, il en serait désespéré. Déjà, au XIXe siècle on s'attaquait au physique des gens en vue ! Et Zola dessiné en cochon, pendant l'affaire Dreyfus, cachez-le-lui, il en serait bouleversé. Et le général Boulanger transformé en étron par le dessinateur Gustave Frison, il ne le supporterait pas.

Peut-être dirait-il que ces caricatures sont le symptôme d'une époque révolue et que, précisément, les temps modernes, en retenant les grandes leçons de l'histoire, ont appris le sens de la mesure aux humoristes. Jean-Luc cite ainsi le très doux Pierre Desproges. Hélas ! Protégez-le. Surtout ne lui faites pas entendre ce que Desproges lâcha, sur France Inter, le 25 octobre 1982, à propos du grand communicant de François Mitterrand : "Ou bien Jacques Séguéla est un con, et ça m'étonnerait quand même un peu ; ou bien Jacques Séguéla n'est pas un con, et ça m'étonnerait quand même beaucoup !" Jean-Luc ne s'est pas excusé. Il était à Washington, dans la tendresse américaine.

Le 10 juin 1968, il se trouvait probablement en France, mais il n'a sans doute pas acheté *Charlie Hebdo*. Ce jour-là, en couverture, Siné nous dessinait des WC à la turque en forme de croix de Lorraine, avec un papier hygiénique aux couleurs bleu blanc rouge. Détruisez ces archives ! Et *Le Canard enchaîné* qui surnommait le ministre des Affaires étrangères Michel Jobert "Rikikisinger", c'était pour sa politique, pas pour sa petite taille. Et encore dans *Charlie* (l'ancien journal de l'actuel directeur de France Inter), ce dessin montrant un Giscard qui change de slip (le slip est un Chirac) et qui s'écrie : "Il commençait à être merdeux"... Toute l'élégance républicaine... Et le Sarkozy de Plantu avec les mouches autour, et Martine Aubry dessinée en éléphant, et Le Pen avec une chasse d'eau sur la tête, dans *Libération*, le 14 janvier 2005, qui vomit des excréments, est-ce qu'il faut s'en excuser ?

Nous savons tous que la caricature c'est les longs nez, les grosses bouches, les yeux en galoche, les mentons de fouine, les oreilles de François Bayrou, les Raymond Barre en Babar (sans doute à cause de sa mémoire...), que c'est rigolo parfois, que parfois ça ne l'est pas, mais que c'est la liberté. Comme a dit Nicolas Sarkozy (l'homme qui a nommé notre PDG), à propos des caricatures de Mahomet : "Je préfère un excès de caricature à un excès de censure."

Mais Jean-Luc ne sait pas ces choses-là. Il vit dans son monde à lui. Dommage, car outre sa belle voix, il dispose d'une jolie plume. Ne le lui répétez pas, mais ses dons sont évidents. Sa manière de passer des "yeux de fouine" aux "doigts crochus" des persécutions antisémites révèle un caricaturiste inné. Pour un peu on croirait entendre Guillon=Auschwitz ! Pour un peu ça nous rappellerait les CRS=SS ! Sacré soixante-huitard, va !... »

En attendant, ma chronique sur Éric Besson vivait une belle carrière : un million de vues cumulées sur YouTube et Dailymotion. *Libération* fait sa une du week-end sur le sujet, consacrant trois pages à l'événement : « Humoristes et politiques : le rapport de farces », avec une magnifique caricature nous représentant Éric Besson et moi-même. Je n'étais pas peu fier ! Deux mois plus tard, j'aurai de nouveau l'honneur de la couv' de *Libé*, cette fois-ci en compagnie de Didier Porte.

L'article de *Libé* m'est plutôt favorable. Le quotidien s'interroge sur l'ampleur prise par cette affaire, sur le fait qu'en 2010, la satire politique reste un sujet à controverse. Plusieurs personnalités, dont des humoristes et des politiques, sont interrogées. François Morel trouve la réaction de Besson « démesurée et hypocrite » : « Regardez Louis-Philippe en poire ou les dessins de Willem souvent aussi violents que drôles ! » écrit-il. François Hollande, quant à lui, remarque que « La caricature politique a toujours été liée au physique. C'est parfois douloureux, mais ça a toujours été le cas dans l'histoire de la République ». Et Laurent Joffrin de conclure son édito par : « Le propre de la liberté d'expression, c'est qu'elle est parfois désagréable aux oreilles. Laissez dire, laissez rire. »

Je sais que ce numéro de *Libération* dans lequel Éric Besson est représenté, page deux, piqué par un énorme moustique hilare et, page trois, chevauché par une fouine amoureuse, l'a rendu littéralement hystérique et qu'il n'a eu de cesse de harceler le quotidien pour obtenir un droit de réponse. Ce qu'il obtiendra dès le lundi matin. L'article d'une demi-page s'intitulera : « Guillon est un lâche et un raciste. » Tout un programme ! Je vous en livre les meilleures phrases et il ne faut pas oublier, en les lisant, que c'est un ministre de la République qui s'exprime :

« Le différend qui m'a opposé à Stéphane Guillon ne relève pas de la susceptibilité blessée ou, pire, de l'appel à la censure. J'ai dénoncé, je persiste et signe, des méthodes et des propos de facho, mal déguisé sous un look bobo et une vulgate supposée gaucho [...] Les attaques récurrentes de Guillon sur mon physique ne m'ont guère touché [...] elles me rappellent simplement les méthodes de la presse de l'entre-deux-guerres. [...] que l'on me pardonne d'y voir le signe des obsessions de cet acteur raté et de ses propres angoisses ou frustrations. »

Éric Besson reprend donc à son compte l'angle de Jean-Luc Hees sur les attaques physiques, symboles de la presse de l'entre-deux-guerres. Ce qu'il n'avait absolument pas fait lors de sa première réaction sur France Inter. Il a compris tout le bénéfice qu'il pouvait tirer de l'argumentaire développé par le président de Radio France et s'y engouffre allégrement.

Ironie, lors d'un débat l'opposant à Vincent Lindon, le même Besson s'était offusqué que l'acteur ose utiliser le mot «rafle» pour dénoncer les descentes de flics dans la jungle de Calais. «Vous ne devriez pas utiliser un mot si lourd de sens», avait tancé le ministre, affectant un ton de vierge effarouchée. Lindon avait maintenu l'utilisation dudit mot, ajoutant qu'il l'assumait totalement. Dans la deuxième partie de son droit de réponse, Besson revient sur mon refus de débattre avec lui.

En effet, au lendemain de ma chronique, le ministre de l'Immigration m'avait proposé un débat. Une sorte d'explication virile face aux caméras ! Proposition que j'avais, bien évidemment, déclinée.

«Pour finir, Guillon est un lâche, tenaillé par la peur physique de croiser ses cibles à la sortie du studio de France Inter. En fuyant, tel un vulgaire Peillon, le face-à-face que je lui proposais et que plusieurs télévisions ou radios étaient prêtes à organiser, il a définitivement confirmé qu'il est plus facile d'étriller une cible seul face à un micro que d'accepter une confrontation exigeante qui l'aurait obligé à improviser un minimum, lui qui, visiblement, ne sait lire que laborieusement des textes totalement ficelés. En refusant, m'a-t-il rendu service ? Il se peut. J'ai été abreuvé de conseils d'amis m'expliquant "qu'un ministre ne débat pas face à un humoriste" ou qu'un homme politique ne doit jamais polémiquer avec un humoriste car il lui fait de la publicité. Certes… Mais nul ne m'a jamais fait courber l'échine. Et ce n'est pas ce pleutre de Guillon qui va commencer.»

Le ministre dit tout et son contraire. D'un côté, il me reproche ma lâcheté: «je n'ai pas voulu débattre avec lui», de l'autre, il admet qu'en refusant le débat, «je lui ai sans doute rendu service». La violence de la diatribe de Besson passe quasiment inaperçue. On se scandalise de mes «yeux de fouine», mais qu'un ministre de la République me traite dans un grand quotidien de «lâche», de «raciste», de «gaucho» et d'«acteur raté» semble n'émouvoir personne. Seul Franck Nouchi, journaliste au *Monde* (tout arrive!), se demandera dans un article «si les mots employés par Éric Besson sont bien ceux d'un ministre de la République?».

Quant à ma camarade Anne Roumanoff, dans son édito du *JDD,* elle trouve la réponse parfaite, un vrai smash sur la ligne, irrattrapable: «À quand un grand débat sur l'humour national?» C'était très malin. Nous étions en plein débat sur l'identité nationale et en reprenant les mêmes termes que le ministre, la même sémantique, elle le faisait passer pour un obsédé du débat!

Durant plusieurs jours, la bagarre fait rage. Je profite de chacune de mes chroniques pour répondre aux attaques. J'«instrumentalise l'antenne», comme le dira plus tard Philippe Val. De fait, je n'avais plus vraiment le choix, ça fusait de partout et c'était souvent très violent. Ne me faisant plus guère d'illusion sur mon avenir de chroniqueur, perdu pour perdu, je décide de me défendre et de rendre coup par coup. Et si possible avec humour, sans trop me prendre au sérieux.

Extraits

«J'accepte de débattre avec Besson à une condition: que Nicolas Sarkozy débatte avec sa marionnette des Guignols. Sinon, que M. Besson continue à déverser sa bile contre moi, à multiplier les interviews et les invectives. C'est un honneur, je me sacrifie avec plaisir. Tout ce temps passé sur moi, c'est autant de temps qu'il ne passera pas dans son beau ministère de l'Immigration. »

Mon bras de fer avec Éric Besson durera environ deux semaines, deux semaines de petites phrases, d'articles de presse, d'interviews en tout genre. Chaque fois que la tension semblait retomber, quelqu'un en remettait une couche. C'est la méthode qu'avait employée Jean-Luc Hees dans son fameux édito du *Monde* : « J'ai patiemment attendu que la poussière retombe dans le bac à sable, histoire de voir jusqu'où l'élégance et l'humour pouvaient cohabiter… » Les syndicats répondaient et, hop, la poussière virevoltait à nouveau dans le bac à sable.

Val et Hees n'ont aucun intérêt à ce que les choses se calment. Plus il y a de désordre, de bruit, de bordel, plus il devient évident que ma présence à l'antenne constitue un problème.

Émerge alors une sorte de postulat qui deviendra thèse officielle : « On ne mélange pas l'humour et la politique ! »

Au sein même de la station, je m'attire de plus en plus de jalousie et de rancœur. Quoi de plus normal, ma chronique vampirise tout le reste. On ne cite plus le nom de France Inter sans immédiatement évoquer mon cas.

Ressortis, les plombs !
Redressés, les gibets !
Rougies, les tenailles !

Je prends conscience qu'il me faut très vite passer à autre chose, au risque de lasser les gens ou de devenir la caricature de moi-même. Comble de malchance, à la même période, un autre genre de provocateur se fait remarquer : le journaliste Éric Zemmour. Dans l'émission *Salut les Terriens* de Canal Plus, il avait déclaré que « Les Français issus de l'immigration [étaient] plus contrôlés que les autres parce que la plupart des trafiquants sont noirs et arabes… C'est un fait ». De là à nous associer, il n'y avait qu'un pas, que certains franchiront allégrement !

Christophe Barbier de *L'Express* fut un des premiers à dégainer sur ce sujet, dans un très bel édito, intitulé « Des mots et des ronces » : « Ressortis, les plombs ! Redressés, les gibets ! Rougies, les tenailles ! Une énième saillie d'Éric Zemmour à propos des Noirs et des Arabes, une ixième agression verbale de Stéphane Guillon à l'encontre d'un ministre, et ressurgit la vieille question : "Peut-on tout dire ?" […] Puisque "pouvoir tout dire" c'est parfois "dire n'importe quoi", il est nécessaire que la loi borne cette liberté et condamne au silence l'universitaire révisionniste, l'imam djihadiste ou le pamphlétaire xénophobe. Le motus protège du mot qui tue, le mot dit peut être maudit. Mais il ne faut pas dérouler le barbelé du silence autour du propos ambigu, de la phrase qui suggère, du raisonnement biaisé.»

«Le mot dit peut être maudit», «dérouler le barbelé du silence», dans la collection «Harlequin», ça ferait un carton!

Barbier se regarde écrire, assis face à une glace, le cou emmitouflé dans sa sempiternelle écharpe rouge achetée chez Berteil, il s'arrête, se mire, caresse son Montblanc et reprend sa prose. Plus c'est abscons, alambiqué et opaque, plus Barbier se figure être un grand auteur. Du coup, plus personne ne lit ses éditos. Comme il est placé dans les premières pages, on le saute en même temps que les pubs! Hormis, peut-être, un ou deux stagiaires qui rêveraient d'écrire à *L'Express* et qui, du coup, fayotent lorsqu'ils le croisent à la machine à café:

Stagiaire: «Bravo pour votre article "les mots et les rondes", monsieur Barbier...

Barbier: – Les ronces... des mots et des ronces!

Stagiaire: – Ronces, pardon, bien!

Barbier: – Vous avez tout lu?

Stagiaire: – Une bonne moitié, mais j'ai un pote qui est arrivé aux deux tiers, il avait fait un pari!»

Barbier souffre terriblement de ce désamour. Avoir le plus bel emplacement de *L'Express*, la quatrième page, et être sauté comme une vulgaire pub. Alors, fatalement, lorsque «L'écharpe de chez Berteil» apprend que les éditos de Didier Porte ou les miens sont téléchargés plusieurs dizaines de milliers de fois, il le vit très mal! C'est l'histoire des prés carrés: la politique appartient aux journalistes politiques et honnis soient les autres, particulièrement les humoristes qui voudraient y paître.

Il n'y a pas que *L'Express* qui m'ait associé à Zemmour, il y a aussi *Marianne*. J'ai eu droit aux honneurs de la couverture: une vilaine photo détourée de Zemmour et moi, avec un sparadrap rouge sur la bouche et ce titre tout en délicatesse: «Après les polémiques, Zemmour Guillon Frêche, faut-il imposer la muselière ? » Ah !! On m'associait aussi à Frêche. L'article était assez violent. Guillon, Zemmour : même combat. Selon eux, j'avais cessé d'être humoriste pour devenir éditorialiste et Zemmour avait cessé d'être éditorialiste pour devenir comique. Nous faisions tout ça uniquement pour de l'argent, la provocation rapporte. Le journaliste concluait son papier par « Un vrai provocateur, lui, va fermer ses portes : Siné ».

Quand l'attaque vient d'un journal que vous aviez plaisir à lire, un journal que vous pensiez être de votre côté, la pilule évidemment est plus dure à avaler. Être comparé à Zemmour, ça fait mal aux fesses ! À l'époque, Robert Ménard n'avait pas encore dévoilé ses sympathies pour la peine de mort et le FN, mais, sinon, je pense que *Marianne* n'aurait pas hésité :

« Guillon, Zemmour, Ménard : même combat ! »

C'était d'autant plus rude que je connais Laurent Neumann, le directeur de la rédaction de *Marianne*. C'est quelqu'un que j'apprécie, qui est venu à mon spectacle et avec qui j'ai plaisir à discuter lorsque nous nous croisons sur des plateaux de télévision. Laurent n'ignorait pas ma situation à Inter, les enjeux, les pressions, la bassesse de certaines attaques.

Lorsque vous traversez une période de turbulences très forte, ce qui était mon cas depuis ma chronique sur Besson, chaque soutien compte, chaque avis est important.

Or, qu'est-ce qui était véritablement scandaleux dans cette histoire ? Un humoriste qui plaisante sur le physique d'un ministre, ou le patron dudit humoriste qui publie dans *Le Monde* une tribune dans laquelle il prête à son humoriste des propos antisémites jamais prononcés ? Où était le véritable scandale ? Dans un hebdomadaire comme *Marianne*, toujours prompt à dénoncer les injustices et les abus en tout genre, quel était le vrai truc dégueulasse à condamner ? J'avais, c'est vrai, été déjà échaudé par *Marianne*. Un an plus tôt, en mars 2009… rien que d'y repenser, je me fais encore de la peine ! C'était un samedi, jour de parution de l'hebdomadaire, je rentre dans mon bureau de tabac habituel et là, qu'est-ce que j'aperçois ? Une pile de *Marianne* avec en couverture l'affiche de mon spectacle agrémentée d'un titre qui claque : « Les professionnels de la provoc' ». Je n'en crois pas mes yeux ! C'est ma première couverture, la première fois que je fais la une d'un journal. En plus, c'était une pub formidable pour mon one man show. Vous imaginez ma fierté, je suis comme un gosse et, du coup, j'en achète trois ! Je rentre chez moi et je me réserve la lecture de *Marianne* pour plus tard. Je me débarrasse des contingences domestiques du samedi : faire manger les enfants, coucher la petite. Je veux que rien ne puisse perturber le moment délicieux où je vais m'affaler dans mon canapé et savourer ce numéro entièrement consacré à ma gloire, shoot démesuré d'ego : ça va être bon !!!

Les professionnels de la provoc', page 52… Je commence à lire : Dieudonné, Domenech, Biolay… rien sur moi… page 53 : Frédéric Lefebvre, Morano, Charasse… toujours rien… 54 : Zemmour, Naulleau, Onfray… rien… 55, 56, 57… Je dois bien être quelque part puisque je suis en couverture… Ah ! là, en tout petit, trois lignes : « Pour notre sniper de l'audiovisuel, c'est la blague à deux balles, nourrie d'une épaisse couche ras du bitume sur le physique des cibles, relevée d'une grosse dose de crudités piquées dans les cours de récré, avec un soupçon de pseudo-acidité politique pour contenter les bobos des médias. » Il doit y avoir autre chose, comme je fais la couverture, il doit y avoir un avis contradictoire, quelqu'un qui m'aime bien… Laurent Neumann m'apprécie, il connaît mon travail… Rien… RIEN d'autre, pas une ligne. Ma première couverture est un flop retentissant. En plus, j'en ai acheté trois exemplaires, je connais bien le libraire, il peut peut-être m'en reprendre un contre *France Football* ?

Il y a des chances que, tout le week-end, je me sois vengé

sur les enfants. Ils ont dû manger des corn flakes matin, midi et soir. C'est ce qu'on fait avec Muriel quand vraiment ils poussent le bouchon. Une fois, ça va, ça les fait plutôt marrer : « Les enfants, à midi, c'est corn flakes ! » Mais deux fois ou trois de suite, vous risquez l'insurrection.

Comment expliquer l'attitude de *Marianne* ? Que *Le Figaro* nous étrille, pas de quoi s'étonner. Comme m'a dit un jour Guy Bedos : « Un bon article sur toi, ou sur moi, dans *Le Figaro*, c'est le début de la fin, il faut qu'on s'inquiète ! » Mais quand ce sont des journaux comme *Le Monde* ou *Marianne*, *a priori* plus proches de nous, pourquoi si peu de bienveillance ?

Après la tribune odieuse de Hees dans *Le Monde*, Gisèle Halimi m'avait dit : « Je ne comprends pas leur ligne éditoriale ? À une autre époque, *le Monde* aurait été de votre côté, au minimum neutre. »

Je pense que notre succès, à Porte et à moi-même, le fait que nos billets d'humeur aient été aussi écoutés et téléchargés les ont profondément dérangés, que cela a fait naître une forme de jalousie non avouée. Alors que la presse écrite est en crise, des milliers de gens se ruaient chaque matin sur nos chroniques et les commentaient au bureau. Pour ne rien arranger, il se murmurait, ici et là, que nous faisions le boulot des journalistes, que nous allions gratter là où ils n'osaient pas aller… Tout pour se faire de bons amis !

Je ne suis pas Mesrine !

La polémique suscitée par ma chronique sur Éric Besson restera, de très loin, ma période la plus violente à France Inter, rien à voir avec l'affaire DSK, ou ma chronique sur les Jeux paralympiques.

Aujourd'hui, alors que je me replonge dans la lecture de la presse de l'époque pour écrire ce livre, je demeure stupéfait qu'une simple phrase comme « des yeux de fouine, un menton fuyant, un vrai profil à la Iago » ait pu déclencher un tel degré de violence, me valoir de telles accusations et induire de tels amalgames. Pendant des semaines, j'ai eu l'impression d'être Mesrine, alors que je n'étais que chroniqueur à la matinale d'Inter trois fois par semaine ! Vingt ans que j'arpentais, avec plus ou moins de succès, les scènes de France et de Navarre et, brutalement, je me retrouvais dans l'œil du cyclone.

Bizarrement, nos téléphones portables à Muriel et moi résistèrent très mal à toute cette période de turbulence. Je ne sais pas si les ondes magnétiques sont sensibles à l'électricité ambiante, aux turbulences, aux pressions en tout genre, mais force est de constater que plus mes chroniques provoquaient de vagues, plus nos téléphones se déréglaient, buggaient de manière incompréhensible. Les symptômes étaient toujours les mêmes : alors que nous parlions à un interlocuteur, la conversation s'arrêtait brutalement, l'écran de l'appareil devenait blanc et il fallait l'éteindre pour le réinitialiser, une sorte de rupture d'anévrisme électronique très inquiétante.

Nos téléphones étaient des Nokia réputés increvables, nous les avions depuis des années, jamais un problème et, là, en pleine tourmente France Inter, les deux appareils nous lâchent, rigoureusement de la même manière... impossible de téléphoner plus d'une minute et vingt-trois secondes.

Nous nous étions amusés à chronométrer la durée des conversations. Un jour, un numéro étrange est apparu sur le portable de Muriel dans « appel en absence », un chiffre sorti de nulle part, une sorte de 0999999999 s'affichait sur son écran... on aurait dit que la créature de Roswell, Yoda ou E.T. avaient cherché à nous joindre. Muriel, qui est joueuse, a bien sûr rappelé immédiatement ce numéro improbable. Elle est alors tombée sur une sorte de standard téléphonique, une ruche où se mêlaient des dizaines de conversations.

Intrigués, Muriel et moi avions fini par nous rendre chez

notre opérateur téléphonique. Nos deux portables désossés gisaient sous son regard dubitatif. Il avait démonté la batterie, changé la carte Sim, appelé son supérieur hiérarchique… le mystère restait entier : « Pour moi, ces deux portables, monsieur et madame Guillon, marchent parfaitement. Il n'y a aucun problème. » Résignés, nous nous sommes résolus à n'avoir que des conversations d'une minute et vingt-trois secondes. Lorsque nous voulions nous parler plus longtemps, il nous arrivait donc de nous appeler vingt fois de suite… une pratique un peu astreignante.

Muriel qui était persuadée que nous étions sur écoute (un ami lui avait dit que les portables se déréglaient systématiquement dès lors qu'ils étaient sur écoute, quelle idée !) me félicitait à chaque appel pour mes exploits sexuels : « Tu as été magnifique ce matin, chéri, tu m'as fait jouir comme jamais, ce n'est pas ce vieux pervers de Guéant qui serait capable d'en faire autant ! »

Quitte à ce qu'ils nous écoutent, me disait-elle (hors micro), autant leur foutre le cafard !

Il y eut d'autres choses rigolotes, comme ce jour où l'on s'est fait shooter dans *Voici* Muriel et moi. C'était un dimanche matin, nous faisions des courses et les paparazzis nous avaient photographiés devant l'étal du fruitier. Une légende énorme barrait la photo : « Peur sur la ville ! » Les journalistes avaient interrogé tous les commerçants du quartier pour savoir si j'étais sympa avec eux.

Il y a fort à parier que l'angle du papier devait être : « Guillon est méchant à la ville comme à la scène. » Pas de bol, les commerçants n'avaient fait que des compliments sur moi. Beau joueur, le journaliste avait retranscrit ces compliments dans son article. Le reportage était plutôt à mon avantage et au final assez drôle. Seulement voilà… Muriel qui ne m'accompagne que très rarement au marché le dimanche avait fait, ce matin-là, une exception. J'avais dû lui dire un truc du genre : « Ça me ferait tellement plaisir, chérie, si tu venais avec moi ! » Et elle avait accepté.

J'espère que Gisèle Halimi lira ses lignes : « Oui, c'est moi qui fais les courses le dimanche matin ! » Et là, Gisèle me répondra : « Et le reste de la semaine, Stéphane ? Je suis sûre que c'est Muriel ! En plus de tout le reste, de tout de ce qu'elle fait pour vous, vous ne connaissez pas votre chance ! » Si, chère Gisèle, je connais ma chance !

Bref, Muriel avait accepté de venir… pas maquillée, pas coiffée, un vieux jogging enfilé à la va-vite… look du dimanche matin, quoi ! Elle réussit quand même à être ravissante et je défie quiconque, un dimanche matin, au saut du lit, avec une lumière grise de mars, au téléobjectif, un sac Shopi à la main, de rayonner comme Muriel. Mais évidemment elle s'est trouvée moche, immonde, et j'ai pris cher !

« Si j'avais su, j'aurais mis des lunettes de soleil, et dire que je ne t'accompagne jamais, qu'est-ce qui m'a pris, tu ne trouves pas que j'ai l'air grosse avec ce manteau ?

– Non, chérie, je te rappelle que tu fais du 36, même avec trois pulls et une doudoune, tu es mince ! Vincence a vu les photos, elle t'a trouvée ravissante et son mari aussi.

– Elle a dit ça, Vincence ?

– Je te jure.

– C'est gentil, mais elle n'est pas objective Vincence, elle m'adore ! »

Des heures de discussion…

Je vous passe la liste des gens qui ont été sommés d'acheter *Voici* afin de rassurer Muriel. Cette période sera dure pour elle. Ma femme prenait les critiques que je subissais en pleine figure, mais, elle, n'avait pas d'exutoire. La scène est un défouloir formidable. Combien de fois, durant toute cette période, je suis arrivé au théâtre Dejazet épuisé, soucieux, et puis la chaleur du public, les rires de la salle effaçaient tout et me redonnaient la pêche. Muriel se prenait des seaux de merde sur la tête, comme se retrouver un beau matin dans

Voici habillée d'un vilain jogging, sans pouvoir se défendre. Moi, je pouvais rendre les coups sur scène, sur les plateaux de télévision, ou dans mes chroniques. Comme je l'ai déjà dit, Muriel est partie prenante dans mon travail, réécrivant chaque chronique, validant chaque sujet, chaque angle. D'une certaine façon, m'attaquer moi revenait à l'attaquer elle.

D'ailleurs, elle m'évitera un nombre considérable de pièges et d'erreurs. Je pense que si elle n'avait pas été à mes côtés, je n'aurais pas aussi bien tenu le coup. J'aurais peut-être même carrément sombré. Je ne compte plus les fois où elle m'a dit : « Ne réponds pas, change de sujet, passe à autre chose, fais un truc léger, facétieux, n'entretiens pas la polémique. »

Une des rares fois où je n'ai pas suivi ses conseils, je l'ai payé cash. Muriel était hostile à la phrase : « des yeux de fouine, un menton fuyant, un vrai profil à la Iago ».

Il était très tard, nous avions regardé les résultats des élections régionales à 20 heures et j'étais redescendu travailler dans mon bureau. J'avais commencé à écrire ma chronique l'après-midi, en tablant sur la défaite de la droite et la remontée du FN, mais je ne pouvais pas me reposer uniquement sur des sondages ou des estimations, il me fallait attendre les résultats définitifs pour finaliser mon papier (on n'est jamais à l'abri d'une surprise).

Je me retrouvais donc contraint d'écrire très tard, ce que je n'aime pas. Il devait être environ deux heures du matin lorsque je suis remonté voir Muriel qui, en bon petit soldat, m'attendait devant la télé. Je me souviens parfaitement de son commentaire : « Œil de fouine, menton fuyant… tu es sûr ? » Et moi, avec la fatigue (il me restait quatre heures de sommeil, j'allais commencer la semaine exténué), j'avais répondu : « Oui, pourquoi ? C'est l'archétype du physique du traître, je suis crevé, je ne touche plus à rien !

– Non, c'est par rapport "au petit pot à tabac" de Martine Aubry, je ne voudrais pas qu'on te le reproche aussi, que ça phagocyte le reste du papier !

– Écoute, si on ne peut même plus dire "œil de fouine, menton fuyant", c'est grave.

– Bon, bah, laisse-le, ce n'est pas ce que je préfère, mais laisse-le, je ne vais pas me battre pour ça.»

Muriel, fatiguée elle aussi, avait cédé. C'est difficile de batailler sans cesse contre l'ego d'un auteur, d'être toujours confronté à sa fatigue et à sa mauvaise humeur. Par la suite, j'ai souvent eu envie de rejouer cette scène, de remonter le temps... Nous sommes le lundi 22 mars 2010, il est 2 heures du matin et je dis à Muriel: «Oui, tu as raison mon amour, ça ne change rien au sens du papier, je l'enlève.»

Quatre heures et demie plus tard, j'arrive à France Inter, je fais mon papier et Besson s'énerve de la même façon, en prononçant les mêmes mots:

«Je reçois des sms d'amis qui me disent être scandalisés par ce qu'il a fait. Je voudrais attirer votre attention sur la dérive qui est la sienne... des mots lourds ont été utilisés: *Mein Kampf*... La responsabilité de France Inter, comme radio de service public, je pense que vous devriez y réfléchir.»

Besson s'énerve, mais mon papier est inattaquable. Dans les heures qui suivent, les commentaires vont bon train:

«Besson a piqué une colère contre Guillon!

– Ah bon? Pourquoi?

– Il a écrit une chronique en le traitant "de taupe du FN", en disant qu'il avait une large responsabilité dans la remontée du parti d'extrême droite.

– Attends, il n'y a pas que Guillon qui dit ça, je l'ai lu un peu partout...

– Oui, mais l'autre s'est énervé. En plus, il n'avait pas écouté la chronique, il s'est mis à délirer à l'antenne, en disant que Guillon avait dit "*Mein Kampf*" et là, t'aurais entendu Demorand: "Guillon n'a pas dit '*Mein Kampf*'! Besson était ridicule, pathétique!"»

Oui, mais voilà, j'avais écrit «œil de fouine, menton fuyant». Une petite phrase qui a vampirisé tout le reste de ma chronique et m'a valu les pires critiques. Aujourd'hui encore, je la traîne comme un boulet, mes détracteurs s'en donnent à cœur joie : « Guillon… Ah oui, celui qui s'attaque au physique des gens, je n'aime pas du tout ! »

Trois mois plus tard, Didier Porte commettra sensiblement la même « erreur » avec son désormais célèbre : « Sarkozy enculé ! » Didier aurait pu écrire le même papier, utiliser le même angle : un Dominique de Villepin atteint du syndrome Gille de la Tourette et qui crie à tue-tête : « Sarkozy enfoiré ! », et cela serait passé comme une lettre à la poste.

Faut-il pour autant avoir des regrets ? Lorsque vous écrivez un papier par jour, il est impossible de ne jamais commettre d'erreur. Nous étions sous pression. Je me dis aussi que si cela n'avait pas été les « yeux de fouine » pour moi et le verbe « enculer » pour Porte, on aurait trouvé autre chose. Consigne avait été donnée de « nous faire notre affaire », le moindre prétexte aurait été bon !

Dernier printemps à France Inter

Le printemps est arrivé. Il fait jour maintenant lorsque je scande à haute voix ma chronique dans mon bureau, une tasse de café brûlant à la main, accompagné du gazouillis des oiseaux. J'aime ce contraste : une horreur, un cuicui, une horreur, deux cuicuis. Les oiseaux sont bon public. « Profite ! » me disait souvent Muriel, même si c'est dur, la saison prochaine, tu regretteras ces instants, alors profite ! Je profite… je me mets mon texte en bouche, comme on dit dans le métier : rupture de rythme, rupture vocale, ré-accentuation. Toute cette technique apprise chez Jean-Laurent Cochet. Cochet m'a donné le goût des mots et des formules qui font mouche. Ses jugements étaient souvent redoutables et redoutés, mais cela nous galvanisait.

Sur les recommandations de Muriel, je profite donc de mes deux derniers mois à France Inter… du moins j'essaie ! Je suis de plus en plus fatigué et l'ambiance de plus en plus délétère. Depuis quelques semaines, on compte un nouveau venu : Renaud Dély. Il est là pour épauler Val… c'est ce qu'on nous a dit. Rien que l'expression m'amuse : comment épauler quelqu'un qui n'est jamais là ?

Dély est l'ancien directeur adjoint de *Marianne*. « C'est la caution de gauche de Val. » C'est ce qu'on nous a dit aussi. « Et puis, tu sais, c'est un type formidable, posé, très intègre ! Il était à *Marianne*, il va avoir un positionnement très intéressant! – Oui, mais il a été choisi par Val!» Il semblerait que je sois devenu méfiant! En même temps, je n'avais pas d'*a priori* sur Val, pourquoi en aurais-je sur Dély? Laissons-lui sa chance… et d'ailleurs, il se montre bougrement sympathique avec moi. Tous les matins, il vient dans le bocal écouter ma chronique, il me parle, me fait des compliments, m'encourage. Parfois, il me sonde: «Dis-moi, l'année prochaine, ça ne te dirait pas de faire ton papier vers 8h30, un peu plus tard, à un horaire moins exposé?» J'aime moins quand il me sonde… j'ai l'impression qu'on l'a envoyé en mission. «Sois sympa avec Guillon, établis le contact, essaie de savoir ce qu'il projette pour l'année prochaine.» Ma parano habituelle.

Non, décidément, ce Dély est bougrement sympathique. Un physique agréable, grand, souriant… Pas moyen de faire du Dély de sale gueule… (Merde, on dirait du Barbier!) Peut-être ce nouveau reflet roux dans ses cheveux… Hier, ils étaient bruns… Dély est coquet, où est le mal? On peut avoir travaillé à *Marianne*, travailler sur France Inter et prendre soin de son apparence. Pas besoin de porter un vieux pull élimé comme Didier Porte pour paraître crédible. Mais quand même, ces reflets auburn, cette façon de me sonder sur mes intentions futures… Je reste sur mes gardes. D'autant que l'arrivée de Dély à France Inter en inquiète d'autres. Certains soupçonnent Val de vouloir écarter Hélène Jouan pour filer le job à Dély. D'après radio-couloir, «Hélène est dans la ligne de mire de l'Élysée», «le Château, excédé par l'antisarkozysme des journalistes politiques de la station, souhaiterait son départ!».

En cette fin de saison, les tensions au sein de la station sont à leur paroxysme. Les bruits les plus fous circulent sur les changements probables dans la future grille, exacerbés par les déclarations intempestives de Val. Des noms d'émissions sont régulièrement cités: *Esprit critique* de Vincent Josse, *Et pourtant elle tourne* de Jean-Marc Four.

Depuis quelque temps, il se murmure même que l'émission d'Isabelle Giordano, *Service public*, serait aussi menacée ! Dès lors, qu'elle ne fut ma surprise, un beau matin d'avril, en sortant de l'ascenseur, de me retrouver face à une Isabelle Giordano remontée comme un coucou suisse, le poing levé, des accents che-guevariens dans la voix : « On est avec toi, me dit-elle, on ne va pas se laisser faire, il faut qu'on se serre les coudes ! »

« Merci Isabelle, c'est gentil », balbutié-je lamentablement, saisi par la surprise et pris d'une soudaine culpabilité. Mon dieu, et moi qui brocarde Giordano tous les soirs sur scène dans mon spectacle. C'est une chic fille au final, il faut que je raconte ça à Muriel !

« Dis donc, ça bouge drôlement à Inter en ce moment, c'est même la révolution, figure-toi qu'Isabelle Giordano en personne est prête à monter au front !! »

J'ai vite été rassuré, l'émission d'Isabelle a été reconduite et, début juillet, huit jours seulement après notre éviction, j'apprenais sous la plume d'Annick Cojean (article du *Monde Magazine*) qu'Isabelle était de nouveau très heureuse à Inter, « ravie qu'on ose parler à nouveau d'éducation populaire, d'exigence intellectuelle et que la feuille de route [de Philippe Val] incite à la réflexion ».

Ouf ! J'avais eu peur après sa tirade de l'ascenseur. Je l'avais vraiment crue capable d'entamer une grève de la faim devant Radio France. Ça aurait eu de la gueule, Isabelle adossée à un morceau du mur de Berlin (celui rapporté par Jean-Luc Hees), une perf dans chaque bras, luttant jusqu'à son dernier souffle pour réclamer la réintégration immédiate de Porte et de Guillon à la matinale d'Inter.

« Che Giordano » n'est pas un cas isolé. Durant les semaines précédant notre renvoi, beaucoup vont tourner casaque. Ceux qu'on pensait les plus solides, les stars de la station, les beaux parleurs, les adeptes de l'édito enflammé sur la défense des libertés, deviennent brutalement muets, incapables de prononcer le moindre mot, quand, devant eux, on renvoie deux de leurs collègues un peu trop « turbulents ».

C'est peut-être à ce moment-là, à 46 ans, que j'ai compris comment techniquement une dictature pouvait se mettre en place : quand des gens brillants, intelligents, commencent à laisser faire, à accepter, à céder, uniquement pour ne pas perdre leurs petites prérogatives. Heureusement je connus aussi de belles surprises venant de gens de l'ombre, des techniciens, des membres du personnel d'Inter qui, eux, prirent de vrais risques pour me soutenir.

Parallèlement à l'ambiance oppressante au sein de France Inter, je restais sous surveillance dans les médias. Impossible d'écrire une ligne sans qu'elle ne soit immédiatement disséquée, analysée, commentée. Ma chronique du 13 avril en est l'illustration parfaite. Suite au crash du président polonais, Lech Kaczynski, j'avais écrit un papier dans lequel je m'inventais un rêve : il arrivait au président Sarkozy la même chose qu'au président polonais. Je narrais l'enterrement de ce dernier sur fond de musique classique, le tout commenté par Vincent Hervouët et Hervé Mathoux. C'était très noir et, paraît-il, irrévérencieux. Mais encore une fois, j'avais essayé de coller au plus près à la devise de la station : « La différence, c'est l'impertinence ». Toujours cette volonté de faire plaisir à mon employeur. Volonté qui m'animera jusqu'au bout !

Extraits

« Beaucoup, beaucoup d'émotion, Vincent, sur le tarmac de Villacoublay, alors que la dépouille de Nicolas Sarkozy est attendue d'un moment à l'autre. La Garde républicaine, en tenue de deuil, devrait entonner dans quelques minutes une sonnerie aux morts. François Fillon vient d'arriver en compagnie d'Éric Woerth, Christine Lagarde et Nadine Morano. François Fillon, qui s'est entretenu un long moment avec la famille du président [...]

– Absolument, Hervé. Famille au grand complet puisque les deux anciennes épouses de Nicolas Sarkozy, Marie-Dominique et Cécilia, entourent Carla Bruni... Une Carla entièrement recouverte d'un crêpe noir, dessiné cette nuit par John Galliano. La première dame masquée d'un voile... Image ô combien symbolique alors qu'on est en passe d'interdire le port de la burqa.

– Tout à fait, Vincent. Alors qu'au moment où nous parlons Xavier Bertrand, submergé par l'émotion, vient de s'évanouir. Très affecté également, le président de Radio France, Jean-Luc Hees, déclarait à notre micro il y a quelques minutes avoir perdu son deuxième papa. [...]

– Je vous interromps Hervé, le cercueil de Nicolas Sarkozy vient de sortir de l'appareil... On écoute l'hommage de la Garde républicaine... [Sonnerie aux morts.] Moment d'intense émotion. C'est un tout petit cercueil, un cercueil d'enfant, recouvert d'un drapeau bleu, blanc, rouge. Nicolas Sarkozy, dont l'avion s'est crashé hier matin sur l'aéroport de Bruxelles.»

France Soir, toujours en tête de la révolte, publiera dès le lendemain un article intitulé «Le cas Guillon»:

«"J'ai rêvé que l'avion de Sarkozy se crashait..." Tel était, hier matin sur France Inter, le point de départ du billet dit "d'humeur" de Stéphane Guillon. Oui, "l'humoriste". Suivait notamment la description du gouvernement attendant sur le tarmac de l'aéroport de Villacoublay l'arrivée de la dépouille du président défunt. On est d'abord gêné, très gêné, pour nos amis polonais. Pardon, amis! [...] Pour d'excellentes raisons, Jean-Luc Hees va finir par lui dire gentiment que son contrat à France Inter ne sera pas renouvelé. Mais partir comme ça, non! Alors, au micro, Guillon fait monter les enchères, multiplie les "provocs" et attend qu'on se décide à lui indiquer la porte. Au lieu de n'être pas reconduit, il serait alors martyr, ce statut convoité. Quelle époque!»

Le « pardon, amis polonais » provoqua chez Nicolas Demorand et moi-même une crise de rire inextinguible. Je nous revois sur le canapé du studio, pleurant de bon cœur et répétant à tue-tête : « Pardon, amis polonais ! » Difficile, après le torchon de Gérard Carreyrou, d'imaginer que *France Soir* eût pu nous faire autant rire ! Impossible de nous arrêter. À une période durant laquelle, à côté de France Inter, l'ambiance à France Télécom [1] ressemblait à une joyeuse colonie de vacances… deux gars morts de rire sur un canapé proche du bureau de Val, c'était rarissime !

1. À cette époque, on compte un nombre impressionnant de suicides à France Télécom.

L'homme le plus puissant de France !

Parmi les choses rigolotes, trop rares en cette période pour ne pas s'y attarder, il y a aussi la venue d'Alain Minc à la matinale, le 14 avril, au lendemain de mon papier sur le crash de Nicolas Sarkozy. C'est toute une organisation de recevoir Minc. Lors de sa dernière visite, le vigile, pensant avoir affaire à un enfant, ne l'avait pas laissé passer. On avait frôlé l'incident diplomatique. Depuis, consigne a été donnée de l'attendre dans le hall et surtout de l'accompagner dans l'ascenseur, car sa petite taille ne lui permet pas d'atteindre le bouton du cinquième où se trouve le studio du 7/10.

Dès son arrivée, une hôtesse apporte un rehausseur qu'elle aura emprunté la veille au cinéma Pathé du quartier et Thomas Legrand lui fait la courte échelle afin qu'il accède à son siège. « Jésus », responsable des petits déjeuners à Inter, lui sert un café dans un dé à coudre et, enfin seulement, l'interview peut commencer. Mais voilà, ce matin-là, Minc semblait déçu, il se tortillait sur sa chaise, répondait à côté aux questions de Demorand, manifestement quelque chose n'allait pas et on comprit pourquoi en fin d'interview.

Minc, persuadé que j'allais lui consacrer ma chronique, avait, en échange, préparé un portrait à mon attention, dont il était très fier. (Son ego n'est pas du tout proportionnel à sa taille.)

Il se trouvait donc extrêmement déçu. Déçu comme un enfant, il boudait. Demorand, à qui Minc venait d'expliquer pourquoi il faisait du boudin, lui proposa alors de lire tout de même sa prose à l'antenne. Pas folle la guêpe, ça pouvait faire du buzz et on allait bien rigoler. Non, répondit Minc, décidément vexé, je le garde pour moi, nannanère ! Fin de l'interview, on sort du studio et on papote... au bout de vingt minutes, quelqu'un s'inquiète, mais où est donc passé Alain Minc ? « Merde, s'écrie Demorand, personne ne l'a fait descendre de son rehausseur, il est toujours sur sa chaise dans le studio. – Le pauvre, s'émeut Guetta, il est en train d'écouter l'émission d'Isabelle Giordano ! – J'y vais, hurle Legrand, même si on l'aime pas, on ne peut pas lui faire ça ! »

Après lui avoir fait la courte échelle, Legrand raccompagne Minc aux ascenseurs, un Minc qui ne décolère pas : « C'est pas juste, lui dit-il, j'ai pas eu ma chronique ! » Comment lui expliquer que je ne fais que les gens importants : ministres, secrétaires d'État, grands patrons. Minc, le temps d'expliquer à l'auditeur qui il est, à quoi il sert vraiment, si tant est qu'il serve à quelque chose, je serais arrivé à la fin de ma chronique.

Une fois parvenu aux portes de l'ascenseur (dans ce sens-là, Alain Minc peut le prendre seul car le bouton RCH est à sa portée), Thomas Legrand demande ingénument s'il n'y aurait pas moyen, quand même, de lire le billet qu'il m'a consacré ?

« Si je vous le montre, vous allez l'utiliser, minaude l'autre...

– Pas sans votre permission », lui répond Thomas.

Minc fait semblant d'hésiter, puis n'y tenant plus, confie ses précieuses notes à Thomas.

« Je peux le montrer à Guillon ?

– Faites-en ce que vous voulez ! »

Minc s'engouffre dans l'ascenseur et disparaît.

Un journaliste de *L'Express* ayant écouté Minc sur Inter appelle Thomas Legrand à la rédaction, lui demandant à tout hasard s'il serait possible de récupérer le fameux papier afin de le publier. Aussitôt Thomas m'appelle et lorsqu'il me lit la prose du conseiller officieux du président de la République, je comprends que ce dernier soit aussi bas dans les sondages !

Très amusé, Thomas me précise que le tout est griffonné sur un minuscule papier à carreaux:

«Il faut que tu voies ça, on dirait une écriture d'enfant, c'est bourré de ratures, mais il en est très fier!»

L'idée que ce document finisse dans *L'Express* m'excite assez.

«Est-ce que ton pote journaliste serait d'accord pour publier le papier de Minc avec ma réponse?»

Une semaine plus tard, l'article paraît dans *L'Express* sous le titre: «Quand Minc se paie Stéphane Guillon!»

Le collaborateur «des mots et des ronces» a-t-il fait preuve de sagacité dans son titre? Qui se paie qui?

Papier d'Alain Minc:

«Qui imaginerait que l'homme le plus puissant de France se cache derrières des yeux globuleux vidés par la bêtise ou, qui sait, par la cocaïne? Qui penserait que le VRP multicartes, le paladin vengeur de France Inter se mue en routier bourgeois de Canal Plus? Qui devinerait que le pourfendeur de silhouettes "petit pot à tabac" et "yeux de fouine", pourrait être, hommage du vice à la vertu, si répulsif? Qui croirait que la nouvelle affaire Dreyfus concernerait un humoriste sans culture, un penseur sans tête, un histrion sans talent? Voilà. Afin que Stéphane Guillon découvre à son tour les charmes de la chasse au faciès.»

Ma réponse:

«J'ai été très impressionné par les débuts d'humoriste d'Alain Minc. Je savais que le garçon jouissait d'une puissance comique indéniable: quarante ans après son passage à Sciences Po, son nom fait encore rire les élèves. Cela dit, son billet comporte quelques maladresses. Voici donc deux, trois conseils… En toute amitié, je le fais avec le regard du "vieil amuseur", touché et attendri par les balbutiements d'une jeune pousse. Début du portrait: très bien. Me qualifier d'homme le plus puissant de France, c'est flatteur, très légèrement outrancier, mais l'outrance est une ficelle de l'humour, on grossit le trait pour déclencher le rire : très bien ! Deuxième ligne, attention, première erreur ! Monsieur Minc parle de mes yeux vidés par la bêtise ou, qui sait, par la cocaïne. Insinuer que je puisse prendre de la cocaïne est diffamatoire. Si M. Minc souhaite s'inscrire durablement dans une carrière d'humoriste, il ne faut surtout pas qu'il commette ce genre de bévue. Avec plusieurs milliers de textes à mon actif, je n'ai jamais été attaqué pour diffamation, insulte ou atteinte à la vie privée. Le reste du portrait d'Alain Minc est pas mal. Attaques un peu classiques déjà utilisées par d'autres, il faut trouver son propre style, c'est là où Alain fera la différence. La grosse déception du papier étant la conclusion : "Guillon découvre à son tour les charmes de l'attaque au faciès." Là aussi, erreur de débutant : à aucun moment, Alain Minc ne m'attaque sur mon physique, il nous fait saliver pour rien. Comme aurait dit Edmond Rostand (grand spécialiste de l'attaque au faciès, tirade des nez) : "Ah, non, c'est un peu court jeune homme, on pourrait dire... Oh, dieu ! Bien des choses en somme... Stéphane Guillon est légèrement voûté, sans doute le poids de sa méchanceté. Ses yeux tristes tombent, tel un Droopy mal embouché. (Pas des yeux de fouine, non, des yeux en couilles de loup.) Des genoux cagneux, des poils dans les oreilles c'est très antisexe : il tient ça de son père, et des omoplates de lapin : sa grand-mère s'en moquait. Mais le pire, c'est sa tête : grosse, très grosse par rapport à son corps... Sans doute le résultat de la haute estime dans laquelle il se tient !" "Voilà ce qu'à peu près, mon cher, vous m'auriez dit / Si vous aviez un peu de lettres et d'esprit : / Mais d'esprit, ô le plus lamentable des êtres, / Vous n'en eûtes jamais un atome, et de lettres, / Vous n'avez que les trois qui forment le mot : sot » (Edmond Rostang, *Cyrano de Bergerac*, « La tirade des nez », acte I, scène IV).

Si cette passe d'arme est au final plutôt amusante, il est assez édifiant de constater que l'un des conseillers de Nicolas Sarkozy peut, sans ciller, me qualifier « d'homme le plus puissant de France ». Je rappelle, s'il en était besoin, que je n'étais ni président de la cinquième puissance économique mondiale, ni directeur du Fonds monétaire international, mais un humoriste officiant trois fois par semaine, cinq minutes par jour, sur France Inter. Cette missive d'Alain Minc est assez révélatrice. Elle en dit long sur l'inquiétude que je suscitais auprès du pouvoir en place.

Salade grecque

La fin de la saison approchait à grands pas et la guerre des nerfs s'amplifiait. Une guerre d'usure.

Dans ma chronique du 4 mai, je racontais comment Stéphane Bern et une partie de l'équipe du *Fou du roi*, coincés à Athènes par le nuage islandais, avaient été rapatriés en jet privé aux frais de Radio France. Je m'inspirai pour cela d'un article du *Canard enchaîné*, daté du 28 avril 2010. N'étant pas spécialement en bons termes avec Bern, je redoublai de précautions et m'appliquai à ce que le ton de mon papier fût le plus drôle et le plus léger possible. Je ne voulais surtout pas donner le sentiment d'un règlement de comptes, ou d'une chamaillerie entre collègues. Mais l'affaire du rapatriement de Bern et de son équipe était tellement croquignolesque... Yann Barthès en avait fait une séquence hilarante dans son « Petit journal » et je ne voyais pas pourquoi je ne m'en serais pas amusé aussi. Pour moi, il ne faisait pas de doute que j'étais dans mon rôle. Je m'étais bien amusé du départ de Françoise Degois chez Ségolène Royal, de la petite phrase de Val sur l'actionnaire, ou encore de ce fameux morceau du mur de Berlin rapporté à grands frais par Hees, pourquoi n'aurai-je pas ri de cette histoire de jet d'autant plus cocasse qu'elle intervenait un mois après celle d'Alain Joyandet[1]. Même si les deux affaires sont sans commune mesure, le parallèle était assez amusant.

EXTRAITS

«Je suis choqué par un article du *Canard enchaîné* qui dénonce le rapatriement de Grèce de l'animateur Stéphane Bern, avec l'argent du service public. D'après le journal satirique, France Télévisions et Radio France ont loué un jet privé pour permettre à Bern de rentrer à Paris afin d'assurer la présentation de ses émissions. Pour mémoire, le 19 avril dernier, alors que Bern présente en direct d'Athènes son émission *Le Fou du roi*, l'éruption brutale de l'Eyjafjöll empêche l'animateur et son équipe de rentrer à Paris. Suivent plusieurs jours d'angoisse magnifiquement immortalisés par les caméras de Yann Barthès. Des images bouleversantes et une séquence d'anthologie durant laquelle Bern, le visage déjà marqué par la captivité, apprend qu'il pourrait être question de rentrer en autocar. À l'idée de voyager en groupe, en compagnie de simples manants sentant la transpiration et chantant "Plus vite chauffeur !", l'ancien lecteur du comte de Paris ne put réprimer un haut-le-cœur.

C'est dans ce contexte exceptionnel et d'une violence extrême que les responsables de l'audiovisuel public décidèrent de rapatrier Stéphane Bern et son équipe à bord d'un jet. Mais ça, nos confrères du *Canard*, ils s'en foutent, ils sont bêtement à charge !»

Dans les heures qui suivirent, la direction d'Inter demanda à Nicolas Demorand de me désavouer. Nicolas n'était pas

1. En mars 2010, Alain Joyandet, alors secrétaire d'État à la Coopération, avait loué un jet privé pour 116 500 € afin d'assister à une conférence en Martinique avant de rentrer pour le Conseil des ministres. Une des affaires qui le poussera à démissionner quelques mois plus tard.

très à l'aise avec cette demande. Souhaitant calmer le jeu (les tensions internes étaient à leur paroxysme) et n'ayant sans doute pas toutes les infos nécessaires, il accéda à leur requête. Comme à son habitude (nous avons toujours travaillé main dans la main), Nicolas m'appela pour me prévenir : *Le Canard enchaîné* avait, semble-t-il, commis une erreur. Bern et son équipe étaient rentrés dans un avion de ligne traditionnel, les billets avaient été réglés par les intéressés, RAS. Il lui faudrait dire un mot à l'antenne juste avant ma chronique pour rattraper le coup.

Il essaierait de trouver un truc drôle et décalé, qui puisse satisfaire tout le monde sans me faire perdre la face. De la haute diplomatie ! Ainsi, le 5 mai 2010 au matin, deux millions d'auditeurs entendirent la phrase suivante :

« Pour revenir de Grèce, le roi et ses fous n'ont pas voyagé en jet privé, mais sur un avion de ligne. Quant au roi lui-même, Stéphane Bern, il a royalement pourvu à ses frais de déplacement et s'est payé son propre billet d'avion. »

Je lui répondis un ironique : « Si on ne peut plus croire les informations du *Canard* c'est la fin des haricots. »

Et je commençai ma chronique du jour, au titre prémonitoire : « Guillon à la retraite ! »

Une semaine plus tard, le célèbre volatile confirma mes dires en donnant d'autres précisions : « Demorand s'est un peu emballé. Ce qu'il appelle "un avion de ligne" était bien un jet privé, en l'occurrence un Cessna Citation de huit places, affrété par Air Charter Service France, une compagnie spécialisée dans le service de VIP. La direction de Radio France et Bern ne le nient d'ailleurs pas un instant. Le groupe public tient, en revanche, à préciser que la douloureuse du voyage n'était pas si élevée : 1 500 euros par personne, au lieu de 800 euros sur une compagnie régulière. Le nouveau père-la-rigueur Fillon appréciera. »

Cette histoire est douloureusement révélatrice. Je ne pouvais plus rien dire, plus rien écrire. À France Inter, moquer la direction, charrier un collègue ou l'animateur vedette d'une émission avait toujours été une tradition. Carlier, Alèveque, Porte l'ont fait pendant des années, notamment à l'époque de l'excellent *Rien à cirer* sans que cela pose le moindre problème. J'ai fait mes armes dans cette tradition, observant Carlier dézinguer ses supérieurs au marteau-piqueur.

Il y a à peine quelques mois, Val m'appelait pour me féliciter de mon papier sur Françoise Degois, aujourd'hui il me désavoue pour exactement le même travail. Un jour, il était salutaire de moquer nos travers, le lendemain ça devenait une trahison, une privatisation d'antenne, que sais-je ?

Ma chronique sur le rapatriement grec de Stéphane Bern ne sera pas sans conséquence. Au lendemain de mon renvoi d'Inter, alors que Hees était invité au *Grand Journal* pour tenter de justifier sa décision, on put l'entendre balbutier de sa voix traînante et condescendante : « Et puis… il y a eu aussi cette histoire de jet privé… » Personne ne releva. Je pense que ce message sibyllin m'était destiné.

Le mois de mai fut riche en événements. Laurence Bloch, directrice adjointe de France Culture, fut nommée « directrice adjointe de France Inter et responsable de l'antenne ». Officiellement, elle vient épauler Philippe Val (elle aussi !).

La réalité est beaucoup moins flatteuse, Hees avait fini par comprendre que Val était totalement incapable de faire le job. La radio est un métier et il n'y connaît rien. La grille des programmes de la rentrée n'est pas encore faite, pire, celle des programmes d'été ne l'est pas non plus. Le retard est considérable. Val restera directeur d'Inter pour la vitrine… (Hees peut difficilement faire autrement, comment virer quelqu'un à qui vous devez votre poste ?) Et Laurence Bloch, journaliste de formation ayant dirigé Culture d'une main de maître, fera tourner la machine à sa place. Pour l'occasion, un pot est organisé dans le hall de la station.

France Inter, dont le sens de la fête est sans pareil, avait dressé deux tables recouvertes de cacahuètes face aux ascenseurs. La petite sauterie était prévue à midi. Je l'appris un matin de la bouche de Thomas Legrand.

«Tu viens au pot de Laurence Bloch?

– Non, quel pot?

– Il y a un pot organisé, à midi, dans le hall pour fêter son arrivée. Tout le monde y va, viens, ça va être drôle!

– Ils ne t'ont pas invité, s'étonne Nicolas Demorand qui a entendu notre conversation, viens, ça va être marrant, tu t'invites, on va rigoler!»

Il y avait donc un pot pour fêter l'arrivée de notre future directrice adjointe et Didier et moi-même étions les seuls à ne pas être invités. Dans un contexte différent, nous l'aurions pris pour une récompense: éviter de traverser Paris pour déguster trois cacahuètes face aux ascenseurs avec à la clé un discours de Val intronisant Laurence Bloch... C'est le style de corvée dont on se passe volontiers. Seulement nous n'étions pas dans un contexte ordinaire. Il n'y avait aucune raison de nous écarter comme des pestiférés. Mon contrat courait jusqu'à la fin du mois de juin, je faisais partie de la boîte, pas question de faire profil bas, je décidai donc d'y aller. Et quitte à y aller, autant y aller franchement, gaiement... avec des fleurs! Je me décide pour une rose blanche (un bouquet entier me semblait un peu too much), et je prends soin au passage de préparer une petite phrase, du style: «Tenez, madame Bloch, c'est pour vous, n'ayez pas d'inquiétude, j'ai pris soin d'enlever les épines!»

J'étais tranquille, avec leur sens confirmé de la fête et de la célébration... j'étais sûr d'être le seul à arriver avec des fleurs.

Je ne m'étais pas trompé. La teuf battait son plein. Personne ne touchait aux cacahuètes avant l'arrivée de Laurence Bloch, mais déjà la température était montée d'un cran. On grille une clope, on s'échange des jetons pour la machine à café... «Va à celle du troisième, celle du second est en rade! Attends, pour une fois que les quatre ascenseurs marchent!» Et surtout, on prend des nouvelles des uns et des autres: «T'es toujours au 7/10? Non, je suis passée à midi maintenant, avec les enfants, tu sais, c'était plus possible... Surtout depuis que Bertrand fait le journal de la nuit... Ah, génial, j'étais pas au courant!! À France Info, c'était son rêve, il a toujours été passionné par l'international. Elle est bien ton écharpe, c'est Agnès B femme... Très jolie... Ils font les mêmes chez Zadig et Voltaire, mais c'est deux fois plus cher. Il faut que tu viennes à la maison, tu sais qu'on a déménagé... Ah bon!!!»

Mon arrivée avec une rose produit son petit effet, un mélange de gêne et d'amusement. Certains me font un clin d'œil de loin: «On t'aime bien, mais pas suffisamment pour qu'on nous voie avec toi.» Je cherche des yeux Isabelle Giordano, depuis qu'elle m'a proposé de faire la révolution, c'est une alliée.

D'autres, plus courageux, viennent me serrer la main. C'est le cas, entre autres, de Simon Tivolle qui a retrouvé une chronique l'après-midi. Il me remercie encore d'avoir pris sa défense dans mon papier sur l'actionnaire de France Inter en janvier dernier. Cela me semble si loin. J'ai l'impression d'avoir vécu trois vies depuis. Simon Tivolle me touche. Il dégage une vraie sensibilité et une certaine fragilité. Le genre de gars que Philippe Val doit adorer écraser sous la semelle de ses chaussures. Je sens à quel point Inter compte pour lui et à quel point son éviction a dû être dure. Il me le confirme à demi-mot.

En parlant du loup, il arrive... les conversations baissent d'un coup. Neuf mois qu'il est là et il produit déjà l'effet d'un pion débarquant dans un réfectoire. Val arrive au bras de Laurence Bloch, un sourire crispé aux lèvres. Pas facile pour lui de venir nous présenter son aide-soignante. Personne n'est dupe, tout le monde sait pourquoi elle est là. Val ne m'a pas encore vu, il s'est arrêté pour serrer des mains,

Mme Bloch arrive maintenant à ma hauteur... Imaginez la fameuse scène des *Incorruptibles* au ralenti : Demorand très amusé me présente, je tends ma rose et prononce ma réplique... elle est visiblement scotchée, un brin émue, elle s'attendait à tout sauf à ça... On avait dû lui faire un magnifique portrait de moi, quelque chose de très avantageux... Et je venais de tout gâcher par mon geste. Mme Bloch me remercie, nous échangeons deux ou trois banalités, puis elle poursuit son chemin vers le buffet en compagnie de Nicolas Demorand qu'elle a bien connu à France Culture.

C'est alors qu'une main m'agrippe le bras... sensation étrange... Je pense à un jouet qui, enfant, me ravissait, un squelette sortant d'une boîte et attrapant les pièces de cinq francs qu'on lui tendait... J'ai l'impression d'être la pièce... la main est celle de Philippe. Il n'a rien perdu de mon échange avec Mme Bloch. J'ai rarement vu quelqu'un se forcer autant à sourire. Il essaie de donner le change, mais les saccades de sa voix trahissent son agacement :

« Stéphane... ah... Stéphane, très bien, ça tombe très bien que tu sois là, formidable... Eh bien, on va se voir, on va se voir très vite, il faut qu'on se voie... Lundi après ta chronique, 8 heures dans mon bureau, ça te va ?

– 8 heures, parfait, je suis toujours chaud après ma chronique, ça tombe bien !

– Eh bien, moi aussi, je serai chaud, je serai très chaud, parfait, à lundi ! »

Quelques piques ironiques fuseront après son départ :

« 8 heures ! C'est bien la première fois qu'il va débarquer si tôt », « Il ne va jamais arriver à se lever », « Faut peut-être prévenir le vigile du matin qu'il ne le refoule pas à l'entrée ».

Puis Mme Bloch entame son discours, ponctué de commentaires humoristiques de Philippe Val qui n'a rien perdu de son passé de chansonnier. Giordano rit plus fort que les autres et à cet instant je comprends qu'elle a dû obtenir des garanties sur l'avenir de son émission. J'essaie d'accrocher son regard une dernière fois en brandissant un poing révolutionnaire dans sa direction… en vain.

Le garçon qui pense que je l'appelle m'apporte une coupe de champagne tiède. Deux, trois sourires, quelques poignées de main et je m'éclipse. À dire vrai, je ne me sens pas très bien. Depuis ce fameux jour de janvier, lorsque Val, hystérique, m'avait hurlé dessus au téléphone, je n'avais plus eu aucune nouvelle de lui. Et voilà qu'il veut me voir, me parler immédiatement, qu'il y a urgence !

Que mes camarades « Intèristes » se rassurent, Val ne découvrira pas les charmes de la station aux aurores, pas cette fois. Il remettra plusieurs fois le rendez-vous et je finirai par être convoqué un jeudi à 14 h 30. Horaire plus facile pour lui, à temps pour prendre son petit-déj'.

Mélanger l'humour à la politique est une atteinte à la démocratie…

Jeudi 13 mai, le grand jour est arrivé, je suis convoqué chez le dirlo. Je ne sais absolument pas ce qu'il me prépare. Muriel m'a coaché toute la matinée : questions-réponses. Elle est formidable dans le rôle de Val.

Le lendemain, nous partons en vacances, ça me donne du courage. Premier break depuis bien longtemps. Trois jours au festival de Cannes pour faire plaisir à Mumu et après nous allons en Corse, où je pourrai remiser mon nœud pap' et vaquer en tongs. Nous sommes invités une semaine chez Guy Bedos, le bonheur ! Je déteste le festival, je ne m'y sens pas forcément légitime. En dehors de De Niro et de quelques autres, je trouve toujours un peu pathétiques les people et les gens de télé qui s'y font applaudir. Pour ne pas avoir à monter les marches, j'emprunte systématiquement le petit passage sur le côté, bien à l'abri des photographes. Le service d'ordre me regarde comme un ovni : « Vous êtes sûr, monsieur Guillon, faites-vous plaisir, montez les marches ! – Non, non, je préfère passer là… »

Je fais semblant d'accrocher mon nœud pap' (bizarre cette obligation de se déguiser en maître d'hôtel pour aller voir un film) et, arrivé dans la salle, je l'enlève. « Tu pourrais attendre que la projo démarre », me glisse Muriel qui heureusement aime mon côté ours asocial ! Je sais pourtant qu'elle aimerait bien qu'on monte les marches ensemble de temps en temps. Si un jour vous apercevez dans l'escalier de service du palais des Festivals une jolie fille dépitée, accompagnée d'un barbu honteux, un nœud pap' à la main, c'est nous !

Mais avant Cannes, il y a Val... Val et son festival, pas de tapis rouge, aucun protocole, la séance va démarrer avec un peu de retard, prévient sa secrétaire... Je réalise alors que je n'ai plus remis les pieds dans le bureau du directeur d'Inter depuis le départ de Schlesinger en mai dernier... un an déjà !

La secrétaire m'accueille avec un brin de nostalgie ou de compassion dans la voix. Elle sait bien que je ne suis pas là pour recevoir les félicitations du boss. Elle m'a connu faisant le show, ouvrant librement la porte de Schlesinger, offrant du café à tout le monde, montant le son de la radio. Là, je me suis assis sagement dans un coin sans demander mon reste, elle me jette un regard désolé, s'excusant presque d'avoir ce nouveau patron, comme si elle y était pour quelque chose. Val arrive enfin et m'invite à m'asseoir, s'assoit à son tour. Silence gêné. « Tu veux un café ? » Ah, oui, un café... café croissant, il se réveille... Val vit à l'heure de New York... Une bonne heure de travail et il rentrera chez lui... Val quitte son bureau à l'heure de Hong Kong.

La secrétaire apporte les cafés sur la pointe des pieds et chuchote : « L'allongé, c'est pour qui ? » On dirait qu'elle arrive en retard à un enterrement et qu'elle se glisse dans la dernière travée pour ne pas déranger. « Je vous laisse », murmure-t-elle.

L'abbé Val commence son homélie : « Je ne comprends pas... Sincèrement, je ne comprends pas à quel moment je t'ai empêché de travailler ? Je ne comprends pas, j'essaie de comprendre... je me suis beaucoup interrogé ces derniers mois à ce sujet... qu'est-ce qui peut justifier tes attaques, le fait de t'en prendre sans arrêt à nous, comme tu le fais... de privatiser l'antenne... dans quel but... est-ce que nous sommes intervenus une seule fois... est-ce que tu n'as pas une liberté totale... je ne comprends pas.»

J'entreprends alors une longue explication de texte, lui remémore les conditions de mon arrivée à France Inter, le changement de direction, les piques répétées de Jean-Luc Hees à mon égard dans la presse ou ailleurs, l'arrêt de tout affichage me concernant, comme si on avait honte de moi, les frustrations accumulées, l'absence de dialogue... j'évoque même ce coup de téléphone m'annonçant leur nomination et mon départ programmé. Je n'évite aucun sujet, j'ai décidé de crever l'abcès, d'aller jusqu'au bout. Lorsque je le mets en difficulté, à court d'arguments, Val se tait, semble ailleurs, puis embraye sur tout autre chose. Je prends des notes et, du coup, il se met à en prendre lui aussi, me précisant qu'il ne s'en servira pas contre moi! Un temps, il me fixe, puis détachant chaque syllabe, il me dit: «Je ne peux pas croire que tu penses sincèrement qu'il y a une décision politique de vous évincer Porte et toi... Et je pense que toi-même, au fond de toi, tu n'y crois pas non plus. Tu ne peux pas croire à ça!»

Du Val pur jus, du grand Val, ceux qui le connaissent apprécieront. Arrive enfin l'apothéose, le bouquet final, la phrase qui tue: «Tu sais, ça fait des années que j'y pense, que j'y réfléchis... et je crois que mélanger l'humour à la politique c'est au fond une atteinte à la démocratie, oui, c'est ça, une atteinte à la démocratie!»

Je dois rêver, si je suis en pyjama dans le bureau de Val, c'est qu'il s'agit bien d'un rêve, un rêve totalement loufoque dans lequel l'ancien directeur de *Charlie Hebdo* me dirait le plus sérieusement du monde: «Tu sais Stéphane, mélanger l'humour à la politique, c'est une atteinte à la démocratie.»

Mais non, ces propos aberrants sont bien réels! Qu'ajouter? Le rendez-vous touche à sa fin. Lorsque je m'enquiers de l'année à venir, Philippe m'assure qu'il n'a pris aucune décision. Nouveau silence, et là, l'improbable se produit,

Val se met à me complimenter : « Je voudrais que tu saches une chose, malgré nos différends, malgré tout ce qui a pu se passer… j'admire ta puissance de travail, j'admire ton courage. Ça n'enlève rien au reste, mais je tenais à te le dire. »

L'espace d'un instant, je reste interdit, anesthésié par son compliment. « Malgré tout ce qui a pu se passer », je ne peux m'empêcher d'être touché par cette reconnaissance inespérée (de dernière minute, devrais-je dire !). J'ai dû me faire violence pour ne pas, à mon tour, lui déclarer ma flamme : « Tu sais, moi aussi, Philippe, je t'aime bien, je comprends ton amitié pour Carla, elle t'a présenté Nicolas et, du coup, tu ne supportes pas qu'on les critique. Je comprends, l'amitié est un sentiment très beau, très noble, faisons la paix, recommençons tout à zéro ! Demain matin, je vais faire un papier sur le conseil des ministres d'hier, j'ai trouvé ton ami Nicolas formidable, précis, très en forme ! »

J'allais rendre les armes quand je me suis souvenu *in extremis* de cette scène du *Livre de la jungle*, dans laquelle Mowgli se laisse envoûter par Kaa : « Aieeee Confiannnnnce… »

Pourquoi Philippe Val m'a-t-il complimenté ?

Parce qu'on mesure un homme à la force de ses ennemis ? Baiser de Judas pour m'endormir, me faire baisser la garde ? Je ne sais pas. Une part de moi veut croire qu'il était sincère, comme une nostalgie du chansonnier qu'il était.

Nous nous serrons la main froidement, sans promesses, sans perspectives.

Quelques marches montées à Cannes dans le plus grand secret, et Muriel et moi arrivons en Corse. En traversant la piste pour regagner le hall des arrivées, de loin je reconnais la silhouette du patron, légèrement voûté, le sourcil relevé, l'œil constamment en éveil, remerciant déjà quelques voyageurs qui le reconnaissent.

« Tu es là ! Val t'a laissé partir ? Je ne le supporte pas celui-là, déjà quand il sévissait en duo sur scène, j'avais du mal, mais là ! »

Ce que j'aime chez Guy, c'est qu'il attaque d'entrée, chez lui pas de round d'observation. À la façon dont il me serre dans ses bras, j'ai l'impression d'être un dissident venant d'échapper au régime de Nicolas Sarkozy. Guy m'a obtenu l'asile politique sur l'île de Beauté. Nous allons créer une radio pirate et résister à 120 kilomètres des côtes niçoises ! Près du tapis roulant, sa voix grave et son débit inimitable attirent les passagers comme un aimant : « Sarkozy... Dieu sait si Giscard m'était antipathique... je l'ai combattu... mais là, ça dépasse tout ce qu'on pouvait imaginer... il a même réussi à me dégoûter des Ray Ban, depuis qu'il en porte j'ai renoncé à mettre les miennes... et ça, je lui en veux énormément ! »

Le président et sa cour en prennent pour leur grade, revue de presse improvisée à l'aéroport de Calvi. Sourires amusés des voyageurs, on traîne pour récupérer sa valise, le hall affiche très rapidement complet.

Nous passons une semaine de bonheur, l'endroit est paradisiaque, Guy est drôle et accueillant. Il nous offre un chien, ses voisins ont eu une portée de Labradors... enfin pensait-il ! En grandissant, le Labrador en question n'aura plus rien d'un Labrador. À part peut-être le caractère, il fait conneries sur conneries, détruit tout ce qu'il trouve, avec une prédilection pour les objets de luxe. Entre un sac pourri et un sac Chanel, il n'hésitera pas trente secondes. Bedos m'a offert un chien qui ne supporte pas les signes extérieurs de richesse, un chien mélenchiste. Je pense qu'il l'a fait exprès : pour pas que je m'embourgeoise !

Malgré la beauté du lieu et la bonne humeur de Guy, j'ai du mal à profiter. Mon retour à France Inter m'obsède. Il ne me reste que très peu de temps avant la fin de la saison, une quinzaine de papiers maximum... Vraisemblablement les derniers. Mes chances d'être à l'antenne en septembre sont proches de zéro.

Je me demande sans cesse comment ils vont procéder. Je

suppose tous les scénarios possibles et imaginables. Moi, si je devais me virer, je le ferais en plein mois de juillet, lors d'une étape clé du Tour de France, l'Alpe-d'Huez ou le Tourmalet. Un simple communiqué : « Pour des raisons éditoriales, nous avons décidé de ne pas renouveler la pastille humoristique de 7 h 55. » Les gens sont en vacances, les principaux talk-shows sont arrêtés, ni vu ni connu ! À moins qu'ils ne me gardent et me proposent un horaire que je ne pourrai accepter, un truc vicieux m'empêchant de dresser le portrait de l'invité. Je me pose mille questions, je ne profite de rien. Guy tente de me rassurer : « Qu'ils te virent, c'est la meilleure chose qu'il puisse t'arriver ! Ils ne te méritent pas. Ton vrai métier, c'est la scène ! »

Heil Hitler ! À l'antenne ?

Dimanche 23 mai, retour sur le continent, je dois absolument réussir mes derniers papiers, finir en beauté, tomber avec les honneurs !

« Fais-toi plaisir ! » me serine Muriel depuis des semaines. « Il faut que tu n'aies aucun regret. Un feu d'artifice se termine toujours par un bouquet ! » Un bouquet… j'ai un moral de chrysanthème !

Dimanche après-midi, je suis à ma table de travail quand Nicolas Demorand m'appelle. Il me demande si mes vacances se sont bien passées, si je suis reposé, détendu. Malgré lui, sa voix trahit une impatience, je sens qu'il ne m'appelle pas seulement pour prendre de mes nouvelles, quelque chose le perturbe. J'expédie le récit de mes vacances : Cannes, Bedos et l'asile politique sur l'île de Beauté et je l'interroge sur la matinale…

« Écoute, on se remet tout doucement du pétage de plomb de Didier Porte…

– Quel pétage de plomb ????

– Tu n'es pas au courant !!!

– ???

– Ça a été terrible, jeudi, dans sa chronique, il s'est mis à hurler plusieurs fois à l'antenne : “J'encule Sarkozy !” Dans le studio, on était tous effarés, consternés. C'était pas drôle et il continuait, “J'encule Sarkozy !”. Des mois que j'essaie de donner une bonne image de la matinale, que je suis là à arrondir les angles avec la direction, avec les médias... Et ce CONNARD, en quelques secondes, gâche tout, en criant "J'encule Sarkozy!" à l'antenne. Je suis persuadé qu'il voulait arrêter la matinale, il en avait marre, il ne se trouvait pas bon et, du coup, il nous coule tous, il nous saborde avec lui... Et là, c'est fichu, c'est fichu, ils vont avoir beau jeu maintenant de tout arrêter, je déteste être pris en otage... »

Je n'avais jamais entendu Nicolas aussi énervé et, au fil des jours, « l'affaire Porte » allait prendre une ampleur considérable. Mais pour l'heure, il n'y avait pas encore d'affaire, les auditeurs d'Inter, très prompts habituellement à réagir, ne semblaient pas choqués. La chronique de Didier avait réalisé un bon score sur le Net, mais pas de buzz particulier. Hormis deux ou trois commentaires ici et là et l'éternel article de Morandini, les médias sont restés discrets. Et c'est justement ce qui va chagriner la direction. Nous sommes à quelques semaines de la fin de la saison, tout ce qui peut jeter un discrédit sur la pastille humoristique de la matinale, justifier sa suppression, est bon à prendre. Il n'y a pas eu de buzz, qu'importe, la direction va le créer de toutes pièces. La méthode est éprouvée, j'en ai déjà fait les frais avec mes « attaques physiques ».

Leur plan est simple : il faut que l'opinion publique sache que Didier est un individu grossier, vulgaire, totalement incontrôlable, capable d'insulter le premier personnage de l'État à une heure de grande écoute !

Pour cela, procéder en plusieurs étapes. Premièrement, convoquer l'impétueux et lui faire la leçon : « Ce que tu as fait est proprement inadmissible, obscène et sexiste ! » (Ce sont les mots employés.) Le faire ensuite douter en lui disant qu'on a reçu des centaines de messages d'auditeurs scandalisés. Dramatiser la situation à l'extrême, menacer, et finir en apothéose en hurlant devant une Laurence Bloch pétrifiée : « Et la prochaine fois, tu crieras : *Heil Hitler !* à l'antenne ? »

Seconde étape du plan, préciser à Porte que cet entretien «doit rester strictement confidentiel, qu'il s'agit d'une affaire interne, ne devant absolument pas fuiter dans les médias!».

Ainsi rassuré, Porte repartira le cœur léger, tel le poil de la pub Gillette, ignorant la présence d'une deuxième lame. C'est le moment choisi par la direction pour lui envoyer un avertissement en recommandé, lui rappelant qu'il a tenu des propos orduriers, indignes du service public, à une heure où de très jeunes oreilles écoutent et qu'il est désormais sous surveillance! (On murmure que Renaud Dély, très fier de sa nouvelle couleur, un blond vénitien cendré, avait suggéré à Val qu'on ajoute dans l'avertissement: qu'un enfant, traumatisé par le mot «enculé», s'était étouffé en avalant ses Miel Pops!)

Enfin, troisième et dernière étape du plan: faire fuiter l'avertissement dans les médias. Le *Nouvel Obs*, dans un très bel article intitulé «Porte va-t-il la prendre?», s'en charge avec un zèle tout particulier. Bingo! La sauce prend à merveille, les médias s'emparent du sujet, la chronique de Didier est téléchargée des dizaines de milliers de fois, le «J'enc... Sarkozy» passé quasiment inaperçu le jour de sa diffusion devient, quinze jours plus tard, une affaire d'État! Le jeudi 3 juin, *Le Grand Journal* réserve à l'événement toute sa première partie. Un coup de projecteur dont Didier, *a posteriori*, se serait volontiers passé...

Ce soir-là, Nicolas Demorand, qui, à la surprise générale, vient d'annoncer son désir d'arrêter la matinale, est invité en compagnie de Thomas Legrand et de Bernard Guetta. Après une courte introduction rappelant «le calvaire» de Demorand, obligé chaque matin depuis huit ans de se lever aux aurores pour informer les auditeurs, le sujet croustillant, le vrai sujet (car tout le monde s'en fout que Demorand fasse enfin la grasse mat') arrive sur la table: «Les humoristes d'Inter!»

Deux magnétos sont diffusés: «Besson et ses yeux de

fouine» (une petite piqûre de rappel à mon égard) et les quinze dernières secondes de la chronique de Porte, éructant tel un dément : «J'encule Sarkozy, j'encule Sarkozy, j'encule Sarkozy !» Fin de la séquence, la caméra revient sur les visages consternés de Demorand, Guetta et Legrand.

Lorsque Denisot, un brin amusé, lance à la cantonade : «Comment on reprend après ça ?», nos trois compères se désolidarisent totalement de Didier, dénonçant tour à tour une chronique ratée et indigne. La palme revenant à Bernard Guetta qui déclara avoir failli rentrer dans un bus au volant de sa voiture lorsqu'il avait entendu l'insanité.

Aucun d'eux ne prit la peine de préciser le contexte de la chronique de Didier : qu'il s'agit en vérité d'un sketch mettant en scène Dominique de Villepin atteint du syndrome Gilles de la Tourette, que ce n'est pas lui qui hurle «J'enc... Nicolas Sarkozy», mais le personnage qu'il campe. Cette précision aurait pourtant suffi à atténuer considérablement la portée de l'extrait choisi.

L'effet est dévastateur. Le Net s'enflamme. Demorand and Co sont considérés comme des traîtres ayant vendu leur âme au pouvoir pour conserver leurs petites prérogatives. Thomas se fend d'une tribune sur le site Rue89, intitulée : «J'ai la pénible impression d'avoir été piégé par Porte» Peine perdue. Que s'est-il passé ? Pourquoi ont-ils agi ainsi ? Pourquoi n'ont-ils pas pris la défense de Didier ?

J'avoue ne pas être très à l'aise avec cette histoire. Il m'est difficile de devoir porter un jugement sur l'attitude de mes camarades. À titre personnel, Nicolas Demorand m'a toujours soutenu, défendu, et j'ai trouvé certains commentaires à son égard totalement injustes et disproportionnés. Demorand, Legrand et Guetta ont parfaitement le droit de dire sur une chaîne de télévision qu'ils n'ont pas aimé la chronique de Porte, qu'elle les a choqués, heurtés, dérangés. D'ailleurs, Porte lui-même a admis que ce n'était pas son meilleur papier.

En revanche, le fait qu'ils n'aient pas réagi à la caricature donnée du travail de Didier, qu'ils n'aient pas précisé que l'extrait en question était sorti de son contexte, deviendra un amplificateur de ce qui aurait dû rester, bon ou mauvais, un simple billet « viril » à la sauce Didier.

Acteurs principaux de la matinale, Demorand, Legrand et Guetta savaient pourtant ce qui se tramait véritablement en coulisses : notre éviction programmée à la fin de la saison.

Le débat n'était donc pas de savoir si, oui ou non, Porte avait dépassé les bornes. Le débat était de savoir pourquoi cet incident, somme toute mineur, prenait de telles proportions.

Bien sûr, il y a l'attitude générale de Porte, son caractère d'ours, le fait qu'il ne venait à la matinale qu'une fois par semaine, que ses relations avec Nicolas étaient assez distantes. Tout cela a joué. On peut aussi entendre que Nicolas, n'ayant pas été prévenu par Didier qu'il allait envoyer le bois, se soit senti pris en otage. Selon lui, lorsqu'on s'apprête à balancer un tel scud à l'antenne, la moindre des choses, c'est de mettre au courant l'équipe, d'être solidaire.

Nicolas avait la conviction très forte que Porte, bien à l'abri au *Fou du roi*, avait décidé de saborder la matinale.

Quelles que soient les raisons des uns et des autres, les conséquences de ce passage au *Grand Journal* furent lourdes. Laver notre linge sale en direct à la télévision, afficher nos désaccords, c'est exactement ce qu'attendaient Hees et Val. Si je dois résumer les choses, je dirai que j'étais proche de Demorand et que Porte était proche de Bern. Inévitablement, des bandes se forment, par affinités, par intérêts communs aussi.

Moi-même, j'attendis pratiquement deux semaines avant de prendre la défense de Didier dans un papier. Entre nous, c'était la guerre froide (Didier tenant bien sûr le rôle de Staline !).

On ne se supportait pas. J'officiais du lundi au mercredi, j'étais un peu le «chouchou» de la bande et lui sévissait le jeudi. Le jeu consistait à s'ignorer superbement, jusqu'au moment où l'un envoyait dans la tronche de l'autre un petit tacle de derrière les fagots ! C'était toujours assez subtil. Nous parlions politique, société, et tout d'un coup, l'air de rien, au détour d'une phrase, bing ! Un petit croc-en-jambe ! Lui, raillait le plus souvent mon côté bobo roulant en vieille Porsche et, moi, je vilipendais son côté révolutionnaire des bacs à sable, Che Guevara de Prisunic. Tous deux ayant, comme c'est souvent le cas chez les humoristes, une capacité à rire de nous-mêmes proche de zéro, on peut imaginer les dégâts occasionnés par ces petites plaisanteries. Nous nous balancions donc régulièrement des saloperies, sans jamais franchir les frontières de l'irrémédiable jusqu'au jour où j'eus le malheur de déclarer dans une interview que les hommes politiques préféraient venir à la matinale en fin de semaine avec Didier Porte et François Morel plutôt que de se faire étriller par moi en début de semaine. C'était plus maladroit de ma part que vraiment désobligeant. Je ne faisais que répéter quelque chose que j'entendais parfois dans les couloirs : «Ah ! Stéphane, MAM a décommandé, elle ne vient plus demain, mais vendredi, elle a dû se rendre compte que c'était toi... »

François Morel trouva la bonne parade. Il s'amusa à énumérer dans une chronique tous les prétendus ringards qui étaient venus les jeudi et vendredi à la matinale et, parallèlement, il cita tous les invités prestigieux qui s'étaient mesurés à moi. On s'apercevait très vite que les invités importants se répartissaient de façon équivalente sur l'ensemble de la semaine. Il n'y avait donc pas de règle. C'était très malin de la part de Morel qui m'avait rendu la monnaie de ma pièce.

Didier, lui, prit la chose beaucoup plus à cœur. Lors d'un entretien filmé face à des étudiants de Montpellier, il opta pour les grands moyens : un semi-automatique utilisé pour abattre le très gros gibier. Assis dans un bar, face à une bière (ce n'était sans doute pas la première), il se lâcha allégrement sur mon compte : « J'avais pété les plombs, j'étais sur mon piédestal, je donnais des leçons à tout le monde, mon anti-sarkozysme était de pure circonstance. J'étais au sommet, le roi du monde et, du coup, je traitais Morel et lui comme de la merde dans les médias. »

Dès le lendemain, l'interview était reprise partout sur Internet. Tout le monde titrait sur mon « anti-sarkozysme de pure circonstance ». Je le pris évidemment très mal et, à partir de ce jour, je décidai de cesser tout rapport avec Didier. Je ne le taclais même plus dans mes chroniques, je faisais LA GUEULE ! Comme Didier l'écrit dans son livre : « Nous, les humoristes, nous sommes un peu corses ! » Corse par ma mère pour de vrai, humoriste et corse… vous imaginez la rancune ! Bref, quand Porte se retrouve en pleine tourmente suite à son papier où il sodomise notre bien-aimé président, je décide de ne pas bouger une oreille. Qu'il se démerde, pas question de prendre le maquis pour ce connard qui me traite d'« anti-sarkoziste de pure circonstance ».

Mais lorsque j'assiste, médusé, au *Grand Journal* de Denisot, mon sang ne fait qu'un tour : « Chérie, va me chercher mon fusil, ma cagoule, on y va ! » Au passage, je prends soin de laisser un message à Porte dans lequel je lui précise que si je m'apprête à prendre sa défense sur le plan professionnel, sur le plan humain, c'est définitivement mort entre nous. (Rancunier, je vous dis !) Trente secondes plus tard, je reçois le sms laconique suivant : « J'ai pas besoin de ton soutien, vous commencez tous à me faire chier ! »

Pour calmer le jeu, je réponds à Didier que je ferai quand même une brève pour le soutenir, samedi, dans ma revue de presse de Canal Plus. Nouvel sms de Porte qui, entre-temps, a dû prendre ses pilules (à moins qu'il ait pris conseil auprès de sa frêle moitié) : « Ok, à partir de maintenant, on se serre les coudes ! »

Dernière ligne droite

Inconsciemment, si j'ai tardé à prendre la défense de Didier, c'est peut-être parce que je savais qu'en le faisant je signais définitivement la fin de ma collaboration à la matinale. Je savais qu'en m'opposant une nouvelle fois à ma direction, à quinze jours de la fin de la saison, j'hypothéquais à jamais mes chances d'être présent à la rentrée. Depuis «l'affaire Besson», les choses s'étaient un peu calmées. Monter au créneau pour défendre Didier, «privatiser l'antenne» comme ils aimaient à le répéter, c'était à nouveau leur donner un motif pour me virer. Fait aggravant, quelques jours après la chronique de Porte, Philippe Val nous avait adressé un mail dans lequel il nous enjoignait de ne plus privatiser l'antenne, faute de quoi nous serions immédiatement sanctionnés.

Le 14 juin 2010, dans un papier intitulé «Avertissez-moi, s'il vous plaît!», je fis d'une pierre deux coups: prendre la défense de Porte et répondre à la mise en garde de Philippe Val, le double effet Kiss cool!

Ce n'était pas forcément facile de partir le matin à Inter avec ce type de papier dans mon cartable. Je devais parfois me faire violence, j'avais l'impression d'aller au front. Écrire une chronique «qui envoie le bois» dans l'intimité d'un bureau est une chose, trouver ensuite le courage d'aller la balancer aux oreilles de milliers d'auditeurs en est une autre. J'ai souvent été pris de trouille le matin, lorsque je relisais ma prose de la veille. Je me disais : « Oh ! Putain... putain, maintenant il faut y aller ! »

Au moment de lire ma chronique, je sentais souvent mon cœur s'emballer, j'avais la gorge sèche, je buvais verre d'eau sur verre d'eau. Je prenais soin de répéter mon texte à voix haute des dizaines de fois avant de partir, surtout ne pas buter sur un mot, ne pas trahir ma fébrilité, ne pas montrer ma peur.

Le lundi 14 mai 2010, j'arrive donc dans l'open space de mes copines Marie-Claude Pinson et Claire Servajean en balançant un crâneur « Aujourd'hui, je venge Porte ! », même si, au fond de moi, je n'en mène pas large. « Vas-y ! » m'exhorte immédiatement Marie-Claude. « Non, mais t'as vu cette débandade au *Grand Journal*, ils n'ont pas de couilles ces mecs ! » Revigoré par ces encouragements, je remonte le couloir, direction le studio. Je croise au passage le sourire de Renaud Dély, impression de passer une IRM, qu'il essaie de lire dans mes pensées. Je n'ai pas l'esprit assez léger pour aller voir Drouelle, ça pourrait me déconcentrer. Un petit coup d'œil quand même... il a opté pour une salopette, un bleu de travail. Il a peut-être joué au plombier toute la nuit avec une de ses étudiantes et il est venu directement. J'arrive enfin au niveau de la lourde porte capitonnée. Courage ! Ce matin-là, il m'en faut plus que d'habitude, je venge Porte en présence de gens qui l'ont « lâché » quelques jours auparavant. Sourires crispés, ambiance.

Avertissez-moi, s'il vous plaît [extraits]

« Ces derniers jours, j'ai reçu beaucoup de mails me demandant pourquoi je ne réagissais pas à l'affaire Didier Porte. La raison est toute simple : je boudais ! En effet, depuis deux ans et demi, je m'escrime à balancer des horreurs sur cette antenne, à jouer les sales gosses, à titiller les puissants...

toujours des choses hyper-graves (chaque fois, on a frôlé le scandale d'État), et qui est récompensé ? Qui reçoit chez lui un avertissement en recommandé de la part de France Inter ? Didier Porte !

Tout ça, je vous le rappelle, pour un malheureux sketch dans lequel Didier faisait dire à Dominique de Villepin : "Je sodomise le président de la République !" En vérité, Didier n'a pas employé le verbe "sodomiser", mais un autre beaucoup plus cru et c'est pour ça qu'il a été distingué. [...] Donc, depuis dix jours, chers auditeurs, je boudais. Ce sont des rivalités toutes bêtes entre humoristes, des histoires d'ego. Et puis, mercredi dernier, à l'instar de tous mes camarades, je reçois un mail de Philippe Val, notre directeur, nous avertissant "qu'à plusieurs reprises, l'antenne de France Inter avait été instrumentalisée à des fins personnelles...", patati, patata... "que ceci était intolérable... et que, désormais, tout contrevenant serait sanctionné comme il se doit" ! (Mail publié dans *Libération*.) Chouette, me suis-je dit, voilà la solution pour être enfin averti : "Instrumentaliser l'antenne", ce que je fais présentement ! [...] »

Je quitte le studio avec le sentiment du devoir accompli ! Dans ma voiture, je reçois un sms de Didier : « Alors, là, je m'incline... Pas trop quand même ! » Je ne lui réponds pas. Plus rancunier qu'un humoriste ?

Il me reste cinq papiers à écrire. Le jour même (ce sont peut-être les conséquences de mon billet d'humeur de ce matin ?), une interview de Val dans *Télé Loisirs* produit son petit effet : « Dans une tranche matinale vouée à l'info, il n'est pas nécessaire de sortir son nez de clown, c'est déplacé. »

Douze jours plus tard, soit trois jours après notre renvoi, le même Val déclarera au *Parisien* : « Il y aura toujours de l'humour dans la matinale, il est dans l'ADN de la station. »

Entre-temps la Coupe du monde de foot a démarré, Val sait

qu'il peut balancer n'importe quelles énormités… comparées à celles de Raymond Domenech, elles passent inaperçues !

Plus que cinq papiers et, bien sûr, personne ne nous dit rien… La direction souffle le chaud et le froid. Toujours dans *Télé Loisirs*, Val déclare : « Mon intention n'est pas de me débarrasser de Stéphane Guillon. » Je ne le crois que très modérément. Que manigance-t-il exactement ? Va-t-il nous proposer quelque chose que nous serons obligés de refuser ? Un billet d'humeur à dix heures et demie quand l'invité est parti depuis longtemps, au beau milieu d'un débat métaphysique animé par Isabelle Giordano : « Le commerce de proximité va-t-il disparaître ? Que faire pour l'en empêcher, c'est la question du jour, mais, avant tout, celui que l'on surnomme dorénavant "le trublion des ondes !", Stéphane Guillon, nous parle ce matin de l'affaire Woerth, à vous Stéphane ! »

Pourquoi Val déclare-t-il dans la presse « ne pas vouloir se débarrasser de moi » ? Cherche-t-il à entretenir chez nous un semblant d'espoir ? Pense-t-il qu'ainsi nous allons terminer l'année calmement et qu'une fois la saison finie il pourra nous virer, sans s'exposer aux foudres d'un ultime papier ?

Durant toute cette période, Hees et Val vont multiplier les faux pas et les déclarations contradictoires. Ils ont promis au pouvoir de se débarrasser de nous et, l'échéance approchant, ils sont pris d'une réelle panique. Rien n'est fait avec sang-froid et intelligence. Malgré tout, Hees et Val ont une culture de gauche… enfin de vieux restes ! Ils ne sont pas entraînés à devoir se débarrasser de salariés gênants, à obéir aux injonctions d'un pouvoir. Ils ne savent pas comment s'y prendre, ils n'ont pas les codes. Ce n'est pas dans leur ADN, pour reprendre une expression qui leur est chère. Du coup, ils sont terriblement gênés aux entournures, deux honteuses n'osant faire leur coming out.

Pour toutes ces raisons, notre licenciement va ressembler à un bêtisier, une succession incroyable de maladresses.

Je suis dans l'expectative la plus totale. Je n'ai qu'une seule certitude, un seul objectif: ne pas rater ma sortie, ne pas avoir de regrets. Je n'y crois plus du tout, je l'écris d'ailleurs dans mon avant-dernier papier: «Mes chances d'être sur cette antenne à la rentrée à 7h55 sont équivalentes aux chances des Bleus de se qualifier pour le deuxième tour du Mondial... c'est-à-dire NULLES!» Je veux absolument dire au revoir aux auditeurs. Je ne mesurais pas à quel point la relation que j'avais nouée avec eux m'était chère.

Depuis des semaines, je sillonne la France avec mon spectacle et, partout, c'est la même inquiétude, la même indignation. L'idée que l'on puisse, pour des raisons politiques, les priver d'un moment de rire, de liberté, les révolte au plus au haut point.

Je me suis souvent interrogé sur leur colère, presque disproportionnée. Certains tenaient des propos très violents, vindicatifs. Après tout, me disais-je, c'est une chronique humoristique, il y en a eu d'autres avant nous et nous serons un jour remplacés. Je pense que l'horaire de la chronique, le fait que nous démarrions la journée ensemble, a beaucoup joué dans le lien presque intime que nous avions tissé avec eux. J'ai très souvent entendu des gens me dire: «Je me réveillais avec vous, ça me donnait du courage pour le reste de la journée, qui va me réveiller maintenant?»

Cette colère empreinte de tristesse avait fini par me gagner. Les pouces levés, les «Tenez bon», les «On les aura!» me touchaient énormément. Je voulais réussir ma sortie et, en même temps, la pression et l'émotion me paralysaient de plus en plus.

Par prudence, j'ai ainsi décidé de commencer à dire au revoir aux auditeurs la veille de mon dernier papier. Je suis en pleine parano, j'ai peur que Val et Hees m'empêchent de terminer la saison: une grève surprise ou que sais-je!

Deux papiers ne seront pas de trop pour tirer ma révérence. J'ai eu raison de me méfier, une grève empêchera Didier de faire son dernier papier à la matinale et ses adieux au *Fou du roi* ne seront jamais mis en ligne sur Internet. Censuré ! La direction avait déjà pris l'habitude de lui retirer une phrase par-ci par-là, n'hésitant pas à tronquer le sens de ses propos.

Vous allez me manquer !

Ce matin-là, je suis arrivé très en avance à la station. Presque aussi tôt que la première fois, lorsque Schlesinger m'avait conseillé de venir « sentir l'ambiance de la rédaction ». J'ai dû mettre au moins trois réveils, une peur bleue de rater cet ultime rendez-vous. J'ai conduit en apnée. J'avais prévu large… en cas de problème, je voulais avoir le temps d'abandonner mon véhicule et de terminer à pied.

À peine arrivé à la station, certains membres du personnel, vigiles, hommes de ménage, m'entourent pour me réclamer une photo… ça sent le sapin ! Séances de pose face aux ascenseurs. Demorand passe et s'amuse de la situation, on plaisante : « Prenez bien le logo d'Inter derrière lui, le moment est historique ! » « Je reviendrai en mai 2012, pas d'inquiétude les gars ! »

L'émotion est palpable, ne pas se laisser envahir, pas maintenant, il me reste un tout dernier papier.

Un petit coucou à Marie-Claude et à Françoise, pour la première fois je les sens tristes. J'arrive à la hauteur du studio, il y a une effervescence inhabituelle, des gens que je ne connais pas, le rouge est allumé, je pousse la lourde porte capitonnée, Thomas lit sa chronique… petit clin d'œil à l'équipe, je règle la hauteur de mon siège… Vérifier qu'ils ne m'ont pas refilé le modèle croate, celui qui bascule dans le vide quand on s'appuie sur le dossier… Merde, j'ai le modèle croate ! Intervertir discrètement avec Drouelle qui, quand il arrivera, refilera à son tour la chaise pourrie à son voisin… et ainsi de suite… J'ai calculé que cette chaise mettait à peu près deux heures pour faire un tour complet et reprendre sa place initiale. Je l'ai toujours connue là, déglinguée et tournante… et, à cet instant précis, je sais que cette chaise de bureau, rouge, sans intérêt, va me manquer cruellement. Je règle la hauteur de mon micro, je peux y passer un temps infini, ni trop haut, ni trop bas, ni trop près, ni trop loin, c'est mon toc. Arrivée de Fabrice Drouelle, aucune excentricité vestimentaire, c'est bien la première fois… c'est peut-être sa manière à lui de me dire adieu… je suis un peu déçu, je m'attendais à le voir arriver en deuil, un crêpe noir autour du bras… Je devine à son geste qu'il se débarrasse de la chaise croate, habituellement, il m'adresse un regard accusateur : « Je sais que c'est toi, Guillon ! », mais là, non, il me sourit… Je sens que ce matin je pourrais lui refiler n'importe quoi pour s'asseoir, il continuerait à sourire. Pire que les photos prises aux ascenseurs, ce rictus compassionnel… une vraie lettre de licenciement ! Thomas termine, relance de Demorand, c'est au tour de Caroline Cartier… Caroline ne vient jamais, mais nous envoie un son… Un son qui résume l'actu ou l'humeur du moment. C'est toujours très fin et percutant, tantôt triste, joyeux ou insolent, comme ces discours de Nicolas Sarkozy dans lesquels elle glisse des rires préenregistrés. L'effet est drôle et dévastateur. Les secondes s'égrènent, les petits points rouges se remplissent pour la dernière fois, compte à rebours de mon éviction. À ce moment-là, une grosse partie de la rédaction d'Inter se glisse dans le studio pour venir m'écouter… Le bocal n'a jamais été aussi plein. Nicolas m'annonce, c'est à moi… Je récite ma chronique, je réussis tant bien que mal à maîtriser ma voix, je ne pensais pas être aussi ému…

« C'est dur de conclure une histoire. Je me souviens de mon tout premier papier sur cette antenne, le 21 janvier 2008, j'avais commencé par cette phrase : "Hier, dans le sondage du *JDD*, Nicolas Sarkozy a perdu cinq points. J'aurais préféré qu'il les perde la semaine prochaine, qu'on puisse mesurer tout de suite l'impact de mon arrivée sur France Inter." Vous voyez ! Avant mon arrivée à France Inter, le président chutait dans les sondages, et vous verrez qu'après mon départ il continuera de chuter. Je n'y suis pour rien ! »

C'est effectivement dur de conclure une histoire, j'arrive au dernier paragraphe et là, merdouille, ma voix part en sucette… Reprends-toi, mon dieu, reprends-toi, on dirait du Guy Carlier quand il nous parle de sa petite enfance à Argenteuil ! Dernière phrase, un petit effort, je vais y arriver :

« Merci à tous du fond du cœur, vous allez me manquer ! »

Ça y est, sauvé par le gong, sortez les Kleenex ! À ce moment-là, surprise, Demorand me rend hommage, quelques mots chaleureux prononcés à mon attention, et me fait applaudir. Je suis touché, ému, mon côté fleur bleue, petit môme d'Argenteuil (je me mets à parler comme Carlier), « quand, à l'époque, souvenez-vous, Marco, on économisait toute la semaine pour s'acheter trois nounours au chocolat, vous savez, ceux avec la guimauve à l'intérieur… on suçait le chocolat et quand enfin on arrivait à la guimauve c'était l'extase… Encore mieux que nos premières branlettes sur les pages d'*Absolu*, vous savez, Marco, quand on l'achetait avec *Le Monde,* uniquement pour faire croire aux libraires que c'était pour notre père… ».

Après l'hommage de Demorand et les applaudissements, je ne peux plus avoir aucun doute : je suis VIRÉ !

Je sors du studio, on me félicite, on m'embrasse… À l'heure qu'il est, ma carte de parking doit déjà être démagnétisée. Comment récupérer ma voiture ? Je suis arrivé « sociétaire », je ressors « simple visiteur », quelle est la procédure à suivre ? Toutes ces accolades ont quelque chose d'étrange : autant de compliments et d'attentions alors qu'officiellement je ne suis toujours pas viré !

Et même si j'étais viré, admettons que je sois déjà viré, on n'embrasse pas, on ne complimente pas quelqu'un qui est fichu dehors. On l'ignore, on lui tourne le dos. À un moment, j'ai l'impression que je pars à la retraite et qu'on me fête. Après quarante ans de maison, un buffet a été dressé, Val va faire un discours et me remettre la médaille de la station, la même qu'à Macha Béranger et Lucien Jeunesse.

En guise de buffet, Nicolas me propose d'aller boire un coup chez Renaud Dély. Ce dernier occupe provisoirement le bureau d'Hélène Jouan où se trouve l'unique réserve de Coca light, drogue dure de Demorand. Je suis là en compagnie de Nicolas se shootant à l'aspartam et de Guetta qui a opté pour un café noir, plus adapté à son Burberry... Ça clope dur, si Évin savait tout ce qu'on grille à la matinale d'Inter ! Je suis là, lorsque Dély, assis au bureau d'Hélène, me lance, un petit sourire narquois à la commissure des lèvres : « Ça ne t'amuserait pas de savoir si on te garde ou pas la saison prochaine, tu n'as pas envie de savoir ? »

Tiens, Dély qui cesse subitement d'être sympathique après tant d'efforts... Dély qui tombe le masque... Il me fait penser à ce concierge d'un grand hôtel, qui, après vous avoir abreuvé de courbettes et de compliments pendant des mois, vous lâche votre valise sur les pieds, sous prétexte que vous n'êtes plus solvable.

« Non, cher ami, ça ne m'intéresse pas de savoir si je suis viré. Je préfère rêver encore un peu, quitter cette belle maison en me disant que, peut-être, ce n'est pas la dernière fois, ça ne vous dérange pas, au moins ? Et puis, si je suis viré, je préfère l'apprendre de la part du grand ordonnateur en personne. Pas de la part de son sous-fifre, VRP des basses besognes, responsable des ressources “déshumaines”. Question de standing ! »

Une grande misère intellectuelle !

Interview publiée sur le site du *Monde*, le mercredi 23 juin 2010 à 11 heures :

Daniel Psenny : « La saison d'Inter a été ponctuée par les polémiques autour des chroniques de Stéphane Guillon et, dernièrement, Didier Porte. Les auditeurs les retrouveront-ils dans la nouvelle matinale de septembre ?

Jean-Luc Hees : – NON, car je ne m'appelle pas Raymond Domenech ! J'ai eu de nombreuses discussions avec M. Guillon à propos de ses chroniques. Si l'humour se résume à l'insulte, je ne peux le tolérer pour les autres, mais aussi pour moi. Quel patron d'une grande entreprise accepterait de se faire insulter par un de ses salariés sans le sanctionner ? J'ai un certain sens de l'honneur, je ne peux accepter que l'on me crache dessus en direct. L'humour ne doit pas être confisqué par des petits tyrans. Je prends cette décision non pas sur une quelconque pression politique, mais en m'appuyant sur des valeurs minimales d'éducation et de service public. Je considère que cette tranche d'humour est un échec. Elle a montré une grande misère intellectuelle, dont je ne m'accommode pas. »

Trois heures pile poil après ma dernière chronique, j'apprends donc mon licenciement sur le site du *Monde*. Jusqu'au bout, le grand quotidien du soir aura été à la hauteur. Après avoir publié la tribune nauséabonde de Hees, « Les yeux de fouine et les nez crochus », il devient le messager officiel de notre éviction.

Ainsi donc, Jean-Luc Hees, qui se targue « de s'appuyer sur des valeurs minimales d'éducation », nous licencie par médias interposés. Didier Porte, malgré ses dix ans de maison, n'aura droit à aucune explication, ou si peu : nous les aurions insultés. Accusation non étayée comme toujours. Quoi de plus facile, en effet, que d'examiner l'intégralité de nos chroniques et de relever scrupuleusement lesdites insultes... Il n'y en a pas. Des attaques oui, des piques, des insolences, mais aucune insulte.

Pour justifier sa décision, Hees se contente d'évoquer « une grande misère intellectuelle dont il ne s'accommode pas », n'hésitant pas à traiter au passage deux millions d'auditeurs d'abrutis. Radio de service public !

Alors que je parcours incrédule l'article du *Monde*, le facteur sonne à ma porte. « J'ai un recommandé », me dit-il. « C'est pour vous », insiste-t-il. Depuis que ma femme a découvert les achats sur Internet, le facteur me précise toujours quand c'est pour moi. Nous recevons une moyenne de trois colis par semaine, des choses totalement improbables, des étagères trop grandes, des blousons trop petits : « Je l'avais commandé pour Léopold... C'est pas grave, dans trois ans, il ira à Violette ! » Un barbecue à énergie solaire... « Tu as lu le mode d'emploi ? En dessous de 40 degrés au soleil, on ne peut pas faire cuire de saucisses ! » Un fauteuil massant, une luge pour gazon, un moule à gaufres... Autant d'objet, dont nous n'aurons jamais la moindre utilité. À chaque réflexion de ma part, Muriel me sort cet argument imparable : oui, mais il y avait moins 70 % !

« S'il y avait moins 70 %, tu as bien fait, ma chérie, un tue-mouche au laser, ça peut toujours servir !

– Je me suis dit qu'on pourrait le mettre à la campagne !

– Oui, mais nous n'avons pas de maison de campagne...

– Je vais voir sur Internet ! »

Depuis, Muriel a trouvé un vieux tas de pierre perdu dans la Creuse en zone inondable, avec comme unique voisin une usine d'engrais… « Oui, mais il y avait moins 80 % !! »

Le facteur me tend la lettre et je reconnais tout de suite sur l'enveloppe le logo rouge et noir de France Inter. J'ai tant imaginé cette scène que j'ai l'impression de l'avoir déjà vécue… « Une signature là… Là, aussi ! » Toujours bizarre cette obligation de devoir signer quand on vous apporte une mauvaise nouvelle, comme si l'on vous demandait de la valider. Lumio, le chiot que m'a offert Guy Bedos, est ravi. Le facteur lui a filé un biscuit, afin qu'il s'habitue à lui et ne le morde pas plus tard. Moi, en guise de douceur, j'ai eu droit à une lettre en AR, afin que je cesse définitivement de mordre !

LETTRE RECOMMANDÉE AVEC AVIS DE RÉCEPTION
N° 2C03096149745

« Paris, le 22 juin 2010

Monsieur,

Je souhaite renouveler et faire évoluer notre antenne, ce qui me conduit à aménager la grille de France Inter. Ma démarche s'inscrit à la fois dans la nature de notre activité et est inhérente aux métiers de la radio. La conception d'une nouvelle grille de programmes contraint nécessairement la direction à renoncer à certaines émissions et chroniques. C'est ainsi que "l'humeur de", programmée à 7 h 55 dans la matinale de la semaine, ne figurera pas dans la nouvelle grille de rentrée radiophonique 2010/2011. Votre collaboration à l'antenne de France Inter cessera donc au terme de votre contrat actuel, soit le 23 juin 2010 au soir. Veuillez agréer, Monsieur, l'expression de mes salutations distinguées. Philippe Val. »

Absence totale d'explications, Val n'avance aucun motif justifiant la brutalité de sa décision, se contentant d'évoquer un simple changement de grille inhérent au métier de la radio.

L'annonce de notre licenciement, bien qu'attendue, fera l'effet d'une bombe. Didier et moi sommes assaillis par les demandes d'interview, nos portables sonnent sans discontinuer, tout le monde veut avoir la primeur de nos réactions, savoir dans quel état nous sommes : vous vous y attendiez, vous êtes tristes, vous l'avez cherché un peu, non ? C'est politique, vous pensez réellement que c'est politique ? Mon attachée de presse, Vincence, est assaillie elle aussi. Exercice délicat, il ne faut froisser personne, chaque journaliste faisant valoir ses droits :

« On a beaucoup soutenu Stéphane à l'époque de son spectacle, ce serait bien qu'il nous réponde !

– Écoute, Hubert, Stéphane adooooore votre journal, mais là, il est sous le choc, il ne veut pas réagir sur le coup de l'émotion, je te tiens au courant... Tu ne veux pas une interview de Pietra à la place, Pietra danse à Marseille ce soir, elle est foooormidable ! »

Selon Vincence, il faut choisir un ou deux médias parmi les plus porteurs et communiquer. Le danger étant d'en faire trop et que, *in fine*, on nous reproche d'exploiter notre éviction.

Le piège est facile et je pressens très vite la nécessité de dépasser nos cas personnels. Il ne s'agit pas de faire pleurer dans les chaumières sur le sort de deux humoristes foutus dehors mais qui font salle comble tous les soirs. (Nous sommes des licenciés de luxe.) Le véritable combat est ailleurs, il faut élargir le débat, dénoncer coûte que coûte le fait qu'un président de la République puisse nommer directement les responsables de l'audiovisuel public et exercer par ce biais une pression sur leurs décisions.

Finalement, je choisis d'aller faire « mon show » au *Grand Journal* le soir même. Une émission de divertissement me paraît plus appropriée qu'un journal télévisé, moins pontifiante, moins prise de tête. Avec toujours ce souci de continuer à faire le spectacle et à mettre un peu le bordel, je décide d'apporter avec moi ma lettre de licenciement et de la lire en direct à l'antenne.

Toutes ces précautions n'empêcheront pas les premières critiques de pleuvoir, à croire que le second degré a toujours du mal à passer. Peu de temps après, Frédéric Beigbeder écrira à mon propos : « À l'entendre sur Canal Plus ou dans *Le Parisien*, Stéphane Guillon, licencié de France Inter, est victime d'une censure politique venue de l'Élysée. J'ai dû me frotter les yeux quand je l'ai vu au *Grand Journal* : on aurait cru Alexandre Soljenitsyne condamné à huit ans de bagne par Staline. »

De la part de quelqu'un qui a écrit un livre et réalisé un film sur ses déboires dans la pub et son licenciement de chez Young & Rubicam, me reprocher de théâtraliser mon éviction est assez savoureux. Je me souviens d'avoir été pris d'un violent fou rire, BGBD me fait souvent rire et, depuis que je connais sa façon de travailler, je suis incapable de lui en vouloir. J'ai même une réelle tendresse pour son dilettantisme. Un mois avant mon licenciement, il m'avait invité à gueuletonner au Pré Catelan sous prétexte de me tirer le portrait dans l'excellent magazine *GQ*. Après m'avoir abreuvé de compliments, abreuvé tout court d'ailleurs… posé moult questions, il avait confié son dictaphone au serveur avec ordre de le remettre à sa collaboratrice, qui devait passer le récupérer dans l'après-midi pour écrire l'article à sa place. Mon travail s'arrête là, m'avait-il avoué goguenard.

Cet épisode fut pour moi une révélation. La clé d'une énigme.

Cet homme qui m'invite à ripailler et me flatte outrageusement, m'aime profondément, mais c'est sa collaboratrice, celle qui récupère le dictaphone, qui ne m'aime pas. Toutes les saloperies que je lis régulièrement à mon propos sous la plume de Frédéric – « Humoriste totalitaire », « Desproges de supérette » et j'en passe –, ce n'est pas lui, mais elle, la fille au dictaphone. Je ne sais pas qui est cette personne, mais j'en profite pour la féliciter de son sens aigu de la formule. J'aime beaucoup ses articles, notamment ses éditos dans *Voici*, son style et l'originalité de ses angles. En revanche, si je peux me permettre une légère réserve, votre remarque selon laquelle je me prendrais pour Alexandre Soljenitsyne me dérange un tantinet, car elle fait passer mon ami BGBD pour un imbécile. Et je n'aime pas que quelqu'un qui m'invite à déjeuner passe pour un imbécile. Voyez-vous, Miss Dictaphone, c'est justement à force de petites compromissions, de petits renoncements (qu'est-ce après tout que l'éviction de deux bouffons d'une chaîne de radio ?) qu'on en arrive, un jour, à laisser envoyer un écrivain au goulag. Dites-moi également si vous pensez qu'Ali Farzat, célèbre caricaturiste syrien, enlevé et tabassé par les membres de la sécurité de Bachar el-Assad et qui s'est plaint sur toutes les télés du monde qu'on lui avait brisé les phalanges… dites-moi si, lui aussi, se prend pour Soljenitsyne ?

Plus simplement, à partir de quel degré de brimade est-il de bon ton de protester : simple licenciement, brisement de phalanges, sodomie à l'aide d'un tisonnier incandescent ?

Les malpolis de France Inter

Heureusement, la collaboratrice de BGBD restera un cas relativement isolé. Beaucoup de gens s'insurgeront contre le renvoi de deux humoristes d'une radio de service public. Martine Aubry est parmi les premières à réagir: «Si certains de leurs propos ont pu choquer, c'est la force et l'honneur d'une démocratie de laisser libre la parole des humoristes et leur droit à la moquerie et même à l'outrance.»

François Bayrou, que nous n'avions pourtant pas épargné dans nos chroniques Didier et moi, se fend lui aussi d'une déclaration: «C'est une décision qui porte atteinte à la nécessaire liberté d'expression. La liberté a besoin d'humoristes, même s'ils y vont parfois trop fort, même s'ils sont parfois acides, même si c'est désagréable pour ceux qui sont l'objet de leurs sarcasmes. Elle a besoin de pensée non conforme et non conformiste, pour remettre les puissants ou les vedettes du moment devant les réalités qu'ils préfèrent ignorer.» Mon dieu, c'est la première fois de ma vie que je cite du François Bayrou.

Reconnaissance suprême, gloire absolue, certains politiques de droite prennent également notre défense. Marie-Anne Montchamp, députée UMP du Val-de-Marne, pose la question suivante: «Le pouvoir est-il affaibli au point de ne plus supporter ses bouffons? En intervenant pour obtenir leur éviction, l'État s'affaiblit plus encore en allant dans le détail et le particulier alors même qu'aujourd'hui, il lui appartient de définir des caps et des priorités et de prendre plus que jamais de la hauteur.»

Signalons qu'à l'époque Marie-Anne Montchamp était encore villepiniste, ce qui explique probablement cette déclaration va-t-en-guerre. Aujourd'hui, alors qu'elle est secrétaire d'État du gouvernement Fillon, espérons qu'elle s'est assagie !

À titre personnel, j'ai droit à un hommage appuyé de Rama Yade sur RMC : «C'est drôle, même quand il m'épingle. La caricature politique a toujours fait partie de la démocratie française. Les Français ont toujours eu un regard moqueur sur leurs dirigeants. Il faut l'accepter, ce n'est pas très grave.»

Un ou deux soutiens supplémentaires à droite et je pense que Didier entrait en dépression !

Le lendemain de mon passage au *Grand Journal*, Hees est à son tour convié chez Denisot, une sorte de droit de réponse. Sa prestation est pitoyable, la manière dont il descend les quelques marches le séparant de la table des invités est un poème à elle seule. Fier comme Artaban, une main dans la poche de son costume, l'autre se balançant nonchalamment, on croirait qu'il foule le tapis rouge du festival de Cannes, face à un parterre de photographes. Il ne lui manque qu'une clope à la main et des Repeto blanches aux pieds : Gainsbourg, la classe en moins ! Il jouit littéralement de la situation, ravi de se trouver au cœur du débat médiatique. Il vient pourtant s'expliquer sur le licenciement de deux de ses salariés. La suite est du même acabit. Ne se donnant pas la peine d'articuler, ni même de terminer ses phrases, trouvant toute cette agitation inutile et tellement futile face aux grands problèmes du monde, celui qui attend toujours «que la poussière retombe avant de s'exprimer» rate son passage. Porte le résume en une seule phrase définitive et terriblement juste : «L'arrogance n'est pas télégénique.»

Notre éviction fait un foin incroyable. Hees qui, quelques mois auparavant, avait déclaré à mon propos : «Que pèse

Guillon sur notre échelle de Richter ? 0,2 % ! » ne s'attendait certainement pas à une telle secousse. La terre va trembler pendant plus d'un mois !

Si certains médias nous pleurent, comme *Libération* qui nous fait l'honneur de sa une : « France Inter : fini de rire ! », agrémentée d'une magnifique caricature de Porte et moi hilares, dessinée par Granena, d'autres, comme *Le Figaro*, applaudissent des deux mains. Le quotidien de papy Mougeotte se fend d'une page entière avec, cerise sur le gâteau, un édito assassin d'Yves Thréard, sobrement intitulé : « La dictature des fous du roi » : « Les fous du roi d'aujourd'hui sont des tyrans, des justiciers, des nettoyeurs. Ils incarnent précisément ce qu'ils condamnent, ne supportant pas qu'on touche à leur pouvoir, qu'on les critique, qu'on ne les aime pas. Ils sont également d'un conformisme idéologique à faire pleurer, d'un politiquement correct achevé. Le tout trempé dans la vulgarité la plus simple. Ils ne filent pas la métaphore, ne s'embarrassent pas d'imagination, ne troussent pas les phrases. Ils crachent leur haine, éructent leur outrance, défèquent leurs gros mots. »

Ça, c'est envoyé ! Le fait que Didier et moi ne soyons plus à l'antenne incite certains à se lâcher, à sortir du bois. D'autres règlent leurs comptes ou soignent leurs aigreurs. C'est le cas, d'Ivan Levaï qui, le 7 juillet, signe dans *Le Monde* (encore lui !) une tribune intitulée : « Les malpolis n'ont pas leur place sur France Inter ! » Un petit bijou d'allégeance et de servilité, à montrer dans les plus grandes écoles de fayotage. Selon lui, Porte et moi avons sali l'image d'Inter, déshonoré cette grande maison en « nous en prenant à la dignité des personnes » et en utilisant « un vocabulaire de charretier ». En nous virant, « Hees et Val corrigent une dérive dangereuse pour Radio France ». L'histoire devient croustillante lorsque l'on apprend qu'un an auparavant, Levaï s'était longuement extasié sur le spectacle donné par Didier à Saint-Laurent-de-Gosse. Dans un billet daté du 31 mai 2009, Ivan Levaï parlait alors du «charretier malpoli d'Inter» comme d'«un grand doté d'un spectacle d'humour de haute qualité»!

À vrai dire, l'homme est un habitué des retournements de veste, des critiques ou des éloges opportunistes. Pour preuve, il suffit de s'en tenir à la lecture de son article sur «Les malpolis d'Inter»: dans ce dernier, il rend un vibrant hommage à Coluche... or, il existe une émission, datant des années soixante-dix, montrant ce même Ivan Levaï attaquer avec hargne et mépris le jeune humoriste en salopette sur sa prétendue vulgarité!!

À l'écran, on peut voir un Coluche désarçonné et sans voix face à la violence et à la bêtise des attaques du journaliste.

Que M. Levaï se rassure, les malpolis lui pardonnent. En ces premiers jours de juillet 2010, alors que le mercato radiophonique bat son plein, que certaines émissions VALsent, quoi de plus humain, finalement, que ce grand coup de lèche d'une ancienne gloire d'Inter à sa direction?

Radio France est une maison prestigieuse, dotée d'un immense pouvoir d'attraction. Beaucoup de journalistes rêvent d'y entrer et d'y tenir une chronique. Dans ces conditions, les courageux, «les Mermet» sont des exceptions. Les actes de résistance, comme celui de Yann Gallic, jeune journaliste fraîchement entré dans la maison et qui n'hésita pas, dans une lettre ouverte, à apporter son plein soutien à Didier Porte, se comptent sur les doigts d'une main.

Je peux comprendre que certains n'aient pas souhaité prendre parti, je peux même comprendre certains silences (bien que ne pas recevoir un seul appel de personnes côtoyées durant des années soit quelque chose de douloureux). En revanche, il m'est impossible de comprendre certaines attitudes.

À ce titre, la palme de l'allégeance, du grand coup de brosse toute catégorie, revient sans conteste à Alain Passerel, présentateur du journal de 19 heures sur France Inter.

Interviewé dans *Le Figaro* du 24 juin, soit le lendemain de notre éviction, celui-ci déclare à mon propos : « Il se posait en dieu de la liberté et avait pris l'antenne en otage. Il ne faisait plus son boulot mais des éditoriaux politiques. Il tapait à longueur de temps sur Sarkozy et ses ministres. Il en devenait agaçant et crispant, l'exercice arrivait à son terme. [...] Sentant qu'il avait dépassé les bornes de ce qui pourrait être acceptable, Guillon a décidé de s'enferrer et de pousser dans la surenchère jusqu'à devenir haineux. »

J'adressai dans la seconde à ce cher Passe-Plat... un mail dans lequel, je lui rappelais que celui qui « avait pris en otage la radio » s'était au départ mouillé pour défendre l'un de ses camarades, le journaliste Simon Tivolle, et que tous ses ennuis avaient précisément démarré à ce moment-là. J'ajoutais qu'il avait le droit de détester mon travail, mais qu'au vu de tout ce qui se passait au sein de la station, du climat détestable qui y régnait, il aurait pu, au moins, s'abstenir de le faire dans la presse. J'en profitais pour glisser une ou deux saloperies dont j'ai le secret, histoire qu'il passe des vacances douces et sereines.

Alain Passerel, journaliste professionnel depuis des années, me répondit le plus sérieusement du monde : « Vous savez comme moi que les journalistes ne retranscrivent qu'une part des propos délivrés. » Ça ne s'invente pas.

Quoi qu'il en soit, dans un sens ou dans l'autre, les réactions étaient toutes passionnées et parfois violentes, chacun voulait donner son avis sur notre éviction.

Côté direction, ça s'énervait sec. Val et Hees, qui ne s'attendaient pas à une telle levée de boucliers, multiplièrent les déclarations, tentant de reprendre la main... en vain !

L'article du *Canard enchaîné* du 30 juin, intitulé « Bal tragique à France Inter », résume parfaitement la situation : « Ils peuvent retourner l'affaire dans tous les sens, courir autant de plateaux télé qu'ils veulent, enchaîner les interviews et balancer des communiqués à la pelle pour se justifier, les faits sont là. Treize mois à peine après avoir été nommés par Sarko à la tête de Radio France et de France Inter, Jean-Luc Hees et Philippe Val ont viré les deux humoristes qui cognaient le plus sur le pouvoir sarkozyste et faisaient grimper l'audience, le tout à deux ans de la présidentielle. Il fallait le faire.»

Je garde de toute cette période un souvenir très fort. Le soutien et la ferveur des gens furent incroyables et d'un grand réconfort. Partout, on nous exhortait à tenir le coup, à ne rien lâcher. Les gens nous klaxonnaient, levaient un pouce victorieux, hurlaient la petite phrase de Porte... C'était très chaleureux et festif! Un peu comme si Didier et moi avions gagné une mini-coupe du monde. Ça tombait bien, tout le monde savait qu'avec Domenech on ne décrocherait rien.

Une ferveur qui cohabitait avec un sentiment de tristesse et de colère. Certains prenaient la chose très à cœur et j'avais parfois du mal à répondre à leur sollicitude. On me parlait comme si j'avais perdu un être cher, ils me présentaient leurs condoléances.

Aujourd'hui encore, un an et demi plus tard, il m'arrive de croiser des gens qui me regardent comme si je sortais d'une maladie: «Oh! Stéphane, ça va? Dites-moi, qu'est-ce que vous devenez, vous avez le moral, ça va?

– Oui, ça va, je porte une perruque, mais j'ai repris le sport. J'arrive de nouveau à manger sans dégueuler. Les médecins sont confiants.»

En quelques jours, Val et Hees avaient réussi le tour de force de nous faire aimer même des gens qui ne nous aimaient pas.

Ce que je retiens de cette période, c'est qu'au contraire de Goethe, les gens préfèrent le désordre à une injustice. Je deviens véritablement populaire, des centaines de pétitions improvisées circulent à travers la France.

À la sortie du théâtre Dejazet où je me produis, un type fait le pied de grue tous les soirs pour recueillir les signatures des spectateurs. Il fallait répondre à cette émotion, à cet incroyable soutien, et c'est dans cet esprit que nous organisons la manif du 1er juillet face à la Maison de la radio.

La manif !

Clin d'œil amusant, le point de rendez-vous avait été fixé à deux pas du morceau de mur de Berlin rapporté quelques mois auparavant par Jean-Luc Hees. Nul doute que ce morceau de béton a dû être bougrement impressionné par notre mouvement : 4000 personnes demandant la réintégration de deux humoristes à 7h55 sur une radio d'État ! Vingt ans après sa chute, il renouait enfin avec les grandes heures de son prestigieux passé !

Didier Porte était venu en famille, accompagné de « son orchidée en sucre » et de ses deux enfants dont un en bas âge. Les petits piaffaient de bonheur, on devinait déjà chez eux une grande habitude des conflits sociaux. Le plus grand comptait à son actif la manif anti-CPE et celle contre la réforme des retraites. Il arborait fièrement la panoplie complète du parfait cégétiste, casquette rouge, autocollant vengeur contre le patronat, tout en soufflant à tout rompre dans une vuvuzela, rouge elle aussi. Ma fille, que j'avais traînée avec moi, en échange d'une visite chez Zadig et Voltaire, salua rapidement les petits Porte avant de se réfugier dans la lecture de son BlackBerry, des BBM à envoyer d'extrême urgence suite à une pyjama-partie avortée. Muriel, auprès de moi, aimante et attentionnée, tentait de calmer mes angoisses.

Tous attablés au café Les Ondes, nous attendions fébrilement 18 heures, le début des festivités : « Allait-il y avoir du monde ? » Dans une rue adjacente, une compagnie de

CRS somnolait tranquillement. François Rollin, Morel et quelques copains étaient présents. J'aperçus Daniel Mermet passer et rejoindre discrètement la foule qui commençait à grossir. Une des très rares stars d'Inter (peut-être la seule) à faire le déplacement.

En cette période de transfert, il ne serait pas bon d'être vu en présence des belligérants. (Peut-être qu'en pleine manif, Ivan Levaï s'est rendu en catimini chez Ladurée avec l'idée d'acheter une boîte de macarons pour remonter le moral de sa direction ?)

Derrière moi, aux Ondes, en compagnie de Renaud Dély, je reconnais Annick Cojean, une journaliste du *Monde Magazine*.

La veille, elle m'a interviewé durant deux bonnes heures avec bienveillance et tout naturellement je m'apprête à lui dire bonjour. Annick Cojean sourit à Renaud, hoche gentiment la tête comme elle le faisait avec moi et prend des notes.

Je cherche son regard, celui de Renaud, je me tords le cou... mais aucun d'eux ne m'adresse le moindre signe.

Ils m'ignorent royalement et je sens naître un malaise que je n'analyse pas vraiment. Quelque chose ne tourne pas rond. Je mets ça sur le compte du stress, pas le temps de cogiter, il est maintenant 18 heures et il faut y aller. Didier a payé sa tournée, le bourru du Fleurus a régalé tout le monde... Porte, je le préfère décidément « chômeur ». Porte junior semble acquiescer en soufflant dans sa vuvuzela, la manif peut commencer. Nous quittons Les Ondes et rejoignons les premières banderoles. Pour être très franc, je n'étais pas très à l'aise. D'autant que c'était la première manif de ma vie, à ma grande honte !

C'est pitoyable, je sais, mais à 46 ans j'effectuais « mon dépucelage manifestationnel ».

Si Didier a réussi à lire mon livre jusqu'ici, il vient de le refermer définitivement ! « Hé, chérie, t'imagines, Guillon, ce blaireau, la première manif de sa vie c'était à France Inter pour sa pomme... Sinon, il n'a jamais bougé son cul ! Celle du 21 avril 2002, quand Le Pen est au deuxième tour, il est resté chez lui ! »

À mesure que nous fendons la foule, les gens nous reconnaissent et nous arrivons bientôt à la hauteur d'une caravane agrémentée d'un proscenium, « un podium albanais », dira Porte. Une sono improvisée crache des extraits de nos chroniques. Ça ne marche que par intermittence (c'est bien du matériel emprunté à Radio France), il y a du larsen et deux techniciens accroupis, armés d'un fer à souder, tentent vainement d'améliorer la qualité. Au moment de nous hisser sur l'estrade, tels des coureurs du Tour de France, une immense clameur salue notre arrivée. Faut-il saluer, remercier, lever les bras ? Va-t-on nous remettre un maillot à pois ? Je cherche en vain la grosse peluche du Crédit Lyonnais. Didier, beaucoup plus à l'aise que moi, salue la foule, le poing levé, encore quelques vivats et il va entonner *L'Internationale*.

Le podium albanais, sur lequel tentent de grimper d'autres personnes afin de délivrer un message définitif sur la liberté d'expression, ou la fin du monde qui approche (il y a toujours, dans ces réunions, deux ou trois illuminés pour tenter de profiter de la situation), menace à tout moment de s'écrouler.

Une secousse de plus et nous nourrirons tous les bêtisiers de fin d'année pendant plusieurs générations.

C'est dans ce joyeux bordel, ponctué d'applaudissements, de « Val démission », ou de « Hees enc... », que Porte et moi prononçons quelques mots de remerciements, totalement inaudibles, malgré les efforts des deux techniciens de Radio France : le fer à souder vient de lâcher !

Pas grave, nous sommes là, la foule aussi est là, nombreuse, compacte. Certains sont montés sur le toit d'un camion pour profiter du spectacle. Notre petit rassemblement est une réussite.

En quittant la manif, Muriel et moi croisons Dieudonné

qui vient d'arriver, entouré de trois gardes du corps grotesques, style commercial chez Al-Qaïda. C'est un ami d'enfance de Muriel, avec Élie Semoun, ils faisaient partie de la même bande à Antony. Dieudonné veut faire la bise à Muriel. Elle refuse catégoriquement et lui explique calmement qu'en tant que mère de trois enfants juifs, il lui serait intolérable de faire comme si de rien n'était. Les trois VRP d'Al-Qaïda ont beau gonfler leurs pectoraux, seule action que leur unique neurone leur commande, Mumu ne se laisse pas impressionner. Dieudonné reste la joue tendue dans le vide à bafouiller quelques mots, ridicule, désemparé… Celui qui quelques semaines auparavant paradait fièrement aux côtés de son pote Ahmadinejad perd soudain tous ses moyens face à son ancienne copine d'enfance !

L'avocat du diable

Ce 1er juillet 2010, sur le chemin du retour, huit jours seulement après notre éviction, j'ai le sentiment amer que tout est définitivement terminé. Si les interviews, l'organisation de notre défense, la préparation de la manif nous ont tenus en haleine, il faut maintenant passer à autre chose, faire son deuil d'une aventure professionnelle, humaine et politique hors du commun.

Pour la première fois je suis triste, triste mais aussi perturbé. Une image m'obsède, celle d'Annick Cojean discutant avec Renaud Dély. Quelque chose me gêne, pourquoi ne pas m'avoir salué ? Pourquoi lui avoir donné rendez-vous dans ce café, précisément le jour de la manif ? Quelque chose ne colle pas. J'essaie pourtant de me rassurer, me remémore notre premier contact, les modalités de l'interview. Au lendemain de mon éviction, alors que je répondais très peu aux médias, Vincence, mon attachée de presse, m'avait parlé d'elle en des termes positifs : « C'est une bonne journaliste, elle fait toujours des enquêtes poussées, c'est le *Monde Mag*, elle a vraiment à cœur de te rencontrer et de comprendre ce qui a changé à France Inter depuis l'arrivée de Val. »

Je sens Vincence séduite. À mots voilés, la journaliste a dû lui faire comprendre qu'elle nous était plutôt favorable. C'est un jeu subtil, il y a des termes, des intonations qui mettent en confiance et vous poussent à accepter une interview. Vincence me donne son numéro perso, ce qui n'est pas très courant. Je peux l'appeler à n'importe quelle heure, me dit-elle, elle attend ton appel, même tard en sortant du théâtre, elle sera très heureuse de s'entretenir avec toi… une vraie danse du ventre !

Je la joins le soir même et à peine a-t-elle décroché que je comprends l'enthousiasme de Vincence. C'est la gentillesse même, une voix suave, douce, presque chantante. Après m'avoir remercié plusieurs fois, « je suis contente de vous entendre, de vous rencontrer », Annick Cojean s'enquiert de ma santé. Je la sens inquiète, en empathie totale : « Cette éviction, tout ce stress, ça doit être très dur, vous arrivez à dormir ? Tant mieux, c'est important, le sommeil c'est capital. »

Sa voix me berce, j'ai presque envie de m'allonger, de me mettre à pleurer et de tout lui déballer : « Mon enfance à Levallois-Perret, ma première paire de patins à roulettes à l'âge de 6 ans et la mort de mon hamster décapité par mon père qui ne supportait pas les tiroirs ouverts. »

Annick m'informe qu'elle part dès demain et pour trois jours en reportage, mais dès son retour : « On se voit et on se parle, on va prendre du temps et vous allez me raconter tout ça, hein, Stéphane ? – Oui maman ! »

Annick Cojean est arrivée en avance au Jean-Baptiste Clément, un café pas très loin de chez moi où il m'arrive de donner mes interviews. C'est une petite femme au visage clair et doux, orné d'une chevelure blonde, très claire elle aussi. Elle pourrait être maîtresse dans une école maternelle. Tout chez elle rassure et apaise : tennis blanches, pantalon à pinces, chemise Lacoste et un petit chouchou dans les cheveux qui dénote légèrement avec ses cinquante printemps. Entre deux articles, elle doit faire de la plate-forme vibrante Fitness Plate 2 et manger des graines à midi. À peine a-t-elle ouvert la bouche que j'ai le sentiment qu'elle va me raconter une histoire de *La Petite Princesse*. Celle dans laquelle la petite princesse a peur du petit fantôme, mais comme le petit fantôme a peur, lui, de la petite princesse, c'est un casse-tête sans fin. J'adore cette histoire, pas pour l'histoire en elle-même, mais pour la joie qu'elle procure à ma fille Violette lorsqu'elle apprend pour la centième fois que le petit fantôme a la trouille des petites filles. Violette, qui secrètement doit avoir la frousse des petits fantômes, s'endort rassurée et pas peu fière de foutre la trouille au petit fantôme.

Annick Cojean sort son dictaphone. Ce n'est pas d'un conte pour enfants que nous devons deviser, mais de mon éviction à France Inter, un mauvais cartoon. Dans le rôle des méchants : Hees et Val, interprétés par Lafayette et Napoléon (les deux chiens gaffeurs des *Aristochats*), dans le rôle du donneur d'ordre : le président Sarkozy interprété par Bip Bip (le grand géocoucou qui sillonne à toute allure le désert californien), enfin, dans le rôle des deux belligérants à museler coûte que coûte : Satanas et Diabolo.

Annick Cojean est effectivement très consciencieuse, elle veut savoir ce qui s'est réellement passé, elle prend des notes, acquiesce, approfondit chaque question, nous restons pratiquement deux heures à discuter, ce qui est exceptionnellement rare pour une interview.

À un moment pourtant, elle deviendra pugnace, incisive, ne semblant pas comprendre mes réponses, mais elle perçoit mon trouble et se reprend immédiatement. Et là, de sa voix la plus douce (nous avons quitté l'univers de *La Petite Princesse* pour celui de *Oui-Oui et M. Potiron)*, elle me dit : « Ne vous inquiétez pas, Stéphane, je me fais l'avocat du diable ! »

Val : un être passionné et incandescent !

Nous sommes enfin partis en vacances avec les sept enfants et Lumio, le chien que m'a donné Guy Bedos. Plus il grandit et moins il ressemble à un labrador. Il paraît qu'il a du braque, c'est pour ça qu'il bouffe tout… et du dalmatien, c'est pour ça qu'il fugue… Il bave aussi légèrement, avec un peu de chance, il a aussi du boxer… Donc, en plus des valises, je me trimballe désormais une énorme caisse à roulettes. Trois taxis ont été nécessaires pour rejoindre l'aéroport, direction la Corse et le village de Lumio.

Oui, le chien porte le nom du village ! Et lorsque je l'appelle, il faut voir Guy Bedos, de sa voix rauque inimitable, expliquer aux Corses que son ami n'appelle pas le village, mais le chien !

L'endroit est magique, nous avons loué une maison en bord de mer, et tout devrait permettre que j'écrive sereinement. Je n'ai rien oublié : mon stylo fétiche, un Parker 51, deux bouteilles d'encre, trois gros cahiers à spirale et un classeur entier bourré de coupures de presse racontant plus de deux années et demie passées à France Inter…

15 heures, les enfants ont déjeuné, je me suis installé une petite table à l'ombre derrière la maison et après avoir disposé mon matériel d'écriture, je vais enfin pouvoir m'y mettre ! Tout doit être parfaitement aligné, les cahiers, l'encre, mon dico, sinon je n'y arrive pas. À force de vivre avec Muriel, j'ai contracté ses toc. Son toc le plus grave étant le lave-vaisselle que je ne dois toucher sous aucun prétexte.

Si je le remplis (même parfaitement, en ayant pris soin de laver chaque couvert avant son introduction en machine et de ne déposer aucune petite cuillère dans le compartiment réservé aux fourchettes…), Muriel le vide et le re-remplit. Un ultime réglage dans l'alignement des bouteilles d'encre, rehausser le fauteuil avec un coussin, aller engueuler les enfants à qui j'avais réclamé un temps calme, mais qui sont déjà en train de sauter dans la piscine et, ça y est, je suis paré !

En réalité, cela fait trois jours que j'installe toutes mes affaires pour rien. J'ai tellement de choses à raconter que je ne sais par où commencer. Je ne parviens pas à canaliser mes émotions. Tout est encore trop frais, trop passionné. Je n'ai ni le recul, ni le ton, ni la distance nécessaires…

Pendant des semaines, je fais chou blanc. Heureusement, j'ai pris des cahiers à spirale, je peux arracher les feuilles et comme ce sont des modèles à petits carreaux, je les noircis soigneusement à l'encre, ça m'occupe.

Je ressemble à Jack Nicholson dans *Shining* tapant mécaniquement sur les touches de sa machine à écrire.

La dépression n'est plus très loin.

Pour ne rien arranger, Porte m'a appelé la veille, son bouquin est quasiment fini, il sort en septembre. J'ai répondu que moi aussi j'avançais très vite, plus de la moitié, et que j'étais super-content ! Mais tout ce que j'écris finit à la corbeille. Je retombe dans mes travers d'antan, ce souci de vouloir obtenir la phrase parfaite et de rester bloqué des heures au lieu d'enchaîner, cet orgueil mal placé qui me paralyse. « Continue, me dit Muriel, tu reviendras dessus plus tard, laisse-toi aller ! » Elle m'agace, c'est fou comme elle m'agace, combien de fois lui ai-je dit de se protéger quand je suis dans cet état ! Du coup, je l'envoie péter, elle aussi… ambiance, vive les vacances !

Les jours passent, j'ai fini par m'installer à l'intérieur, je ne sais définitivement pas écrire dehors. À nouveau, je ne supporte plus les ratures, à la moindre rature, je me saisis d'une feuille blanche toute neuve, vierge, immaculée.

Avec le rythme de France Inter, j'avais pourtant appris à accepter les ratures, je m'étais soigné. Bien obligé, l'avenir de la forêt amazonienne en dépendait. Mais là, je suis en pleine régression. Et Porte qui vient de rappeler pour me dire qu'il avait terminé, je l'aurais étranglé. « Vous ne faites pas le même travail », me susurre Muriel, qui, dans ces cas d'urgence, se transforme en infirmière affectée aux soins palliatifs.

Nous sommes le 10 juillet, j'écris dorénavant directement à l'ordinateur, ce que je n'ai jamais fait de ma vie, mais au point où j'en suis, j'essaie tout. Il doit être 13 heures quand Muriel entre dans mon bureau en prononçant cette petite phrase, tant entendue et si redoutée : « Je pense que ça va t'énerver ! »

Sous mes yeux, un portrait de Philippe Val en plan américain, bras croisés, le regard franc et clair. La photo a vraisemblablement été commandée pour la circonstance. C'est la couverture du *Monde Magazine*, l'enquête d'Annick Cojean intitulée : « Val à France Inter, l'onde de choc ».

L'onde de choc, je vais la prendre en pleine figure en parcourant l'article. L'angle utilisé par dame Cojean est assez malin, bien que parfaitement malhonnête : les salariés de France Inter sont totalement libres et heureux, mais ils ne veulent surtout pas que cela se sache, de peur de passer pour des godillots, des traîtres, des censeurs, des naïfs et des ravis de la crèche, ou pire, des suppôts du sarkozysme, injure suprême.

Lorsque Annick les a interrogés, écrit-elle, leurs premières réponses ont été inquiètes, critiques, mais dès qu'elle arrêtait le magnéto, ils affirmaient le contraire. En vérité, ils nagent dans le bonheur et la liberté, mais supplient Annick de ne pas l'écrire, par peur de représailles !

Le reste de l'article est une ode à Philippe Val, cinq pages à la gloire de l'ancien chansonnier devenu directeur de France Inter : oui, Philippe Val a un projet. Oui, il piaffe de le mettre à l'antenne. Oui, cela fait des années qu'il a, avec son ami Jean-Luc Hees, des discussions sur la radio de service public. Oui, il se montre garant de toutes les libertés : « Je n'ai qu'un mot à dire, écoutez notre antenne. » Et non, il n'a jamais eu d'autre ambition dans la vie que « rassembler les gens pour les distraire, les émouvoir, les informer, les rendre heureux, curieux, gourmands de la vie et de toutes ses créations ». Dans le passé, c'était par la musique, un spectacle, puis un journal. Mais la radio lui semble aujourd'hui le média souverain. Une préoccupation : « L'intérêt général ; il fait partie de ma biologie. » Une obsession : « Ouvrir, décloisonner, être accueillant et fraternel. Personne ne doit être exclu de ce qui fait la force et la richesse d'une civilisation. » Une ligne éditoriale ? « Inciter à aimer, plutôt qu'à aimer détester. » Une devise enfin empruntée à Victor Hugo : « Tous pour tous ! » On le dit froid, il se montre passionné. « Incandescent », affirme même un chroniqueur, frappé par la force avec laquelle il défend toujours amitiés et convictions...

De notre entretien, deux heures passées dans un café, à parler de mes relations avec Inter, Annick Cojean ne relate rien, pas le moindre mot. J'apprendrai plus tard qu'elle a fait le même coup à Didier. Une colère sourde m'envahit, je suis ivre de rage, je n'arrive pas à écrire, mais j'ai dorénavant une certitude, j'écrirai quoi qu'il arrive, je raconterai ce qui s'est passé. La puissance de Radio France ! Cette puissance incroyable, capable de commander un papier entier à sa gloire à un grand magazine d'info.

J'aurai aussi quelques sujets de consolation. Alors que, dans son article, Annick Cojean raconte à quel point Nicolas Demorand se sent bien à France Inter et comme il a hâte de mettre en route ses projets, ce dernier vient d'annoncer son départ pour Europe 1, rendant caduque et risible une partie de ses écrits. L'article étant sous presse, il était trop tard pour tout changer. Autre consolation, l'hagiographie valienne d'Annick Cojean ne passe pas inaperçue. La couture est beaucoup trop grossière, il aurait fallu glisser ici et là quelques critiques.

« Il n'y a pas d'éloges flatteurs sans liberté de blâmer », écrivait Beaumarchais. Plusieurs sites d'information, comme Bakchich ou Arrêt sur images, dénoncent le procédé. Quant à la rédaction du *Monde Mag*, elle va très vite crouler sous les courriers et mails de protestation. L'indignation est telle que l'hebdomadaire se sentira obligé de prendre la défense de sa journaliste dans son numéro suivant. Cerise sur le gâteau, quelques semaines plus tard, j'apprendrai que la demoiselle a collaboré de 1986 à 1991 à Radio France aux côtés d'un certain Jean-Luc Hees...

Le mois de juillet touche à sa fin, je commence à écrire, par petites touches, sans jeter systématiquement mon travail. Je me rends compte qu'il va me falloir du temps, beaucoup de temps. Je commence à appeler mon éditeur pour retarder la sortie, ce ne sera pas la première, ni la dernière fois...

Le 31 juillet, nous nous sommes « débarrassés » des enfants, embrassades et ultimes recommandations à l'aéroport de Calvi. Un moment toujours délicat car Muriel déteste laisser ses enfants prendre seuls l'avion, je pense qu'elle préférerait encore me laisser remplir un lave-vaisselle entier. Après une multitude de questions à la personne de l'enregistrement sur la météo, la force des vents, la marque de l'avion et ses dernières dates de révision, après que cette personne qui, visiblement, n'y connaît rien, eut rassuré Muriel avec la meilleure volonté possible, nous assistons au décollage de l'appareil. L'angoisse étant communicative, je me mets moi-même à observer avec inquiétude la rotation des hélices. Oui, les enfants allant rejoindre leur père sur la Côte d'Azur, c'est un avion à hélices qui assure la liaison jusqu'à Nice… Lorsque Muriel a pris connaissance de ce détail, je l'ai sentie défaillir. Et c'est seulement après avoir fait jurer à la personne de l'enregistrement qu'il n'y avait aucun danger, que s'il s'agissait de ses propres enfants elle les laisserait partir, que les petits ont pu enfin embarquer. En vérité, trois préados équipés d'iPod, ce qui leur permet de ne plus entendre leur mère passer à l'interrogatoire tout le personnel de l'aéroport et leur foutre la « tehon ».

Une demi-heure plus tard, après avoir appris que les enfants étaient sains et saufs, plusieurs témoins les ayant formellement identifiés à l'aéroport de Nice, Muriel qui était restée en apnée depuis le décollage de Calvi respire à nouveau, les vraies vacances en amoureux commencent.

Le chasseur d'hyménoptères

Pour cette dernière partie des vacances, nous nous sommes fait plaisir : dix jours à La Signoria, un magnifique hôtel cinq étoiles aux abords de Calvi. Chaque détail est une invitation au repos et au plaisir des sens. (J'ai recopié la brochure !) Charme absolu et discrétion totale, certains arrivent directement en hélicoptère. Si dieu souhaite punir Didier Porte, il peut l'envoyer là-bas en purgatoire après sa mort : cent ans de petit-déj' au lit, de soins du corps et de farniente au bord de la piscine, avec *Le Figaro* accroché tous les matins à la porte de sa chambre !

Muriel et moi passons dix jours de rêve, tout est parfait, hormis *Le Figaro* et une drôle de rencontre... Un soir, vers 18 heures, alors que je quitte la piscine pour regagner ma chambre, je me retrouve nez à nez avec Xavier Bertrand habillé, parfumé, prêt à sortir. Le secrétaire général de l'UMP est venu souper à l'hôtel. Avec ses joues rougies par le soleil, ses mocassins à pompons modèle Sarkozy et son pull en V sur les épaules, façon Thierry Lhermitte, il réussit ce tour de force : avoir l'air coincé en vacances ! Nous nous saluons poliment. Comme je suis encore en maillot de bain, légèrement ruisselant et que lui est sur son 31, j'ai l'impression désagréable d'être à poil dans son bureau.

Il le sent et me toise de son regard de Bisounours.

La situation semble l'amuser : l'humoriste de gauche dans

un palace cinq étoiles, «l'homme le plus puissant de France», dixit son camarade Alain Minc, en tongs et Vilebrequin.

Au soir de notre éviction, interrogé dans les couloirs de l'Assemblée nationale par un journaliste de France 3, Xavier Bertrand avait salué la décision prise par France Inter, arguant qu'on ne pouvait pas maintenir à l'antenne des personnages pratiquant l'insulte envers le chef de l'État.

Deux mois plus tard (le devais-je à la magie des lieux ou à la douceur du soir?), M. Bertrand, plein d'empathie, s'enquiert de mon avenir professionnel, ai-je des projets pour la rentrée? On croit rêver. Si un photographe de *Voici* est planqué dans les arbres, je suis foutu! Je lui réponds que je prépare un livre racontant dans le détail mes deux années à France Inter. «Ça va se vendre comme des petits pains!» commente-t-il. Je ne relance pas la conversation. Avec un peu de chance, le paparazzi n'a pas eu le temps d'armer son appareil. «Bonne soirée, monsieur Bertrand.»

Tout en m'éloignant, je l'imagine en train d'appeler Nicolas Sarkozy: «Tu sais qui je viens de croiser? Guillon en maillot de bain, il se dore la pilule dans un Relais & Châteaux à Calvi!»

Dans cet hôtel, où le bon goût et la sobriété sont érigés en art de vivre (je continue à recopier la brochure!), Xavier Bertrand fut mon unique erreur de casting. Dans l'ensemble, les gens que nous croisons sont chaleureux, une clientèle de gros bosseurs, qui ne prend que deux semaines de vacances par an et entend en profiter pleinement. C'est le cas d'Olivier Schnerb, un homme d'une cinquantaine d'années, au physique des années soixante-dix, mélange d'Henri Verneuil et de Bernard Blier. On l'imagine très bien sous Pompidou descendant d'une DS et traversant la cour d'honneur de l'Élysée en déclarant: «Pas de commentaire pour l'instant, merci!»

Le bonhomme en impose. Je l'avais remarqué pour la première fois à la piscine en train de dévorer un énorme recueil de Jean Yanne de couleur orange, intitulé : *On n'arrête pas la connerie !*

Chaque page l'enchantait littéralement, il riait, plissait les yeux de bonheur et ne résistait pas au plaisir de faire partager à son épouse les passages les plus truculents. Mme Schnerb qui, entre chaque extrait lu par son époux, tentait un temps de reprendre la lecture de son magazine avait fini par renoncer.

Un matin, alors que je lézardais à la piscine, Olivier Schnerb quitta sa chaise longue et se présenta à moi avec une politesse délicieusement surannée. Après avoir échangé quelques banalités sur la magnificence de l'hôtel, les charmes de la Corse et la durée de nos séjours respectifs, il se mit à me réciter ses formules préférées de Jean Yanne, au grand soulagement de son épouse qui pouvait enfin lire tranquille.

Vers midi, Olivier Schnerb, qui pour rien au monde n'aurait déjeuné à la piscine, mais plutôt attablé comme il se doit à la terrasse de l'hôtel, quitta la piscine. Comme il n'avait pas eu le temps de me lire l'intégralité du volume de Yanne… mais seulement les cent premières pages, il se proposa de me l'offrir une fois terminé : « Vous aurez certainement plaisir à relire les pensées d'un provocateur anticonformiste qui, comme vous, dérangeait les puissants et avait été viré de la radio ! » En une phrase, il me signifiait qu'il connaissait ma situation et appréciait mon travail. J'étais flatté ! Si, d'après Jean Yanne, « passer pour un idiot aux yeux d'un imbécile est une volupté de fin gourmet », être apprécié d'un homme brillant n'est pas indigeste non plus.

Au fil des jours, nous avons fini par sympathiser. Olivier me racontait des tas de choses sur n'importe quel sujet, il était inépuisable, l'*Encyclopedia Universalis* en douze volumes à lui tout seul, une culture hors norme.

Un jour, alors que nous étions occupés à repêcher les centaines de guêpes qui se noyaient quotidiennement dans la piscine, il me fit un exposé complet sur ces insectes de l'ordre des hyménoptères, leur morphologie, leur classification : les guêpes fouineuses, les pompiles, les maçonnes, les sociales... Je l'écoutais religieusement, un peu sonné, pensant à ces milliers d'heures de cours que j'avais séchées pour aller jouer au baby-foot au café La Tour Eiffel, face au lycée Albert-Camus de Bois-Colombes. Neuf mille espèces de guêpes, Schnerb les connaissait toutes personnellement... Y a-t-il un baby-foot à l'hôtel, que je lui mette une branlée ? Schnerb me fichait des complexes et du coup je n'osais pas lui demander ce qu'il faisait dans la vie. Je sentais que c'était quelqu'un d'important, quelqu'un que j'aurais pu connaître si je n'avais pas passé toute ma scolarité derrière un baby-foot. Si j'avais été Schnerb, j'aurais su qui était Schnerb. Pour ne rien arranger, ce dernier connaissait mon CV sur le bout des doigts. Il me l'avait récité dans les moindres détails, citant même mes tout premiers sketchs, à l'époque où j'officiais sur Comédie avec le trompettiste Jean-Claude Borelly, dont il connaissait également la carrière par cœur.

J'essayais de deviner sa profession, j'avais interrogé, l'air de rien, le personnel de l'hôtel, lorsqu'un matin, m'inquiétant de ne pas le voir à la piscine, je découvris en lisant la presse qu'il était avocat. Une des affaires dont il s'occupait défrayait la chronique et en bon professionnel il avait passé sa journée cloîtré dans sa chambre, pendu au téléphone.

Assez vite, les discussions tournèrent autour de mon éviction à France Inter. Le sujet avait l'air de le passionner, son aspect humain, sa dimension politique, le fait qu'il touche à des valeurs aussi essentielles que la liberté d'expression, le droit à la caricature... tout cela l'excitait terriblement. À la piscine, nous avions fini par rapprocher nos transats et je peux affirmer sans me tromper que, cet été-là, Mme Schnerb n'a jamais autant lu. Tout en repêchant des quantités phénoménales de guêpes, fouineuses, pompiles et sociales... Olivier me questionnait et me prodiguait des conseils. J'avais trouvé une oreille attentive, quelqu'un qui comprenait parfaitement ce qui s'était passé et ce que je ressentais. Je percevais aussi chez lui une certaine forme d'indignation. Schnerb n'admettait pas l'attitude de France Inter, il paraissait prêt à en découdre et cela me réjouissait. Il ne me fit jamais d'offre de service proprement dite, du genre : « Stéphane, voulez-vous que j'assure votre défense ? », notre homme est trop bien éduqué pour cela, mais la pertinence de ses réflexions et surtout sa dextérité à tuer les hyménoptères assoiffés qui s'approchaient du bord de la piscine à coups de claquettes achevèrent de me convaincre.

Un autre détail me poussa à accorder ma confiance à Olivier Schnerb. Il avait été ami avec Pierre Desproges. J'y voyais là un signe, je trouvais cela assez chic !

Au début des années quatre-vingt, le jeune avocat avait convié le grand humoriste à participer à la conférence Berryer. Un concours d'éloquence réunissant un jury d'avocats réputés, une personnalité, trois valeureux candidats prêts à se faire étriller et des spectateurs (le Peuple Berryer).

Sur Desproges, Schnerb me raconta l'anecdote suivante : un jour, alors qu'il le raccompagnait à son domicile rue de la Mare dans le XXe arrondissement de Paris, leur taxi se retrouva bloqué à plusieurs reprises derrière une estafette des PTT. L'employé des Postes, de couleur noire, qui visiblement prenait son temps, s'attirait à chaque halte une réflexion du chauffeur excédé, sur le thème : « Je ne suis pas raciste mais... » Au bout de quelques minutes, Pierre Desproges, qui avait noté que le chauffeur de taxi était originaire de la Seine-Saint-Denis, lui dit avec son flegme légendaire : « Je ne suis pas raciste, mais je ne voudrais pas que ma fille épouse un type du 93. »

Olivier Schnerb me plaisait. Cet homme élégant, fan de Jean Yanne, ami de Desproges, chasseur de guêpes hors pair, présentait de sacrés arguments pour me faire gagner mon procès. Aussi, lorsqu'il me confia, un brin goguenard, être l'avocat de plusieurs grandes figures de l'UMP, ministres et secrétaires d'État, je fus définitivement conquis. Que ce monsieur, malgré des idées et une sensibilité de droite, puisse être révolté par l'injustice qui m'avait été faite, écœuré par le procédé, au point de vouloir assurer ma défense, m'excitait terriblement.

La relève !

> Quand je serai KO,
> Descendu des plateaux de phono
> Poussé en bas
> Par des plus beaux, des plus forts que moi,
> Est-ce que tu m'aimeras encore
> Dans cette petite mort ?
>
> Alain Souchon

Derniers jours à La Signoria, les vacances se terminent. C'est fou comme ça a passé vite, une pile de *Figaro* non ouverts s'entassent désormais sur ma table de nuit. La femme de chambre a peut-être cru que je voulais les garder, les rapporter en souvenir à Didier Porte ? « Tiens, Didier, c'est pour toi, c'était servi avec le petit-déj', tu pouvais savourer des pancakes maison tout en lisant du Yves Thréard ! »

Je commence à cogiter sérieusement, j'appréhende la rentrée, je ne sais pas comment je vais réussir à gérer le vide laissé par France Inter, toutes ces matinées sans ma dose d'adrénaline. Je vais peut-être finir comme PPDA, aller à Roland-Garros et animer une émission sur Arte à 2 heures du matin…

J'ouvre un *Figaro*, je suis décidément très mal, quand mon téléphone sonne… C'est Gérald Dahan, les affaires reprennent ! Gérald vient de passer son été sur France Inter à animer une rétrospective sur l'humour en France, un fourre-tout ponctué d'imitations et de sketchs, une commande *in extremis* de Val pour remplir sa grille d'été.

Parlez-moi d'humour (titre également trouvé par Val !) prétendait retracer l'histoire de l'humour des années quarante à nos jours. De Fernand Raynaud à Bigard, de Bourvil à Roumanoff, de Poiret à Titoff, vedettes, seconds couteaux, ban et arrière-ban du rire hexagonal... tous représentés, diffusés à l'antenne... excepté MOI ! L'ordre est venu d'en haut : « Pas de sketchs de Guillon à Inter ! » Gérald eut beau plaider mon cas (je l'appris plus tard), faire valoir qu'il était absurde et légèrement suspect de programmer tous les humoristes du pays, hormis moi... Rien n'y fit ! À chacune de ses demandes, la même réponse tombait : « Pas de Guillon sur Inter ! »

Aujourd'hui, donc, jeudi 26 août 2010, dernier jour de vacances en Corse, Gérald Dahan m'appelle... D'entrée de jeu, je sens chez lui comme une gêne, un malaise... je mets ça sur le compte de ses deux mois passés à Inter, mais, quand même, il n'a pas sa voix habituelle. Lui qui sait si bien prendre le timbre d'autrui me sert une mauvaise imitation : celle du gars dégagé et décontracté qui appelle pour prendre de mes nouvelles, savoir si j'ai passé de bonnes vacances, « formidable, un temps sublime, un lieu paradisiaque ! ». Inutile de lui dire que je suis en pleine déprime en train de lire un *Figaro* dans un Relais & Châteaux... Gérald appelle l'un des humoristes « les plus sulfureux du moment », viré de Radio France, je dois absolument tenir mon rang, être à la hauteur. Gérald louvoie encore un peu, tourne autour du pot, me demande des nouvelles de Muriel, de la famille, encore cinq minutes et nous allons parler du chien quand, enfin, il se décide à entrer dans le vif du sujet, il rencontre des problèmes de censure avec Val, leurs rapports sont difficiles et il comprend mieux aujourd'hui ce que j'ai pu vivre ! « C'est gentil, Gérald, je te remercie, mais ça va mieux, je suis passé à autre chose ! » Énorme mensonge. Gérald compatit à nouveau, il comprend ma fatigue, mon stress, quand il m'appelait l'hiver dernier, patati, patata…

Je sens qu'il cherche à me dire quelque chose, à établir un contact, une sorte de connivence qui l'aiderait à parler…

Un brin sadique, je le laisse patauger, la situation m'amuse !

Je vais beaucoup mieux, j'ai refermé mon *Figaro*. Une énième considération sur la liberté d'expression des humoristes qui, chaque jour, se réduit d'avantage dans notre pays et Gérald lâche enfin le morceau, France Inter lui propose d'animer une pastille humoristique trois fois par semaine et il souhaite avoir mon avis sur la question… Peut-être ma bénédiction ?

En vérité, Gérald ne m'apprend rien. Au printemps dernier, il a été vu à plusieurs reprises dans les couloirs d'Inter. Il se disait alors qu'il préparait une émission d'été, assortie d'une prolongation à la rentrée si tout se passait bien. La visite avait fait jaser. Nos têtes, à Porte et moi, n'étaient pas encore tombées que déjà des prétendants tournoyaient au-dessus de la Maison de la radio.

Je suis un peu injuste. Peu après sa visite, Gérald avait eu l'élégance de m'appeler pour me mettre au parfum, une démarche assez rare dans ce métier. Puisque Gérald me faisait l'amitié d'être franc, je lui dis à mon tour le fond de ma pensée : jamais je n'aurais accepté de remplacer des camarades virés dans les conditions où nous l'avons été, Porte et moi. Jamais, même sans boulot, même à la rue, à mes débuts, à aucun prix, je n'aurais accepté la place. Didier et moi n'avons pas été virés pour manque d'audience, faute professionnelle, ou incompétence, nous l'avons été pour des motifs exclusivement politiques, juste parce que nous avons fait notre job.

Je ne juge personne, je n'ai jamais prononcé une parole désobligeante à l'encontre de mes successeurs, je dis juste comment j'aurais agi dans la même situation. Peut-être d'ailleurs que ceux qui nous ont succédé ont, un temps, ressenti une forme de gêne à « occuper notre place ».

Le lundi 30 août 2010, à l'heure précise où j'aurais dû démarrer ma première chronique de la saison, je reçois un sms de Nicolas Canteloup : « Petite pensée (de) matinale… orpheline. Bien à toi. Nicolas. » Ce garçon délicieux, étonnamment discret, a pensé à moi. J'en ai les larmes aux yeux. Viré par un Nicolas, c'est un autre qui me fait pleurer ! Ces premiers mois sans micro ne sont pas faciles à vivre. Et, pour ne rien arranger, jamais l'actualité n'a été aussi riche : l'affaire Woerth, les voyages de Michèle Alliot-Marie au Maghreb, le soutien de Frédéric Mitterrand au régime de Ben Ali, l'ascension du FN, les premiers dérapages de Claude Guéant, les quotas de joueurs noirs et arabes en équipe de France, Carla Bruni enceinte… Que de perles, que de sujets de papiers… Je comprends qu'ils nous aient virés !

À Muriel, je joue toutes ces chroniques « muettes », je les improvise le matin au réveil et on essaie tant bien que mal de rigoler ensemble. Muriel ma dernière auditrice, l'auditrice de ma vie !

Le 18 novembre 2010, Médiamétrie rend publiques les premières mesures d'audience de la saison. « France Inter limite la casse ! », « France Inter fait de la résistance ! », lit-on un peu partout. Hees, comme à son habitude, parade dans les médias, notamment au *Grand Journal* où il déclare qu'en définitive l'auditeur est roi et qu'il a tranché, « la poussière a fini par retomber au fond du bac ».

Pour France Inter, la réalité est en fait beaucoup plus cruelle. Si, durant les dernières années de l'ère Demorand, la matinale a caracolé en tête de toutes les radios, loin devant ses principales rivales RTL et Europe 1, avec des pointes à près de deux millions d'auditeurs, depuis, elle n'a jamais retrouvé sa place de leader. Entre 7 h 50 et 8 heures, 400 000 fidèles manquent définitivement à l'appel. Sur la moyenne de la journée, France Inter, bien sûr, se maintient, les chiffres sont les mêmes et c'est cette moyenne que Val et Hees vont mettre en avant pour claironner partout que tout va bien, qu'Inter est en pleine forme ! Très peu de médias relèveront le subterfuge, on prendra le chiffre global et on s'en contentera, l'info va vite, demain on sera passé à autre chose, pourquoi aller fouiller quart d'heure par quart d'heure ? Il suffit qu'un site écrive « France Inter est en pleine forme » et tout le monde recopie l'info.

Ainsi, le 28 avril, neuf mois après mon éviction, le Petit Calibre écrit dans la page « Médias » du *Point* : « Les bons résultats de France Inter réconfortent Jean-Luc Hees et Philippe Val. [...] l'effondrement prédit par les pro-Guillon n'a pas eu lieu. » Dans la foulée, Hees déclare : « France Inter est plus forte que les zozos qui la quittent ! » J'adore toute la subtilité du « qui la quittent ! ».

Durant des mois, les petites phrases et les communiqués s'enchaînent. Hees et Val ne lâchent rien, tentant de se refaire coûte que coûte une image dans l'opinion.

Je passerai sur les éternels coups de griffe du Petit Calibre, le magnétophone du président Hees, la voix de son maître.

En revanche, certaines pratiques m'ont laissé perplexe. Par exemple, lorsque le supplément télé du *Monde* publie dans son « Courrier des lecteurs » deux ou trois lettres d'auditeurs m'étant favorables, quinze jours plus tard, dans son édition du 18 octobre, le même hebdomadaire publie un étrange courrier, sorte de droit de réponse, véritable ode « au nouveau France Inter », signé d'un certain Pascal Didier (un nom sentant le prête-nom à plein nez !). Des propos trop précis, trop détaillés, trop documentés, pour être écrits par un auditeur lambda :

«Je réécoute France Inter
Depuis des semaines, quelques journaux (et particulièrement *Le Monde*, *Libération* ou *Télérama*) s'acharnent sur France Inter, sur Hees et Val. Le courrier des lecteurs du supplément du *Monde* relaye ainsi régulièrement des messages d'auditeurs qui disent ne plus écouter France Inter depuis qu'il n'y a plus Guillon et Porte à l'antenne! Eh bien, pour moi, c'est le contraire. Je réécoute enfin cette radio le matin sans devoir supporter les insultes, la grossièreté, le populisme et la haine de ses deux "humoristes" qui, depuis qu'ils ont quitté Radio France, se présentent comme des chantres de la liberté d'expression et ont, au passage, plus que doublé leur cachet! Dans une très belle enquête sur France Inter (*Le Monde Magazine* du 10 juillet), Annick Cojean citait Pascale Clark lassée comme d'autres de passer pour des "suppôts du sarkozysme": "Ahurissant. La liberté d'expression se résumerait à Guillon? Je le prends très mal!" Ahurissant d'entendre encore des auditeurs résumer France Inter et ses trois heures d'information du matin aux trois minutes d'intervention de Porte et Guillon! Quel irrespect pour le métier de journaliste et quelle injure pour toutes les personnes qui font cette matinale. Contrairement à ce qu'écrivait Thierry Gauthier ici même, ce ne sont pas Val et Hees qui démontent cette radio, mais au contraire ceux qui, à travers cette "affaire d'État", avouent un mépris et une peur pour le travail des journalistes!» Pascal Didier.

Je ne travaille pas à la police scientifique, mais vous avouerez quand même que ce Pascal Didier est bougrement bien renseigné, un vrai passionné! Trois mois après, pouvoir citer de mémoire des morceaux entiers de l'article d'Annick Cojean… chapeau! A-t-il effectué une recherche sur Internet pour retrouver «cette magnifique enquête» qui l'avait tellement passionné dans la torpeur de juillet? Ou peut-être, prévoyant, a-t-il découpé ledit article, pensant qu'un jour, il pourrait s'en servir dans un courrier des lecteurs ?

Notre homme affirme aussi que Didier et moi doublons nos cachets. Il s'est sans doute rendu à la Sacem pour obtenir ce type de renseignements. À moins qu'il ait demandé à recompter la billetterie d'une de nos représentations ? Si tous les journalistes de France travaillaient avec la même conscience, le même professionnalisme, la même ténacité que Pascal Didier, simple lecteur du *Monde Télé*, eh bien, croyez-moi, la presse écrite se porterait bien mieux !

La grosse dame chante encore…

Bataille de chiffres, bataille de la communication, et bien sûr, bataille judiciaire. Le 10 août 2010, j'effectue, dans la journée, un aller-retour Calvi-Paris pour rencontrer Mme Dominique Tinot, directrice des ressources humaines de Radio France.

L'avion est un Airbus, pas d'hélices, mais quand même… tête de Muriel qui me serre très fort pour la dernière fois.

Le rendez-vous a été fixé à la Maison de la radio à 11 heures. Je suis accompagné de Catherine Bourdet, documentaliste à Radio France et déléguée du personnel. Catherine est une femme merveilleuse, un modèle de dévouement, une personne douce et rare qui depuis le jour de mon renvoi m'a soutenu, conseillé et aidé. La Maison de la radio est baignée de soleil, pas un chat en ce 10 août, des couloirs quasi déserts. Je croise le regard médusé de deux stagiaires : pas possible, Guillon est à Radio France ! Je peux prendre une photo, c'est drôle de vous voir ici !

Je me demande si Hees est en vacances, je n'aimerais pas spécialement le croiser. Val, c'est sûr, est en vacances, lui qui ne vient jamais en temps normal, ce serait un comble qu'il se pointe un 10 août !

Mon cœur bat, malgré tout, un peu plus fort que d'habitude, je ne suis pas très à l'aise. Je me sens étranger, illégitime dans cette maison qui a été la mienne durant des années. Cela fait maintenant dix minutes que Catherine et moi remontons un immense couloir (heureusement qu'ils ont désamianté l'endroit !), tout en échangeant à voix basse d'ultimes recommandations sur la démarche à suivre.

Une porte s'ouvre, laissant apparaître une vieille secrétaire un sachet de thé à la main, quarante ans qu'elle prend ses vacances en juillet, elle préfère, c'est beaucoup plus calme ! Cet indice de vie a quelque chose de rassurant, l'endroit est encore habité. Nous arrivons enfin devant une porte bleue en formica, d'une gaieté folle, ornée d'une étiquette : « Dominique Tinot Direction des ressources humaines ». Nous frappons, une voix claire nous invite immédiatement à entrer, apparemment nous sommes attendus. À l'instar de la plupart des bureaux de Radio France, l'endroit est un véritable capharnaüm : photos de vacances, cadeaux de fêtes des mères, cadres en coquillages, la coupe de l'aîné, champion de canoë-kayak, dans les gorges du Verdon et bien sûr l'éternel ficus en pot qui dépérit en attendant des jours meilleurs. Une guirlande de noël oubliée sur sa tige accentue encore plus sa détresse.

Dominique est une femme sympathique et énergique, c'est elle qui s'est occupée de Muriel lorsqu'elle s'est fait virer du *Fou du roi*. Le dossier était accablant pour Inter et, avec beaucoup d'écoute et d'humanité, elle l'a conseillée et soutenue dans toutes ses démarches, lui permettant d'obtenir une indemnité méritée. Dominique Tinot est une sorte de pompier, passant sa vie à éteindre les feux de forêts allumés par sa direction.

À chaque dossier qu'elle parcourt, elle soupire et hoche la tête, calculant au passage ce que ça va lui coûter. Les fautes commises sont toujours les mêmes, lourdes, grossières, impensables pour une société de service public aussi prestigieuse : contrats non signés, non datés ou pas de contrats du tout... et Mme Tinot soupire, et calcule, face à son ficus qui lui-même semble accablé par tant d'amateurisme.

Cela fait maintenant plus d'un quart d'heure que Catherine Bourdet, armée d'un énorme classeur, couvert de notes et de Post-it, expose d'une voix douce et précise l'ensemble de mes doléances. Le ficus, qui à chacune de nos demandes ploie un peu plus vers le sol, est maintenant à terre. Dominique Tinot aussi. Elle n'a jamais autant soupiré. Je pense aux centaines de gâteaux d'anniversaire qu'elle aurait pu éteindre lors de notre entretien... quel gâchis!

Gâchis, c'est le mot qui résume le mieux toute cette histoire. Se retrouver ainsi, en plein été, autour d'une table, à exposer nos griefs... J'ai le sentiment d'un divorce: mes deux ans et demi d'amour avec France Inter sont consommés et consumés, ne reste que le moche, le misérable.

Il y a bien sûr les indemnités pour licenciement abusif, les dommages et intérêts pour le préjudice subi. Mais il y a aussi des choses plus mesquines, plus obscures, comme ces centaines de lettres envoyées à la station à mon intention par des auditeurs et qui ne m'ont jamais été remises. À l'exception d'un carton où chaque courrier avait été ouvert et lu. Avec mon avocat, nous avons maintes fois réclamé la restitution de ces lettres, en vain. Radio France «ne sait pas où elles se trouvent».

Des centaines de personnes m'ont écrit, prenant soin au passage d'envoyer une enveloppe timbrée afin d'obtenir une photo, un autographe et n'ont jamais obtenu de réponse. En quittant le bureau des ressources humaines (re-couloir qui n'en finit pas, re-stagiaires estomaqués, re-vieille secrétaire au sachet de thé...), je suis assez optimiste: Dominique Tinot s'est montrée chaleureuse et attentive. Elle m'a surtout remercié à plusieurs reprises d'accepter de négocier. «Avant toute chose, m'a-t-elle dit, avant de démarrer cette réunion, je tiens à vous dire que la direction s'est montrée très sensible au fait que vous souhaitiez trouver un accord et que vous soyez rentré exprès de vacances pour cela. Ils m'ont chargée de vous dire qu'ils appréciaient énormément.»

Avec Catherine, nous avions échangé un regard de soulagement. Peut-être que Hees et Val souhaitaient tirer un trait sur toute cette histoire, négocier, et passer à autre chose. L'été avait porté ses fruits, ramené tout le monde à plus de raison. Dominique Tinot avait fait une proposition financière, nous avions fait une contre-proposition. La logique voulait que Radio France refasse une proposition que nous aurions sans doute acceptée. Je ne suis pas procédurier et je souhaitais moi-même en finir. Mais c'était sous-estimer le ressentiment de Hees à mon égard. Il en fera une affaire personnelle. On m'avait convoqué en urgence, assuré vouloir trouver une solution rapide, et puis plus rien, plus aucune nouvelle d'Inter pendant des semaines, silence radio, on me faisait lanterner.

La réponse tomba en même temps que les feuilles, aux premiers jours de l'automne : Hees ne proposera pas un centime de plus, c'était à prendre ou à laisser. J'ai su, par ouï-dire, que Dominique Tinot elle-même avait été bernée. Elle pensait vraiment que sa direction voulait négocier. Elle fut désolée et un brin catastrophée par cette fin de non-recevoir. Peut-être pressentait-elle déjà les conséquences désastreuses d'une condamnation en termes d'image ?

Cinq mois plus tard, le 28 janvier 2011, la société de service public Radio France fut condamnée à me verser la somme de 212 011 euros[1] ! La victoire était belle, totale. Je la dois en partie à mes deux avocats Olivier Schnerb et Jean-Louis Leroy. Les écouter plaider fut un régal. Jean-Louis le technicien ultra-précis et Olivier l'artiste, l'orateur, le tueur de guêpes !

1. Le 23 novembre 2011, ce « record » sera battu. France Inter est condamné à verser 263 000 euros au journaliste Florent Chatain pour licenciement abusif. Après sept années de bons et loyaux services, ce dernier avait été renvoyé du jour au lendemain par Philippe Val.

Dans ces moments pénibles et souvent longs que sont les affaires judiciaires, les observer s'amuser à travailler, bretteurs infatigables, fut un spectacle roboratif. C'est ensemble que nous avons «pondu» ma déclaration à l'AFP le jour de la victoire.

Je voulais quelque chose de court, une seule phrase, afin qu'elle ne soit pas tronquée ou sortie de son contexte:

«En tant que salarié foutu dehors, je suis ravi de cette décision judiciaire, en tant que contribuable, je suis scandalisé qu'une société ait préféré perdre autant d'argent et d'auditeurs pour faire taire un humoriste.»

Non seulement, je le pense sincèrement, mais en outre il était capital de contrer d'emblée les arguments qui n'auraient pas manqué d'être utilisés contre moi: «L'humoriste engagé, de gauche, qui n'hésite pas à dépouiller le contribuable!»

En prenant ainsi les devants, je coupais l'herbe sous le pied de mes détracteurs. Je ne m'étais pas trompé, lorsque Radio France décida de faire appel, Jean-Luc Hees déclara:

«On ne va pas laisser le contribuable se faire plumer par Robin des Bois.» Un re-sucé de ma déclaration, une pâle copie.

Cette victoire me fit un bien fou. Je me suis senti soudain beaucoup plus serein, apaisé. Aujourd'hui, une décision de justice dit clairement qu'une injustice m'a été faite. Mon licenciement est reconnu sans cause réelle et sérieuse. Nous ne sommes plus dans le fantasme de l'humoriste incontrôlable, viré pour insultes, attaques physiques ou autres délires. Une décision de justice a été rendue, un tribunal a tranché. On ne peut plus dire, ou écrire, n'importe quoi à propos de mon éviction. Le regard de certains journalistes, de certains politiques s'est lui aussi modifié au fil du temps. Le fait que mon éviction soit une éviction politique ne fait presque plus débat.

À l'annonce du jugement, la colère de Jean-Luc Hees fut homérique, plusieurs dossiers, bibelots en tout genre, volèrent à travers son bureau. J'en fus immédiatement averti par mon fan-club, très actif encore dans les couloirs de la Maison ronde. S'en prenant tour à tour à ses collaborateurs, à son avocat, et même à cette pauvre Dominique Tinot qui n'y était pourtant pour rien, Hees en avait oublié son légendaire flegme britannique…

Au bout de deux heures de hurlements, d'éructations, de noms d'oiseaux de toutes espèces, il se ressaisit, descendit au Zebra épancher sa soif et appela papa Berretta pour se plaindre.

Le Petit Calibre (qui doit avoir un portable uniquement dédié aux appels de Jean-Luc Hees) prit en note la phrase suivante : « L'opéra n'est pas fini tant que la grosse dame chante encore. »

Séquelles de son immense colère, absorption d'une quantité trop importante de liquide ? Toujours est-il qu'un groupe d'experts tente aujourd'hui encore de comprendre la signification exacte de cette phrase !

Le mode de domination

Ma victoire provoque une véritable déflagration au sein de Radio France. À tous les étages, c'est le sujet de conversation. Il y a ceux qui se réjouissent, les plus nombreux, et quelques autres… moins enthousiastes. Parmi eux, le délicieux Patrick Cohen qui, le vendredi 4 février 2011 au matin, à 7 h 40 précises, balance : « Tout à l'heure : Thomas Legrand… après un intermède commercial puisqu'il faut bien payer Stéphane Guillon. »

Incroyable ! Depuis sa prise de fonction, Philippe Val rabâche à longueur d'interviews qu'il ne faut pas mélanger humour et information, et voici le journaliste vedette de la matinale qui s'improvise comique ! Surtout qu'avec un bénéfice de 9 millions d'euros en 2010, France Inter n'avait peut-être pas autant besoin d'une page de pub pour payer les indemnités de licenciement d'un salarié viré !

À la station, la perfidie de Patrick Cohen provoque un immense tollé, elle sera même évoquée en conférence de rédaction. Les gens n'ont pas humour ! Non seulement Patrick est drôle, mais c'est en plus un garçon extrêmement attachant, très bon camarade, pas du tout le genre cassant, autoritaire, faisant des remarques acerbes à ses journalistes pendant les intermèdes publicitaires et terrorisant ses assistants… tout le contraire ! Lorsqu'il quittera Europe 1 pour Inter, durant toute une saison, la station plongera dans une profonde mélancolie. «Patrick et son sourire», «Patrick et ses petites attentions», entendait-on partout. On barrait les jours, on espérait son retour. Et, aujourd'hui, à Europe 1, même si son passage fut court, son nom est encore synonyme de joie et de camaraderie!

Dans le même style, Pascale Clark traitera Nicolas Demorand de «gros». Lors de son traditionnel passage d'antenne avec le délicieux Patrick, elle ironisera sur «le gros animateur qui officiait la saison dernière à la matinale avant eux et dont le nom lui échappait». La classe! Demorand eut cette réponse magnifique et définitive: «Je croyais que les attaques sur le physique étaient interdites sur les ondes de France Inter?»

Se sentant foireux et ridicules, Clark et Cohen envoyèrent un mot d'excuses et une boîte de macarons à leur ancien camarade. Drôle d'ambiance! Plus rien à l'antenne depuis lors ne semble naturel, spontané: on se congratule à outrance au moindre succès d'audience, on se chambre, on joue à être cool, mais cela pue la fausse bonne humeur. Les évictions des uns, les mises au placard des autres se sont enchaînées dans l'indifférence générale et la matinale a perdu son âme. Ne reste qu'un trompe-l'œil, peint à la va-vite, sur les ruines de l'ancienne équipe.

Le jeu des chaises musicales bat son plein. Fin septembre, Gérald Dahan et Raphaël Mezrahi sont définitivement remerciés, remplacés par deux humoristes en provenance du *Fou du roi*. Un peu plus tard, Hélène Cardin, quarante ans de maison, spécialiste des questions médicales et qui avait l'habitude de ne pas mâcher ses mots vis-à-vis de la direction, est licenciée, «licenciement négocié».

Beaucoup ne se reconnaissent plus dans «le nouveau France Inter» décrit par Annick Cojean et demandent à partir d'eux-mêmes. Tous les motifs sont bons: Untel qui avait passé sa vie à la station trouve, subitement, le trajet long:

« Il vit en province et voudrait passer plus de temps auprès des siens », retraite anticipée, annonce pudiquement la direction. Il y a aussi des mutations, des changements de poste, qui ressemblent fort à des placards dorés ! Ça a la couleur d'un licenciement, l'odeur d'un licenciement, mais ce n'est pas un licenciement...

En mai 2011, Hélène Jouan, dont le journaliste du *Monde* Daniel Psenny avait écrit qu'elle déplaisait à l'Élysée – « En décembre 2009, lors d'un pot au service de presse de l'Élysée, en compagnie de journalistes accrédités, M. Sarkozy n'avait pas hésité à mettre en cause publiquement la directrice de la rédaction d'Inter et plusieurs de ses journalistes » –, quitte le poste de « directrice de la rédaction » pour celui de « directrice des magazines d'information », titre honorifique, créé sur mesure. À quand le titre de directrice de la machine à café et des sucrettes ?

« Je peux te prendre une sucrette ?

– Demande à Hélène, c'est la responsable.

– Elle n'est plus directrice des magazines ?

– Si, mais comme Philippe aime bien prendre son café en lisant *Le Point*, il l'a nommée aussi aux sucrettes ! »

Même Renaud Dély a fini par partir. S'est-il rendu compte du piège dans lequel il était tombé ? Quels sont les rescapés de notre petit-déjeuner du Fleurus ? Qui a réussi à sauver sa peau ? A-t-on retrouvé la boîte noire de ce crash médiatico-politique ? Aux dernières nouvelles, Thomas Legrand est l'unique survivant.

Il y a quelques mois, Renaud Revel, journaliste à *L'Express*, annonçait sur son blog que je m'apprêtais à sortir un livre sur mon éviction de France Inter. Cette info était accompagnée d'un petit commentaire, légèrement acide : « Peut-être serait-il temps de passer à autre chose ? » Renaud Revel ayant toujours été bienveillant à mon égard, sa remarque m'a questionné : fallait-il réellement passer à autre chose ? Et pouvais-je passer à autre chose ? Je sais que non. J'ai enduré chaque mensonge, chaque perfidie, chaque mystification avec l'unique consolation que j'allais raconter un jour ce qu'il s'était réellement passé.

De plus, le rapport que Nicolas Sarkozy entretient avec les médias est un sujet brûlant. Pas une semaine sans qu'une nomination, ou une mise à pied, n'interpelle l'opinion. À mesure que la présidentielle approche, les gens qui déplaisent au pouvoir sont habilement écartés. On ne les vire jamais complètement, ce serait trop voyant, on se débrouille pour leur donner un os à ronger, une émission à un horaire plus confidentiel sur une chaîne moins exposée. Dès lors, si l'on évoque les mots de « censure » ou de « liste noire », le PDG du groupe audiovisuel concerné sait toujours quoi répondre :

« Naullau et Zemmour… bridés ? Vous voulez rire, on peut les applaudir, tous les vendredis, dans un talk-show sur Paris Première ! Franz-Olivier Giesbert… mis au pilori ? C'est une plaisanterie, il officie sur France 5, une émission sur la philosophie. » Je me demande parfois s'ils n'ont pas créé des France 0, 4, 5… uniquement pour se débarrasser des polémistes trop virulents. À quand un « France 44 » pour les placardiser définitivement ?

Le talent n'autorise pas tout. Un patron, c'est un patron, il faut un minimum de respect. L'audiovisuel a ses règles, ses codes. Un zest d'allégeance, une petite léchouille de temps en temps et l'on peut, sans la moindre compétence, décrocher un très beau poste. Le journaliste sportif Pierre Sled en est la parfaite illustration. Lui qui avait déjà du mal à commenter une course de vélo a été propulsé directeur des programmes de France 3. Une courte audition, durant laquelle Sled a promis à Sarkozy le retour en *prime time* de *Thierry la Fronde*, *Cinq Colonnes à la une* et *La Tête et les Jambes*… et l'affaire était faite !

Ainsi, en mai 2011, M. Pflimlin, interviewé dans *Libération* par Isabelle Roberts et Raphaël Garrigos qui lui demandaient «si, *in fine*, il n'est pas victime du mode de nomination?», ce dernier fit ce lapsus sublime: «Vous savez, le mode de domination...»

Dimanche 15 mai 2011…

15 mai 2011, après des phases de découragement qui alternaient avec des moments d'euphorie, j'arrivais enfin au bout de mon livre… quelques jours auparavant, je m'étais même fait un petit plaisir narcissique en imprimant pour la première fois mon manuscrit sur papier.

Chaque feuille qui sortait me procurait une sensation délicieuse. En plus, mon imprimante dégage une sorte de vapeur (certainement cancérigène)… c'était très bon… presque sexuel. Je suis arrivé au bout et je dois envoyer mon texte à mon éditeur… des mois qu'il me le réclame ! Il devait penser que je le baladais, que je n'avais pas écrit une ligne.

J'ai toujours eu du mal à « lâcher » mes livres, j'ai l'impression que je pourrais les peaufiner indéfiniment. C'est une forme de névrose ; Muriel, c'est les avions ; moi, les livres. Il m'arrive même d'en relire certains déjà édités et de me mettre à corriger certaines phrases dans la marge. Dans ces moments de crise, je serais capable d'aller à la Fnac et de corriger le rayon entier : « Non, ne partez pas comme ça, page 27, c'est quand même bien mieux si on utilise un participe présent, c'est plus fluide ! »

Mais avec le recul, je pense que quelque chose d'autre me poussait à ne pas vouloir envoyer mon livre tout de suite. Je ne crois pas au hasard. Ou alors, il n'y a de hasard que nécessaire. J'avais l'intuition étrange, diffuse, qu'il me manquait quelque chose, une conclusion, un épilogue. Chaque fois que je me lamentais de ne pas écrire plus vite, que je m'inquiétais de la sortie tardive de mon livre, Muriel me répondait : « Écoute, si tu étais sorti plus tôt, tu aurais manqué tel événement. Tout ce qui se passe en ce moment est génial pour ton récit ! »

Elle avait mille fois raison. Le vendredi 13 mai, nous partons à Cannes, invités par Canal Plus. Cette fois-ci, j'ai promis à Muriel de monter les marches au moins une fois normalement... « Sans faire la gueule, en ne retirant pas mon nœud pap', c'est promis... en revanche, on fait un détour pour éviter Gilles Jacob... il m'horripile avec son sourire béat chaque fois qu'il aperçoit une star américaine et son appareil numérique ridicule avec lequel il les photographie... et tu sais qu'après il fait des livres avec, il les édite et il fait des livres !

– Ok, chéri. On évitera Gilles Jacob. En revanche, tu mets ton nœud pap', je t'assure qu'avec ta chemise noire, il ne se voit pas.

– L'année dernière, Lindon a monté les marches en cravate ! Il y a du favoritisme, la règle n'est pas la même pour tout le monde !

– D'abord, tu n'es pas Lindon... et Lindon faisait partie du film, c'est différent ! »

J'arrête ici cet échange passionnant. Pendant quinze jours, des gens viennent du monde entier à Cannes pour vivre ce type de moments intenses, inédits et rares.

Nous arrivons en retard à la projection, les acteurs du film en compétition s'apprêtent à monter les marches et la règle veut que plus personne n'emprunte le prestigieux escalier après eux. Du coup, on nous indique gentiment l'escalier de service. « Tu es content, me glisse Muriel dans un sourire bravache. – Non chérie, je m'étais conditionné, j'aurais été ravi de les monter avec toi. » Nous empruntons l'escalier de service, petit coup d'œil à Gilles Jacob dont les mains tremblent de plus en plus quand il fait une photo. Je pense que son prochain livre sera entièrement flou. « Le festival de Cannes vu par son président, amusez-vous à reconnaître les stars photographiées ! »

Après la projection, nous allons dîner au Patio. Un restaurant en préfabriqué installé sur le port pour la durée du festival, dans lequel tout le gratin du cinéma, de la télé, de la politique ou du Cac 40 se bouscule pour déguster des sushis, des nems aux crevettes et la salade de pousses d'épinard à confectionner soi-même… C'est bon, bio et bobo… et surtout on peut croiser Sharon Stone… et l'aider à parfumer sa salade… « Le vaporisateur d'huile d'olive, can I help you ? »

Retour à l'hôtel Gray d'Albion où je m'écroule comme une masse, Muriel comme à son habitude lit jusqu'à pas d'heure. Demain c'est la fête Canal sur les hauteurs de Cannes. Il me faut des forces pour affronter ce genre de réjouissances dans lesquelles je ne me sens jamais très à l'aise… je suis « un casanier taiseux » !

« T'as bien dormi ? Ton portable n'a pas arrêté de biper, ça a été l'enfer. Regarde, il a dû arriver quelque chose ! »

Effectivement, il est arrivé quelque chose. J'ai reçu un nombre considérable de sms. Les gens n'ont pas voulu appeler la nuit ou trop tôt le matin, alors, ils ont envoyé des sms. Je les parcours et je ne comprends rien. On me félicite, on me dit que j'ai été un visionnaire, que mon sketch va devenir culte. (Quel sketch ?) Certains plaisantent, d'autres s'essaient à des jeux de mots… mais personne ne me dit ce qui s'est réellement passé, personne ne me donne l'info. Persuadé peut-être que je la connais déjà ?

Dans un premier temps, je pense à une plaisanterie. Piste vite abandonnée, trop de gens divers, comme mon avocat, mon dentiste, mais aussi d'anciennes relations de France Inter… se sont manifestés. Il s'est forcément passé quelque chose, mais quoi ? C'est Jean-Claude, le père de Muriel, qui nous apprend la nouvelle. Ce cher Jean-Claude, fidèle auditeur de France Inter depuis quarante ans, mais qui depuis mon éviction se torture à écouter Europe 1 :

« C'est imbitable, il y a de la pub tout le temps... alors de temps en temps c'est intéressant, tu t'intéresses et de nouveau... la pub ! Avec Maryse, on va finir par ne plus rien écouter. – Écoute Inter, Jean-Claude, ils n'ont aucun moyen de le savoir et surtout ils ne savent pas que tu es mon beau-père, ils ne feront jamais le rapprochement. – Il n'en est pas question, pas question de leur faire ce plaisir. »

Parfois, Jean-Claude commet un petit écart, il réécoute Inter quelques minutes pour bien se persuader que ce n'est plus comme avant et qu'il a raison de camper sur ses positions :

« Je suis tombé hier sur Inter par hasard... tu sais ce qu'a dit Cohen, il répondait à Mélenchon, tu sais ce qu'il a dit... Alors j'ai changé, j'ai mis Europe 1 ! »

Ce dimanche 15 mai, Jean-Claude, réveillé aux aurores comme d'habitude, avait entendu l'info... entre une pub Bricorama et la quinzaine émotion de chez Carrefour... l'inimaginable, l'incroyable info. « DSK avait été arrêté à NYC pour tentative de viol ! »

Durant plusieurs jours, mon téléphone est pris d'assaut. Beaucoup de journalistes veulent connaître mon point de vue : « J'avais été le premier à en avoir parlé, cela avait été le déclencheur de mes ennuis à France Inter, quels étaient mes sentiments, etc. » Les demandes sont adressées à mon attachée de presse. Je décide de ne répondre à aucune. Tout commentaire me semble inutile et déplacé.

Pour l'instant on ne sait rien, pas grand-chose, DSK a été arrêté, il y a une plainte pour viol, mais il y a aussi et surtout le sacro-saint principe de la présomption d'innocence. Parler ne sert à rien, on le fait pour moi, mon sketch, « Visite de DSK à France Inter », bat de nouveaux records d'audience, plus de deux millions de vues.

Dans la rue, c'est une véritable folie : je suis félicité, on me qualifie de visionnaire, d'oracle, de prophète… on me demande si je pense ouvrir bientôt un cabinet de voyance, si France Inter a appelé pour s'excuser, si je vais être réintégré, ce serait la moindre des choses… avec les honneurs !

Aujourd'hui encore il m'arrive d'être arrêté par un passant qui me dit : « Hé, vous vous souvenez de votre sketch sur DSK ? Eh bah, vous savez quoi ? – Non ? [Je joue très bien le jeu dans ces cas-là] – Vous avez été un visionnaire, vous l'aviez dit ! Hé, vous n'aviez jamais pensé à ça ! – Non, jamais, c'est vrai. Merci, monsieur. »

Inutile de vous préciser que je bois du petit-lait. Entre mon procès gagné contre Inter et l'affaire DSK, pouvais-je rêver plus belle réhabilitation ? Je ne suis pas revanchard, mais les propos de Raphaël Enthoven me traitant de « Kenneth Starr à la française s'éclatant sur la braguette de DSK » et ceux d'Ivan Levaï jurant d'aller « déféquer sur ma tombe » ont pris depuis une saveur toute particulière.

Il y aura d'autres moments d'anthologie, émaillés de quelques spectaculaires retournements de veste. Ainsi, sur France Inter, lors d'une émission politique, alors qu'un invité reprochait aux journalistes présents de n'avoir rien dit sur les agissements de DSK, quand le Tout-Paris médiatique savait… ces derniers se sont récriés tous en chœur : « Si, chez nous, Stéphane Guillon en a parlé ! » C'est énorme ! comme dirait Luchini.

Mon ultime bonheur viendra tard, mais quel bonheur ! (Merci Muriel de m'avoir conseillé de prendre mon temps pour écrire.)

Le 27 octobre 2011, dans un article du *Point*, intitulé « Le satyre au peignoir léopard », Emmanuel Berretta, alias le Petit Calibre (le revoilà !!), écrit : « Il faut rendre ici justice à une autre figure de Canal Plus, Stéphane Guillon. Il est le premier à avoir brocardé, sur France Inter, la passion de l'ancien directeur du FMI pour la gent féminine. C'était le

17 février 2009, soit vingt-sept mois avant l'affaire Nafissatou Diallo. Ce jour-là, DSK était l'invité de la station. "L'humour, ce n'est pas drôle quand c'est principalement de la méchanceté", avait-il aussitôt réagi. Dominique Strauss-Kahn recevait dans la foulée le soutien appuyé de… Nicolas Sarkozy. Et les hommes politiques (Éric Besson par la suite) inventaient, cette année-là, le droit de réponse aux humoristes. Ce qui ne leur a guère réussi… » Emmanuel Berretta qui me rend hommage, je peux mourir tranquille.

Si ce genre de « réhabilitation posthume » est agréable, si elle apaise et console certaines blessures, elle n'est pas pour autant l'élément le plus intéressant de l'épilogue DSK. Avec la chute du favori à la présidentielle de 2012, les langues se délient et je vais apprendre une chose ayant certainement joué un rôle capital dans mon éviction de France Inter.

Et cette chose, je l'apprendrai grâce au *Figaro Magazine*.

Après Berretta, *Le Figaro*, n'en jetez plus, la coupe est pleine !

L'enquête paraît le 28 mai 2011, soit treize jours après l'arrestation de DSK à New York, elle est signée par Carl Meeus et est intitulée « Pourquoi ils n'ont rien dit ? » :

« […] Juste avant l'arrivée de DSK, invité de la matinale, au lendemain des révélations sur l'affaire Piroska Nagy, l'humoriste écrit un billet qui fera date […]. DSK est en route vers la station quand il entend la chronique. Son premier réflexe est de faire demi-tour et d'annuler sa participation. Finalement, le directeur du FMI se rend à la radio, mais commence par cette déclaration : "J'ai assez peu apprécié les commentaires de votre humoriste […]" "S'irriter d'un reproche, c'est reconnaître qu'on l'a mérité", écrit Tacite dans les *Annales*. Est-ce pour cette raison que la réaction de DSK est aussi virulente ? En tout cas, il ne se contente pas de cette remarque et décide de ne plus répondre aux invitations de la station publique. Même quand les journalistes lui proposeront de l'inviter les jours où Stéphane Guillon n'officie plus à l'antenne. Refus catégorique. Pas question de revenir tant qu'il sera employé par la radio.»

Dominique Strauss-Kahn a donc refusé de revenir sur France Inter tant que j'y étais employé. Le favori de la présidentielle 2012 qui boycotte purement et simplement la plus prestigieuse chaîne d'info française… On imagine aisément «l'amicale» pression faite sur ses dirigeants!

Mon histoire se termine, c'est ma plus longue chronique. Le 23 juin 2010, je n'avais que cinq minutes pour vous dire au revoir, il a fallu faire vite, condenser, résumer et rire aussi un peu au passage, je ne voulais pas partir sur une note triste, question de savoir-vivre. Mais une fois arrivé à la maison, une fois mon recommandé reçu, la belle lettre de Philippe Val m'annonçant que Nicolas Sarkozy souhaitait changer la grille de rentrée… je me suis dit: «Flûte, je ne peux pas partir comme ça, je ne peux pas ne pas leur raconter tout ce qui s'est passé!»

Car une fois la tristesse passée, les révoltes apaisées, les rancœurs oubliées, reste le plaisir, le plaisir pur de l'amuseur, du provocateur, le plaisir qu'a connu Philippe Val dans sa jeunesse et qu'il ne connaîtra plus. Je me suis énormément amusé, un pied énorme. Je me revois encore quittant le parking de France Inter, riant tout seul au volant de ma voiture, riant comme un sale gosse ayant réussi son coup. Je riais, les automobilistes riaient aussi, levaient leur pouce dans ma direction. Moment inoubliable de rigolade et de communion. Je me suis bien amusé, merci et «à demain»…

Table

RÉALISATION : PAO ÉDITIONS DU SEUIL
IMPRESSION : CPI FIRMIN DIDOT AU MESNIL-SUR-L'ESTRÉE (EURE)
DÉPÔT LÉGAL : MARS 2012. N° 105452 (109915)
IMPRIMÉ EN FRANCE